“十四五”学术文库系列

应用型一流民办本科高校建设研究

齐玉水　齐天翔　著

图书在版编目(CIP)数据

应用型一流民办本科高校建设研究 / 齐玉水，齐天翔著．— 西安：西安交通大学出版社，2023.10

ISBN 978-7-5693-1532-5

Ⅰ．①应… Ⅱ．①齐… ②齐… Ⅲ．①民办高校—教育建设—研究—中国 Ⅳ．①G648.7

中国版本图书馆 CIP 数据核字(2020)第 002205 号

书　　名 应用型一流民办本科高校建设研究
YINGYONGXING YILIU MINBAN BENKE GAOXIAO JIANSHE YANJIU

著　　者 齐玉水　齐天翔

责任编辑 李逢国

出版发行 西安交通大学出版社
(西安市兴庆南路 1 号　邮政编码 710048)

网　　址 http://www.xjtupress.com

电　　话 (029)82668357　82667874(市场营销中心)
(029)82668315(总编办)

传　　真 (029)82668280

印　　刷 陕西思维印务有限公司

开　　本 710mm×1000mm　1/16　**印张** 12.25　**字数** 255 千字

版次印次 2023 年 10 月第 1 版　2024 年 5 月第 1 次印刷

书　　号 ISBN 978-7-5693-1532-5

定　　价 98.00 元

如发现印装质量问题，请与本社市场营销中心联系。

订购热线：(029)82665248　(029)82667874

投稿热线：(029)82664840

读者信箱：xj_rwjg@126.com

前言

Foreword

进入 21 世纪以后，一方面，中国高等教育特别是本科教育发展更加迅速、规模更加庞大，无论是教师规模、在校生规模还是毕业生规模，都处于世界前列，本科高校的办学条件、办学投入、人才培养质量不断提升。另一方面，中国本科高校的人才培养质量却遭到质疑和诟病。首先是“钱学森之问”，其次是精英人才大量出国留学不归，再次是教育部对“本科教育中还存在的领导精力投入不到位、教师精力投入不到位、学生精力投入不到位、资源投入不到位等方面问题”的批示，并明确要求四个“回归”、两个“聚焦”。四个“回归”即大学要“回归常识，回归本位，回归初心，回归梦想”，使各方面思想、认识和行动高度统一、落实到立德树人的根本任务上来。两个“聚焦”即“一是聚焦‘两个根本’。深刻领会培养社会主义建设者和接班人是学校的根本任务，立德树人的成效是检验学校一切工作的根本标准。二是聚焦以本为本。深刻领会高教大计，以本为本，以人才培养为本，本科教育是根，充分认识本科教育在人才培养中的核心地位、在教育教学中的基础地位、在新时代教育发展中的前沿地位”。

本科教育究竟该怎样开展？这不仅是一个理论问题，更是一个实践问题。任何事物的发展都要看主要矛盾，它决定着事物的性质和发展方向。中国高等教育从精英教育到大众化教育并进入普及化教育是一个不争的事实，其历史成就已经载入史册。特别是中国民办高等教育的发展在推动中国高等教育现代化方面功不可没。中国社会的主要矛盾已经改变为“人民日益增长的美好生活需要和不平衡不充分发展之间的矛盾”。同样道理，人民群众对高等教育的要求不仅仅停留在大众化或者普及化层面，他们需要的是优质的教育资源和普及化条件下的“精英化”人才培养，因此社会对本科高等教育的不满意就再正常不过了。如果我们不改变人才培养观念和评价标准，那么，能够让人民满意的中国高等教育的愿景则很难实现。

全国教育工作会议提出的两个核心概念，一是立德树人，二是以学生为中心，这其实已经给出了我国高校改革的标准答案。精英人才培养当然好，但我国的“双一流”大学有多少？我们的高考学生中精英有多少？大部分学生只能上普通本科高校和民办本科高校，因此树立“行行出状元”“校校有精英”的人才观，采取错位发展的战略，改革人才培养模式，因材施教，培养复合型、应用型高级专门人才，是中国大部分本科高校的历史使命。

中国改革开放四十多年，民办本科高校异军突起。中国民办本科高校的进一步发展对中国未来的人才培养与就业、社会发展与稳定、国际交流与合作等可持续发展起到重要的作用，但真正系统研究民办本科高校的成果并不多。本书对民办本科高校的创立与发展、面临的机遇与挑战、办学理念与人才培养、教师与学生、质量保障监控以及“双一流建设”进行了系统研究，其目的是进一步推动民办本科高校的转型发展和应用型人才培养能力的提升。

中国高等教育改革如火如荼，“双一流建设”“新时代高教40条”“引导部分地方普通本科高校向应用型发展”“1+X证书”“职业教育20条”等高等教育新政策，民办本科高校必须振奋精神，转变观念，开阔视野，创新创业。显然，沿着传统思维定势，与公办高校，特别是“双一流”高校竞争，肯定是死路一条，民办本科高校要坚持为区域经济社会发展服务的办学定位，积极推动转型发展，努力建设一流应用技术型民办本科高校。本书是依据齐天翔承担的陕西省教育厅2020年度科学研究计划课题“双一流建设背景下陕西民办高校绩效管理研究”（项目编号20JK0178）和齐玉水主持的陕西省教育厅教学改革重点项目“民办高校招生—培养—就业联动机制研究与实践”课题，在总结民办本科高校实践经验的基础上进行了深入研究。在此，感谢西安翻译学院创始人、中国民办教育的拓荒者丁祖诒先生为我们提供了这个工作与成长的平台，感谢丁晶董事长的关怀，感谢众多同仁的长期指导。本书第一章、第二章、第五章、第八章由齐玉水撰写，第三章、第四章、第六章、第七章、第九章、第十章、第十一章由齐天翔撰写。

民办本科高校的发展是每一个从事民办本科高校教学、管理和研究者的共同心愿，我们心系民办本科高校，校荣我荣，校衰我忧。让我们永远怀揣丁祖诒先生“让无助者有助，让有助者成才，让奋进者辉煌”的梦想，做民办本科教育事业的继承者和坚守者。

齐玉水　齐天翔

2023年2月

目录
Contents

第一章　民办本科高校概论

大学者，囊括大典，网罗众家之学府也。

——蔡元培

1809 年德国柏林大学的创立标志着现代意义上的大学的诞生。中国现代大学起源于西方，经历了一百多年的发展，取得了辉煌的成就。我国当代民办高校是新时期改革开放的标志性成果之一。

一、民办高校的产生与发展

我国民办高校是新时期改革开放的标志性成果之一。改革开放初期产生的民办高校是由一批怀揣教育梦想、目光敏锐、能抓住机遇的人白手起家创办的。为了改变自身命运、解决当时青年“上大学难”的困境，从 20 世纪 80 年代中期开始，他们租赁校舍创办高考补习班，积累资金，积蓄力量，滚动发展，推动了我国民高校的产生与发展。

我国民办高校办学形式经历了高考补习班—财会、外语等各种文化培训班—成人继续教育脱产培训班—全日制自学考试培训班—五年制大专班—经国家批准的三年制高职学院—经国家批准的四年制本科高校等七个阶段；办学地点经历了校中校办学—临时租赁校舍办学—租赁固定校舍办学—购买土地自建校舍办学等阶段；学校管理经历了只有校长和学生—有校长、有学生并建立专职管理队伍、没有专职教师—领导机构逐步完善、逐步建立专职辅导员队伍和专兼教师队伍相结合—经过国家合格评估、审核性评估，全面提高人才培养质量的规范化管理等阶段；人才培养模式经历了高考考什么就培训什么—自学考试考什么就辅导什么—市场需要什么人才就强化培训什么人才—进入国家普通高等教育专业化人才培养等阶段。

民办高校发展的办学形式、校舍变迁、历经阶段、人才培养模式的变化，说明一个道理：社会需求是高等教育发展的动力。一是高考制度恢复，招生指标与适龄高考人数反差巨大，不能满足青年人上大学的强烈愿望，也不能满足国家实现干部现代化、知识化、年轻化、专业化等的人才需求。二是随着我国改革开放的深入，生产力飞速发展，越来越需要大量有知识、有技术的劳动者。三是随着人民群众经济收入的提高，越来越多的家长有供孩子上大学的经济条件，而公办大学招生数量有限，这时民办高校应运而生，全国各地建立了各种类型的培训机构、技师学院、高等职业学院、民办本科高校等。经济社会的发展对各类人才旺盛的需求，对后来民办高校应用型学科专业建设、应用型人才培养模式改革等起到了推动作用。

二、民办高校对国家的贡献

1. 培养了大量应用技术型专门人才，改善了青年的学历结构

民办高等教育培养了大量有知识、有技能的劳动者和创业者，改变了改革开放初期城市就业市场以农民工为主体的就业结构。民办高校的毕业生，他们有的进入基层一线工作，有的自主创业，都积极投身到了国家的经济、社会、文化建设中。随着我国社会主义市场经济的飞速发展，民办高校毕业生以良好的素养，受到了企业的普遍欢迎。还有一批优秀毕业生，通过出国留学、国际交流、对外贸易等方式，走出国门，进入世界知名企业、高校、文化组织等。

2. 产生了一大批民办高校，推动了高等教育大众化进程

民办高等教育的产生和发展，在一定程度上解决了青年人上大学难的问题，推动了中国高等教育大众化进程。改革开放初期，参加高考的莘莘学子如同千军万马抢过独木桥，作为处于社会主义初级阶段的发展中国家，我国根本不可能迅速建设更多的公办大学，因而导致高等教育资源短缺，此时民办高校的建立圆了高考落榜学子的大学梦，给了他们改变命运的机会。许多高考落榜青年，涌向城市，进入刚刚起步、良莠不齐的民办学校。

3. 体现了举办者的历史担当，促进了国家经济社会的繁荣稳定

民办高校作为一股新生力量，促进了社会的繁荣稳定，担当起了社会历史责任。首先，民办大学的建立，缓解了政府和公办大学的压力，提高了就业者的素质。其次，民办高校的繁荣稳定促进了城乡社会经济的繁荣稳定。再次，民办高校吸纳了大批社会资金，助推了国家高等教育规模的扩大、水平的提高和教育公平的实现。

4. 推动了国家高等教育的系统改革

民办高校雨后春笋般的产生和发展，首先推动了党和政府对教育机构和功能的改革，由此带动了整个国家经济社会发展的变化。1984 年邓小平亲笔为“北京自修大学”题写校名，极大地鼓舞了举办者创办民办高校的信心。1992 年党的十

四大报告指出，鼓励多渠道、多形式的社会集资办学和民间办学，改变了国家包办教育的做法，点燃了举办者和更多潜在举办者迅速投入民办高校建设的热情。2002年12月，《中华人民共和国民办教育促进法》（以下简称《民促法》）颁布。2004年3月《中华人民共和国民办教育促进法实施条例》（以下简称《实施条例》）发布，民办高校进入规范化发展新阶段。2010年《国家中长期教育改革和发展规划纲要（2010—2020年）》强调"要大力支持民办教育和依法管理民办教育"，中国民办高校进入发展的高峰期。2019年9月，修订后的《民促法》正式颁布实施。2021年4月修订后的《实施条例》公布，自2021年9月1日起实施。中央的每一步重大教育改革，全国各省（自治区）、市都有相关实施条例出台，并且成立了专门机构管理民办高校，有些省、市为民办高校派遣党委书记、政府督导专员等指导民办高校的管理和建设，促使国家的鼓励政策都能够实实在在地落地。党和政府对教育的改革，家长、学生及社会对民办高等教育观念的改变和认同，也推动了公办高校的改革。高等学校的教育改革，推动了国家全方位系统性改革。民办高校学生的学籍管理、助学奖励、升学就业与公办高校的学生享有同等权利。

三、民办高校的功能

我国民办高等教育的成功，如同中国所有民营企业的成功一样，离不开党和政府的关怀，离不开举办者的努力，离不开人民群众的支持，离不开公办高校和社会各界的扶持。但学校不同于企业，无论在需求、社会地位、规范管理、价值引领、奋斗目标等方面都与企业有所区别。

1. 需求

为了保证生产、再生产的完成，企业关注的是资本的运营，生产的物质条件和商品的流通，人在这里仅仅是作为实现再生产的一个主体条件。人的需求是多样化的，美国心理学家马斯洛在《人类激励理论》一书中将人的需求从低到高按层次划分为五种，分别是呼吸、水、食物等生理需求，人身安全、健康保障、财产安全、工作等安全需求，亲情、友情、爱情等社交需求，自我尊重、被他人尊重、信心与成就等尊重需求，示范带头作用、价值观、创造力、责任感和引领性等自我实现与超越需求。办大学显然是为了满足人的高层次需求。对于读大学的个体而言，不仅能够实现其高层次需求，也能满足其低层次需求。改革开放后我国急需各方面人才，解决了温饱问题的青年，只要上大学就有机会实现自我价值。正是这种"知识能够改变命运"的需求，推动了民办大学的快速发展。

2. 社会地位

恢复高考制度标志着我国高等教育现代化、国际化、正规化的开始。创办一个企业其风险是可控的，但创办大学的风险往往不可控。因为企业如果生产了劣质产品可以把它销毁，但大学的培养对象是人，人是有生命的主体，所以大学具有特殊的使命。如果一个国家经济发展是基础，那么人才培养则是经济可持续发展的基石。“百年大计，教育为本”，这不仅是世界发达国家经济社会发展长盛不衰的宝贵经验，也是生产力—科学技术—人才培养的现实逻辑关系。因此，大学在社会历史发展中处于“引领”地位。它不仅聚集了大批精英人才，而且承担着人才培养、科学研究、社会服务、文化传承和国际合作的重大任务。所以，党和政府也正是基于人民幸福和国民素质提升、经济繁荣和国家长治久安的发展目标，才陆续出台各种有利政策来推动民办高等教育的发展。

3. 规范管理

无论是对大学的管理还是对大学生的管理，都关系到国家经济社会的长治久安。大学作为“国之重器”，涉及办学方向、办学理念、培养社会主义建设者和接班人以及科学技术创新等重大问题。大学的超高地位和巨大吸引力，吸引了一批以天下为公、为社会谋福祉的举办者，他们纷纷创办学校，给无数青年学子提供成人、成才、成功的机会。但也有一些利欲熏心的举办者，打着办大学的招牌，集资办学欺骗群众，学校管理混乱，严重败坏民办高校的声誉。真办学还是假办学，是民办高校发展中有良知的举办者长期呼吁的一个问题。民办高校自产生以来，相关主管部门一直在不断引导和规范举办者的办学行为，这使得一批教学质量高、社会声誉好、办学有特色的民办高校在中国大地不断涌现，为区域经济社会发展做出了应有的贡献。

4. 价值导向

办大学是一项高尚的事业，无论是公办大学还是民办大学，公益性是大学的基本遵循。虽然办企业也注重社会价值、为社会服务，但追求经济效益是企业的价值目标。大学的公益性决定了举办者办什么样的大学，为谁办大学，培养什么样的人，培养的人是否德才兼备，能否全面贯彻党和国家的教育方针，能否坚持教育为人民服务、为中国共产党治国理政服务、为巩固和发展中国特色社会主义制度服务、为改革开放和社会主义现代化建设服务，能否全面落实立德树人的根本任务，这些准确无误的价值导向，在今天是毋庸置疑的，也是举办者必须坚持并贯彻执行的根本原则。

我国民办高校的诞生和发展正值中国改革开放初期，各种思想观念、学术流派、价值观等不断涌现，民办高校面临各种挑战，举办者如果偏离正确的价值导向，没有高瞻远瞩的眼光，没有坚定的公益心和信仰，没有爱国主义情怀，没有顽强的意志，民办高校就很难健康发展。

5. 奋斗目标

办大学的目标是办高水平大学、一流大学、世界名牌大学，培养高素质人才、世界一流人才。教育是国之大计、党之大计，是民族振兴、社会进步的重要基石，是功在当代、利在千秋的德政工程，对提高人民综合素质、促进人的全面发展、实现中华民族伟大复兴具有决定性意义。因此，办大学需要花钱、花精力、花时间，更需要专心致志、心无旁骛地办。真正的大学举办者都是一些信念执着、无私无畏、勇于开拓、顽强拼搏的爱国主义者和国际主义者，他们具有更高的历史站位、更宽广的国际视野、更深邃的战略眼光。

四、民办高校面临的挑战

民办高等教育经过40多年的发展，无论是学校内部环境还是外部环境都发生了根本性的变化。国家对民办高校的政策越来越完善，越来越多的民办高校实现了高职到本科的升格，独立学院也在逐步转设为完全民办本科高校。全国各省(自治区)、市新建的本科高校，除了原来公办高职高专升格为公办本科高校以外，基本都是民办本科高校。在现有的民办高校中，本科教育在民办高校中处于主体地位。民办本科高校在办学规模、师资队伍、办学条件、办学特色、规范管理和人才培养质量等方面都有了前所未有的提高。面临新时代，我国高等教育对高校提出了更高的要求。

1. 人民群众需要上好大学，享受精英教育

精英教育这个概念具有历史性和相对性。从中国高等教育的办学历史发展看，它是指少数人能够接受大学教育的历史阶段，是和大多数人不能够接受高等教育比较而言的人才培养时期。从今天我国高等教育发展的现实分析，大部分人认为“双一流”等研究型大学培养出来的研究型人才是精英人才，应用型本科高校培养的人才是应用型人才。我国高等教育大众化、普及化以后虽然解决了青年人上大学难的矛盾，但远远没有解决上好大学的矛盾。因此，高等教育面临人民群众希望享受更多优质高等教育资源的需求与优质高等教育资源不足的矛盾，高考竞争的激烈程度仍然没有改变。作为老百姓，追求优质高等教育资源，希望子女接受最好的大学教育，并使子女成为社会精英是其必然的愿望。当今，考生和家长的选择余地更大，没有科学的管理、没有高水平的教学质量、没有鲜明的办学特色、没有良好的声誉、没有高质量的就业的民办大学对家长和考生而言，就没有任何吸引力。

2. 人民群众需要更加多样、开放、能够承受的高等教育

我国经济持续的高速增长，劳动力由粗放型向技术密集型的转型升级，特别是科学技术的强劲发展，对大学的专业设置和学科建设、人才培养方式和人才培养质量提出了更高的要求。首先，技术的进步与产业的转型升级导致专业设置与学科建设的困难。新生报考时某个专业还很火爆，等到学生毕业时这个专业很可能已经不太热门了。用人单位招聘毕业生时主要考虑的是专业对口，学生就业却越来越难。其次，人才培养方式难以适应当下的社会发展。人才培养方式包含人才培养体系和教育教学方式。人才培养体系也指人才培养课程体系。我国所有的大学、所有的专业特别是专业课程都大同小异，教学方法也如出一辙。尽管教育部一再强调“以学生为中心”，但事实上很难一下改变当前的“以老师为中心”“以教材为中心”“以教室为中心”的现状。培养适应区域经济社会发展的应用型、复合型高级专门人才，无论从大学的教育观念还是学校办学条件，都仍然在路上。再次，信息技术的高速发展，不仅改变着人们的生活方式，也改变着大学的治理方式和教育方法。最后，教育是公益性的培育人的高尚事业，教育不应该是压力和负担。随着产业升级，新技术升级更加迅猛，大众化、普惠性就业岗位越来越少，老百姓赚钱越来越艰难，供孩子上大学越来越吃力。

3. 人民群众需要能够适应和参与国际竞争的高等教育

近年来，中国经济社会发展越来越深刻地融入国际政治、经济、科学技术、文化教育等领域，这为我国高等教育带来一系列变化：一是中国留学生低龄化，初中、高中毕业生就能出国上学，这使优质生源大量流失；二是在校大学生及毕业生选择出国留学深造，这就要求国内大学的人才培养体系和质量要与国际接轨；三是国内高校为了提高知名度、提高办学水平，与国外大学合作办学，国内大学的专业建设、人才培养实现国际认证；四是国外高校直接进入中国开办大学等。高等教育参与国际竞争是必然趋势，中国的教育体制、高等教育指导思想、教育方针等如何在多元化的国际高等教育格局中定位，在越来越复杂的国际环境下，如何保证正常的国际高等教育交流，并且不被各种“制裁”与“和平演变”所影响等，这对我国社会主义接班人和建设者的培养，提出了前所未有的严峻考验。在这样一个大的国内环境和国际背景下，中国这艘“巨轮”能否保持正确的航向，国家能否保持长治久安、长盛不衰，关键在于后继有人。党的十九大以来，把立德树人、加强大学思想政治教育、培养社会主义建设者和接班人作为高等学校头等大事来抓，并且以此作为检验中国高等教育成败的标准。作为国内民办本科高校，在新时代大背景下大学的举办者对其办学方向、办学定位、办学特色、人才培养质量、社会声誉等都需要保持清醒的认识。

4. 人民迫切需要一流大学，培养出一流人才

对于办什么样的大学，习近平总书记在2018年9月10日全国教育大会上的讲话，既是中国整个教育事业的指导性意见，也系统性地回答了创办一流大学的办学理念、办学方向、办学任务、办学保证、办学内容和评价标准。他指出："培养什么人，是教育的首要问题。我国是中国共产党领导的社会主义国家，这就决定了我们的教育必须把培养社会主义建设者和接班人作为根本任务，培养一代又一代拥护中国共产党领导和我国社会主义制度、立志为中国特色社会主义奋斗终身的有用人才。这是教育工作的根本任务，也是教育现代化的方向目标。""要深化教育体制改革，健全立德树人落实机制，扭转不科学的教育评价导向，坚决克服唯分数、唯升学、唯文凭、唯论文、唯帽子的顽瘴痼疾，从根本上解决教育评价指挥棒问题。"在教育改革时我们要做到"九个坚持"：坚持党对教育事业的全面领导；坚持把立德树人作为根本任务；坚持优先发展教育事业；坚持社会主义办学方向；坚持扎根中国大地办教育；坚持以人民为中心发展教育；坚持深化教育改革创新；坚持把服务中华民族伟大复兴作为教育的重要使命；坚持把教师队伍建设作为基础工作。在开展教育工作时我们要按照"九个要求"去做：要在坚定理想信念上下功夫；要在厚植爱国主义情怀上下功夫；要在加强品德修养上下功夫；要在增长知识见识上下功夫；要在培养奋斗精神上下功夫；要在增强综合素质上下功夫；要树立健康第一的教育理念；要全面加强和改进学校美育；要在学生中弘扬劳动精神。影响人才培养的因素很多，在"九个坚持""九个要求"中，每一个坚持或者每一个要求都会面对一个或者多个挑战。在新时代民办高等教育的发展过程中，正向因素和反向因素的斗争层出不穷，"黑天鹅"与"灰犀牛"事件始终存在，创办一流大学、培养一流人才任重道远。

第二章　民办本科高校的规范管理

自古不谋万世者，不足谋一时；不谋全局者，不足谋一隅。

——[清]陈澹然

民办高校作为我国高等教育的新生事物，其产生、发展的历史不长，自身还不完善，机制还不成熟。民办本科高校成长和发展的环境也在不断变化，人们对民办高校的认识也是一个不断深化的过程。只有从我国高等教育全局发展的战略高度谋划民办高校的建设，努力建立形式与内容、法律事实与法律制度、名与实相互统一的民办高校有效管理体制，才能推动民办本科高校健康持续发展。

一、非企业“法人”与公益性办学

民办高校人才培养质量的关键在于教师，办学定位与特色的关键在于校长，学校兴旺发达的关键在于举办者。民办高校经过40多年的积累和发展，无论从全国高等教育整体发展形势还是每个具体民办本科高校分析，民办高校都已经初具规模。特别是早期升本的民办高校，办学条件基本达标，学校管理基本规范，人才培养质量基本保证。学校通过本科教学质量合格评估，更加突出了服务地方经济社会发展和培养应用型人才的办学定位，大部分高校都建立了比较完善的内部质量保证体系，有相当一部分民办本科高校积极参加审核性评估和专业认证。在高等教育新时代背景下，民办本科高校面临的挑战不亚于当年创办时期所面临的困难。民办本科高校的发展与举办者的态度问题，国家高等教育管理与办学自主权问题，办学定位与学科专业布局问题，国家教育政策与教师队伍建设问题，生源、经费与就业问题，办学经费与不断增加的办学成本问题，以及本科高校的未来发展问题等，这些问题直接或者间地接影响着民办本科高校的发展和人才培养质量。对于这些问题，在新时代高等教育“双一流”建设的大趋势下，只有给予明确的解决，才能实现建设高水平民办高校的奋斗目标。

经验和事实证明，民办教育能否健康发展，根本问题是办学经费，关键问题是举办者的态度。民办高校的存亡依靠自筹资金，资金主要依靠学生学费。对于民办高校，有学生才有学校，有学生才有经费，没有经费就没有师资队伍的建设，就没有正常的人才培养过程和教学质量，更谈不上科学研究与社会服务。民办高校的发展取决于举办者的态度，影响举办者态度的首要问题是权益。简言之，民办高校发展的最大成功来自举办者，未来发展的最大风险也同样取决于举办者。

新修订的《民促法》第三条规定："民办教育事业属于公益性事业，是社会主义教育事业的组成部分。国家对民办教育实行积极鼓励、大力支持、正确引导、依法管理的方针。"第十九条规定："民办学校的举办者可以自主选择设立非营利性或者营利性民办学校。""非营利性民办学校的举办者不得取得办学收益，学校的办学结余全部用于办学。""营利性民办学校的举办者可以取得办学收益，学校的办学结余依照公司法等有关法律、行政法规的规定处理。"什么是公益性？公益性就是指为公共利益服务的项目。广义的公益性项目一般是由政府投资的为社会大众服务的项目，如教育、医疗、环境保护、公共交通等非营利性、规模大、投资多、效益面宽、服务年限长、社会效益影响深远的项目。狭义公益性项目是由民间组织或个人发起的，利用民间资源为某些群体谋求利益、创造社会效益的项目。《民促法》已经明确，公益性可以分为非营利性和营利性。

民办高校曾经被确定为"非企业法人"，但是从"经济人"的视角分析，没有几个民办高校的举办者不希望自己创办的大学是营利性大学。因为，产生于社会主义市场并依靠社会主义市场生存的民办高校，不营利就无法持续发展。第一代民办高校举办者中就不乏发财致富的想法，第二代、第三代举办者的办学目的同样也含有对经济利益获取的诉求。今天民办高校的大部分举办者之所以选择非营利性，目的就是希望依靠党和政府的强有力领导和支撑，让民办高校有更好的发展空间。

《民促法》第六条规定："国家鼓励捐资办学。国家对发展民办教育事业做出突出贡献的组织和个人给予奖励和表彰。"第三十六条规定："民办学校的举办者投入民办学校的资产、国有资产、受赠的财产以及办学积累，享有法人财产权。"第三十七条规定："民办学校存续期间，所有资产由民办学校依法管理和使用，任何组织和个人不得侵占。""法人资产"毕竟不是个人资产，在许多举办者看来，自己创业辛苦办学积攒的钱，不归自己支配，显然在情感上无法接受；另外，人们长期以来形成的"子承父业"的根深蒂固的传统文化观念，认为父母创造的一切成果归子女继承是理所当然的。民办高校的创业者或者继承者无不认为民办高校的所有办学资产积累和私人企业一样是自己的，正因为如此，民办高校在第二代举办者接班时，其家族内部及其亲戚之间、子女之间、起初与其一起创业者之间就出现过因利益分配不均而产生的矛盾。

《民促法》第九条规定："民办学校中的中国共产党基层组织，按照中国共产党章程的规定开展党的活动。"第二十条规定："民办学校应当设立学校理事会、董事会或其他形式的决策机构并建立相应的监督机制""民办学校的举办者根据学校的章程规定的权限和程序参与学校的办学和管理。"第二十一条规定："学校理事会或者董事会由举办者或者其代表、校长、教职工代表等人员组成，其中三分之一以上的理事或者董事应当具备五年以上教育教学经验。"第二十七条规定:"民办学校依法通过以教师为主体的教职工代表大会等形式,保证教职工参与民主管理和监督""民办学校的教师和其他工作人员,有权依照工会法,建立工会组织,维护其合法权益。"从《民促法》的规定中,我们看到了民办高校的资产所有权、经营管理权和民主监督权非常清楚,有些省、市人民政府对民办高校的管理还进行了进一步细化和规范化,这些法律规定和强有力的措施,充分说明党和政府在民办高校中发挥着越来越重要的管理作用。

二、"家族式"管理与法人治理

家族式管理源于家族式企业。"家族式企业是指以血缘关系为纽带,以追求家族利益为目的,以实际控制为手段,以亲情第一为原则,以企业为组织形式的经济组织。家族式企业分为三类:使用权和经营权完全为一家族管理;掌握完全使用权和部分经营权;掌握部分所有权而基本不掌握经营权。"[①]"民办高校家族式管理就是由一个家族来经营管理民办高校,它是一个家族以掌握民办高校的经营控制权为前提,并通过一定的管理方法来实现既定利益目标的管理模式。"[②]

家族式民办高校侧重于资产所属,即产权归谁所有。"民办高校在发展过程中需要借鉴一些企业的管理模式,而家族式民办高校也一定程度地吸纳借鉴了家族式企业的管理模式,这是民办高校在初创阶段资本原始积累的一种选择,即由创办者及家庭成员参与管理的一种模式,包括夫妻、子女、亲属在其主要部门任职。"[③]民办高校家族式管理与企业家族式管理不同,早在1997年《社会力量办学条例》就规定民办高校是经国家或省级教育部门批准设立的教育类民办非企业单位,其财产属学校法人财产,任何单位和个人不得侵占、挪用。家族式管理最大限度地降低了办学成本;家族式管理最大限度地互相信赖;家族式管理最快速度地实行决策。早期民办高校的创立者由于风险大,他们为了民办教育事业的发展,艰苦创业,四处奔波,与家人同呼吸、共命运,互相信任,风雨同舟。正是他们这种顽强不屈的创业精神,才推动了我国民办高等教育事业的不断发展。

民办教育事业是公益性事业,这是由教育的本质属性决定的,民办高校的资产属于法人资产,实行法人治理,这也是社会主义市场经济发展的必然法律要求。法人是指根据法定程序设立,有一定的组织结构和独立的财产,参与民事活动的社会组织,如公司、社团等。法人也是享有民事主体资格的组织,它和自然人一样,同属

---

① 甘德发.继承与创新[M].长沙:国防科技大学出版社,2003:31.

② 周江林.我国民办高校家庭化管理的特点及制定依据[J]浙江树人大学学报,2012(5):12-14.

③ 李维民.民办高校发展战略与转型研究[M].西安:陕西人民出版社,2014:72.

于民事主体范围，而且是民事主体中的重要组成部分。《中华人民共和国民法通则》第三十六条规定："法人是具有民事权利能力和民事行为能力，依法独立享有民事权利和承担民事义务的组织。"法人的基本特征有：法人是一种社会组织；法人是依法成立的社会组织；法人是具有民事权利能力和民事行为能力的社会组织；法人是能够独立承担民事责任的社会组织。我国将法人区分为企业法人、机关事业单位和社会团体法人，后两者是非企业法人。企业法人是以营利为目的、独立从事商品生产和经营活动的组织，因此企业法人相当于营利法人。机关事业单位和社会团体法人中，前者指依法享有国家赋予的行政权力的组织，后者指从事非营利性的社会公益性事业的各类法人，如文化、教育、卫生、体育、新闻出版等公益性事业。民办高校属于非企业法人，按照民法的解释属于社会公益性事业单位。但事实上我国对事业单位有明确界定，民办高校不可能享受事业单位的待遇。《民促法》又把民办教育区分为"营利性"和"非营利性"两种。据此说明民办高校是有利可图的并且可以进行营利的，但办学需要不断投资，招生需要国家计划，发展需要国家政策支持，要持续办一所民办大学风险巨大，因此举办者只好选择非营利性。问题在于选择"非营利性"，不要求合理回报，对许多举办者及其子女来说又不甘心，办法只有一个，只有在办学过程中寻找"回报"。不可否认，民办高校中有一大批举办者不忘初心，坚持"取之于学，用之于学"的公益性办学理念，他们推动了民办教育的健康发展。但民办教育的形式是多种多样的，仅仅用营利性和非营利性难以解决民办教育发展中的困惑与矛盾。民办高校特别是民办本科高校到了一个发展的关键时刻，党和政府需要对民办教育的法律法规再完善、管理制度再构建、支持力度再提高；社会需要对民办高校再认识、再评估、再宽容；民办高校自身需要再定位、观念再更新、思想再解放。

三、办学主体的单一性与多元化

我国民办高校办学主体最初以个人或家庭为主体，随着形势的变化，这种单一主体越来越向多元化发展。

1. 个人办学

对民办高校而言，举办者在创办之初没有投资，国家也没有扶持，主要是依靠学生的学费和厉行节约发展积累起来的，专业一般以语言类、管理类为主，投资少，办学成本低，生源很多，学科专业建设难度小，师资、管理人员来源多样化，发展也迅速，只要国家给予政策支持，举办者管理严格，办学特色鲜明并能持之以恒，办学成功的概率就很大，这是我国民办高校举办者办学的主要形式。

2. 独立学院

独立学院是由公办大学利用国有资产和学校品牌创办的民办本科高校。独立学院可以划分为两种：一种是“校中校”，没有企业参与投资仅有名义上的法人，所有办学场地、实验实训基地、教师队伍、管理队伍，甚至学科专业特色、办学理念、人才培养体系、学校管理模式等都与母体学校如出一辙。另一种是企业或者举办者参与办学，母体学校提供部分资源，举办者参与投资并向母体学校每年上交部分办学利润。当下国家对独立学院的政策已经明确要求专设，有些公办高校有收回母体办学的想法，有些在寻找合伙人或者直接转为独立民办高校。总的趋势是独立学院要实现真正的“独立办学”。

3. 民办公助

这部分民办高校也分为两种：一种是办学之初，地方政府为了支持民办高校的发展，给予资金和教师队伍的支持，即给予民办高校适当的事业编制，教师以公办教师身份参与民办高校的建设。另一种是民办高校发展到一定阶段，政府每年划拨专项资金，支持民办高校的发展，如陕西省人民政府每年拿出 3 亿资金扶持民办高校的发展。

4. 股份制或者集团办学

这部分民办高校情况更加复杂、形式更加多样，这种办学方式可能既是民办高校未来发展的机遇和方向，也是民办高校发展存在的最大风险所在。这类高校基本上是在教育部下发的《关于鼓励和引导民间资金进入教育领域促进民办教育健康发展的实施意见》(教发〔2012〕10 号)(以下简称《实施意见》)文件以后发展起来的。长期以来，困扰民办高校可持续发展的主要瓶颈是办学经费的严重短缺。《实施意见》是改革开放以来教育部颁发的对民办教育扶持力度最大、优惠政策最多、表述最具体翔实的一部文件。其主要亮点包括：允许国内外资金依法开展中外合作办学，鼓励民间资金与我国境内学校合作赴国外办学；简化对民办学校审批程序；明确民办学校具有制定规划、内部机制设置、聘任教师职员、资产财务管理、设置专业、课程、教材、计划、人才培养方案、引进境外课程、教材等自主权；扩大民办学校招生自主权；落实教师待遇；建立民办学校退出机制。民办学校退出举办、转让、举办者收益等经审批机关核准或备案后即可；建立民办学校风险防范机制。对举办者非法干预学校运行、管理、抽逃出资、挪用学校办学经费等违法行为要加强监管。《实施意见》敏锐地看到了民办学校发展的关键在于举办者，发展的根本在于资金。所以，《实施意见》的目的就是要加大资金多渠道筹措力度，改变发展方式，把促进民办教育发展的立足点，放在突出办学特色、提高教学质量和办学效益上来。但这个文件在落实过程中，对个别民办学校的不法举办者，提供了私自转让股份或者“出卖”学校权益，以融资名义参与更大的办学集团，进而抽逃资金的机会和借口，因此，股份制或者集团办学的情况需要建立相应的制度，需要严格审核和规范管理，这样才有利于民办高校的顺利发展。

四、民办高校的概念解释

1. 民办与私立，营利与非营利

国际上把大学区分为国立大学和私立大学。国立大学一般由政府出资兴建并运营，私立大学一般由捐资、个人或者集团出资举办。无论是国立大学还是私立大学，都无法说明其营利与否，但能够明确说明大学的产权所属。这是举办者最为关心的核心概念和事实，老百姓也很好辨别和选择。

我国把大学区分为公办与民办。民办是指由集体或者私人创办的学校。这个提法体现了中国特色社会主义办学方向，体现了“扎根中国办大学”“办人民满意的大学”的办学目的，体现了大学的公益性质。但公办与民办产权模糊，即使通过营利性与非营利性也没法区分，因为民办高校也可以选择非营利性。

营利性大学一直是世界高等教育发展的主流，特别是进入 21 世纪以后，欧洲各国、美国、日本等发达国家和地区营利性大学竞争强劲。“营利性大学具有市场性和学术性双重身份，其办学以适应市场需要、满足学生需求、注重教学质量为己任。营利性大学未来要生存，在很大程度上必须要做到注重学校声誉；注重教师的学术水平；注重社会效益和办学效益，投资回报和学术价值并存。”“国外营利性大学的成功，与其灵活的体制和自身的管理特色有关。营利性大学更加强调以顾客为导向，以学生为上帝，同时能根据市场需求开设专业课程，提高学生的应用能力和就业机会。从世界高等教育发展趋势看，营利性大学还会增加，市场份额还会扩大。”①

新修订的《民促法》颁布以后，个别举办者提出了质疑，他们认为《民促法》整个篇幅论述的大都是非营利性学校的政策，对营利性学校很少给予政策方面的全面指导，这会让民办教育进退维谷、不知所措。其实这种认识是片面的，《民促法》规定非常明确，其第十九条规定：“民办学校的举办者可以自主选择设立非营利性或者营利性民办学校。”“营利性民办学校的举办者可以取得办学收益，学校的办学结余依照公司法等有关法律及行政法规的规定处理。”有些省份对营利性学校的规定更细。如民办教育大省陕西省在《陕西省人民政府关于鼓励社会力量兴办教育促

---

① 李维民. 民办高校发展战略与转型研究[M]. 西安：陕西人民出版社，2014：56 - 57.

进民办教育事业健康发展的实施意见》(陕政发〔2018〕2号)第四条中规定:“民办学校取得办学许可证后依法依规办理登记。非营利性民办学校,符合《民办非企业单位登记管理暂行条例》等规定的,在民政部门登记为民办非企业单位,符合《事业单位登记管理暂行条例》等规定的,向事业单位登记管理机关申请事业单位法人登记。营利性民办学校依据管辖权限在工商行政管理部门办理登记。现有民办学校按《民办学校分类登记细则》规定重新登记,过渡期为2017年9月1日至2022年9月1日前。”显然,陕西的民办教育政策给了举办者更多的考虑时间和选择时间。同时在第七条中规定:“健全学校退出机制。捐资举办的学校终止时,清偿后剩余资产继续用于教育等社会事业。2016年11月7日以前设立、选择登记非营利性民办学校的,终止时民办学校的财产依法清偿后有剩余的根据出资者的申请给予一定补偿,补偿的数额为原始出资额加上追加出资额,总额不得超过剩余的办学资产;若还有剩余的,可以综合考虑出资者人力资本投入、办学效益、社会声誉等因素给予一定奖励,其余财产继续用于其他非营利性学校办学。选择登记为营利性民办学校的,应当由具备资质的第三方机构进行财务清算(以划拨方式或公益用途取得的国有土地使用权及地上建筑物、其他附着物,不列入清算范围),依法明确财产权属。终止时,营利性民办学校的财产依法清偿后有所剩余的,依照《中华人民共和国公司法》有关规定处理。2016年11月7日以后设立的民办学校终止时,财产按照有关规定和学校章程处理。”这个规定好就好在从历史的客观事实出发,对新旧设立的民办学校清算及奖励政策不同,充分考虑了2016年以前办学的举办者的利益。

但是,无论是对于国家出台的《民促法》还是某些省份制定的相关实施意见,民办教育的一部分举办者还是心存顾虑。主要表现在:一是法律中明确规定办学积累不属于举办者,他们觉得“亏得慌”;二是选择了非营利性,但当下民办高校显然有利可图,如果不选择非营利学校,办学成本逐年递增,难以承担风险,而且能够享受国家非营利性的政策也无法享受;三是选择了营利性民办高校,到时候进行财产清算会负债累累。特别是已经接受国家经费资助的民办高校,选择登记营利性的那一天就意味着放弃举办权。

虽然国家对营利性高校的政策还不尽完善,举办者对选择营利性高校还心存疑虑,但所有民办高校的举办者也必须改变观念,不能光要求政府宽容民办高校、高考落榜生感恩民办高校,民办高校的举办者更应该感恩时代,感恩党和政府的支持,感恩莘莘学子对民办高校的信任,不应当完全站在自身利益的立场上进行价值判断。没有国家的改革开放,没有党和政府适时政策调整,一所民办高校可能都办不起来;没有国家税收的减免和优惠,民办高校不可能发展得如此之快;没有政策支持,民办高校的举办者在学校用地、校舍建设、学费收取、职工聘任及社会保险等方面就很难成功办理或者顺利运作;没有地方政府在民办高校发展的关键时期提供的经费扶持,今天民办高校很难顺利参与"双一流"建设;事实上党和政府在民办高校的发展过程中,始终关怀着举办者。因此,我国民办高校的举办者,应该像初创者一样不忘初心、勇于担当,无论是选择营利性还是非营利性办学,都要淡泊名利,都要以培养人才为己任,做人民满意的民办教育家。

2. 民办高校的法律事实与法律规范

我国民办教育,特别是民办高等教育,在国家高等教育阵营中处于举足轻重的地位。民办高校的教学管理、科学研究、人才培养、国际合作等成绩斐然。合格评估、《国标》的实施、专业认证、审核性评估正在有条不紊地推进,但民办高校最重要的法人治理即现代大学制度却没有完全建立起来。表面上看,民办高校拥有法人财产,建立了董事会领导下的校长负责制,建立了党委、纪委,建立了教代会制度,实行与企业不同的会计制度,甚至有的民办高校还建立了审计处和审计制度等,但机构的建立不能说明民办高校现代大学制度的建立。恰恰相反,在法人治理方面,部分民办高校仍然以家族式管理为主。

国家对民办高校的管理越来越规范,《民促法》的实施,促使举办者都能够坚持社会主义办学方向,坚持以公益性办学为宗旨,承认学校资产属于法人财产,在财务制度管理上,很少有人敢违法违规抽逃资金,侵占、挪用学校公款。但是还没有完全建立起"制度管人,流程管事"的有效制约机制,在民办高校面临重新选择营利性和非营利性的关键时期,怎么保证举办者对法人资产的严格管理和国家鼓励的非营利性办学方向不变,还需要不断努力。

有些民办高校,虽然选择了非企业、非营利性办学,但事实上是家族式管理,许多法律规章制度仍然停留在纸上,有些举办者仍然在积极想办法谋利。有些省份连学生学费收取也基本放开,民办高校的学费已经涨到群众难以承受的程度,家长苦不堪言。因此,我国民办高校的法律法规与办学实际还没有完全统一。我国民办高等教育要继续健康发展,还需要进一步普法,让举办者知法、懂法、守法。

3. 新时代民办高校研究的路径

要进一步推动民办高校向前发展,必须在认识上、实践上和法律制度建设上,加大对公益性、营利性、非营利性三个核心概念的研究。

教育的本质属性具有公益性。因为这是由国家的性质、教育活动的内容、服务的对象决定的。大学教育不是基础教育,它直接培养的是即将就业的劳动者和接班人,所以大学教育的根本问题是培养什么人、为谁培养人、怎样培养人的重大问题。教育活动的过程不同于商品经营的过程,它不是纯粹的生产—交换—分配—消费的过程。人的生产和再生产是一个更加复杂、更加高级的过程,即教书育人过程。中共教育部党组印发《高校思想政治工作质量提升工程实施纲要》中提出:课程育人、科研育人、实践育人、文化育人、网络育人、心理育人、管理育人、服务育人、资助育人、组织育人等十育人，因此大学教育必然是全员、全过程、全方位的育人过程。大学的每一个人、每一件事、每一个地点或事物都有育人的功能。大学服务的对象是学生和家长。要让学生德、智、体、美、劳全面发展。要让家长放心这所大学，喜欢这所大学。因此，不管举办者选择营利性还是非营利性办学，不能改变大学的公益性本质特征，不能把大学当作产业或者企业来办，应该有高于企业的待遇、严于企业的管理、高于企业的目标。这就是大学特别是民办高校公益性的充分体现。

我们应该以宽容的态度鼓励举办者大胆选择营利性办学。在社会主义市场经济条件下，市场能够解决的问题最好交给市场，我国民办高校 40 多年的健康发展，说明高等教育完全可以按照市场经济的规律进行运行。40 多年民办高等教育发展的成功经验为民办高校的继续发展开创了现实路径，我国政府和民办高校可以充分借鉴世界发达国家营利性私立大学发展的趋势和成功经验。我们完全能够在公益性前提下大力发展营利性民办高等教育。

我们不应该过多担心民办高校一旦实行营利性，举办者就可能纯粹以营利为目的，偏离公益性办学的方向，就有可能资金断线，难以生存，或者难以确保人才培养质量等问题。我们应该相信举办者会以质量求生存，以提升求发展，以办学声誉赢得社会的信赖。这里问题的关键在于：一是政府不该给的支持坚决不给，该给的政策坚决要给；二是历史、科学、合理地对待早期创办的民办高校和举办者及其资产。一方面，我们应该深刻认识到，如果没有党和政府的支持，没有大好的历史机遇，没有广大人民群众的支持，举办者再聪明、再有能力也不可能成功举办民办高校。另一方面，我们应该理解民办高校的举办者所经历的艰难困苦，在民办高校初创时期，举办者投入全部身心拼命干，使出浑身解数创新创业，积累办学资产。实事求是地分析，“举办者是靠节约起家的”是有一定道理的。

如果举办者一旦坚定目标，坚持选择建设非营利性民办高校，就应该坚决建立“依法办学，自主管理，民主监督，社会参与”的治理体系，建立债权清晰、高效和谐、沟通顺畅的现代大学法人治理制度。

第三章 现代大学的办学理念

观念的东西不外是移入人的头脑并在人的头脑中改造过的物质的东西而已。

——马克思

办学理念是大学治理的灵魂，办学理念决定大学的特色与定位，理念通过思路建立人才培养路径，思路决定大学的人才培养质量与出路。

一、现代大学办学理念的内涵

大学的办学理念也称为办学宗旨，是一所大学的办学指导思想。只要办大学就必然有办学理念，办学理念与大学治理和人才培养目标定位是统一的，有什么样的办学理念，就有什么样的大学治理和人才培养模式。新时代党和国家宏观层面的办学理念体现在“教育方针”“扎根中国办大学”“四个服务”和“两培育”等方面，其中党和国家的教育方针是最高、最重要的全国各级各类学校必须遵循的教育理念。2018 年的全国教育工作会议上，习近平总书记在会议上系统阐述了新时代我国建设高水平大学的一系列办学思路和理念，对建立现代大学制度和“双一流”建设具有划时代的指导意义。民办高校办学时间不长，各个高校的办学理念仍然在探索之中。

二、现代大学办学理念的特征

（一）高度的政治统一性

高度团结统一的政党，统一的政治信仰和理想，统一的政治纪律，必然要求大学培养忠于党和国家的大批优秀人才。所有大学的办学理念，都与中国共产党的性质、宗旨、目标与梦想密切相关。作为长期执政的共产党，其工人阶级的性质，为人民服务的宗旨，实现共同富裕、建设社会主义强国、实现中华民族复兴的梦想，决定了中国大学的办学理念、办学指导思想、人才培养目标等都必须高度统一。中国作为一个巨型大国，当前仅接受高等教育的学生总数就相当于欧洲一些发达国家的人口数，如果大学办学理念混乱，各种意识形态恣意蔓延，不仅培养不出社会主义建设者和接班人，而且大学就有可能成为社会动乱的“乱源”，历史经验也证明，大学的稳定影响着国家和社会的稳定，国家要长治久安，就必须坚持“政治思想统一”，以此指导大学治理和治理能力的不断提升。这是中国共产党办大学的优势和成功经验。当然，共产党执政层面的要求，主要是办学方向和人才培养目标方面的宏观指导，不能代替每个大学的具体办学理念，作为大学的举办者或者校长，在办学理念的微观层面，也必须具有灵活性和规律性，只有在坚持思想政治统一性的前提下，立足于国家、区域经济社会发展，立足于办学定位和学科专业特色，立足于自身办学历史，不断创新，才能办出特色，培养出高质量人才。

（二）社会历史性与时代性

现代大学是15世纪西方文艺复兴的产物，工业革命进一步助推了大学的发展。现代文明经历了数百年的发展，大体经历了文艺复兴、宗教改革、资产阶级革命、政治契约、公司发明、市场经济规则的确立这些阶段。现代大学诞生于“十字军东征”后，当时大量的古希腊文化典籍需要翻译和研究，原来的教会学校难以承担如此巨大的浩瀚工程，由此，现代大学诞生，它的产生意味着知识阶层的形成。以瓦特为代表的工业革命，宣告财富的生产方式不再完全依靠土地和人的体力，而是让位于智力，大学正是培养知识分子的地方，在工业革命时代，大学的地位就更加举足轻重。人类进入工业社会后，需要对人类社会积累的文化进行深入而大量的研究，为当时的社会发展服务，需要建立与市场经济相适应的制度和规则，需要培养越来越多的知识分子，需要经过大学教育才能成批量培养适应工业化流水线生产的有文化、懂技术、守纪律的劳动者，即产业工人。所以，大学是社会历史的产物。每个历史时期的大学治理都有其历史特征，早期的产业还没有分工，学科专业以文科为主，表现为综合性、浑然一体的特征。进入工业革命后，由于产业分工和机器的社会化大生产，大学的学科专业细化并且人才培养规格具体化，因此大学治理十分注重发挥校长的权威和学科专业系科主任、专家的治理作用。当代大学一方面产业分工越来越细，另一方面产业出现大融合，甚至出现交叉发展的趋势，大学的学科专业也出现跨学科、交叉融合的综合化发展态势，所以，大学治理进一步强调“专家治校，教授治学”，学校治理由“垂直”管理向“扁平化”治理演变。

大学只有贴近时代才能够生存与发展。不同的社会历史发展阶段，大学的理念、定位、人才培养体系和人才培养标准都具有相应的时代性。近代、现代、当代大学在每个时代都有其鲜明的时代特征。我们的大学在当下怎么定位与治理？全世界大学的校长们、专家教授们莫衷一是。有人说大学需要适应社会，为社会服务，要紧跟社会，培养应用型人才；有人说大学应当与社会保持距离，对社会进行审视和批判；还有人认为，大学是社会发展的精神动力，要为社会发展提供精神、智力和技术支持。事实上，大学的时代性决定了大学在社会发展中始终应该处于引领者的地位。

(三)民族性与人文性

中国有文字记载的文明有4000年历史，办学的历史也有3000年。相传周朝时期就在王室培养人才，训练军队。春秋孔子兴办私学，培养弟子三千。从此开始，中国的教育就是以人为中心的教育。孔子眼中的“仁”是“仁者爱人”，教育的过程就是“以文化人”。到了汉朝，开始创办太学，以《诗》《书》《礼》《易》《春秋》为教学内容，培养“修身、齐家、治国、平天下”的高素质人才。到北宋时期，大约10世纪前后，私立书院兴起，以教儒学《四书》《五经》为主，培养封建士大夫阶层。到明清时期皇室开办国子监，儒家思想得到进一步研究和传播。因此，世界上只有中国保存了一脉相承的民族文化，这种文化成为中国文明自强不息的根基。这种独立自主的文化传承与中国历史上的办学传统不无关系。事实上，中国4000年的文明史，都是吸收、消化、融合异族文化的历史，还没有一种文化能将中华民族的文化消解或者消灭。到近代后期，西方传教士开办教会学校，西方新型大学在中国兴起，自此中国传统科举制度和传统学校衰落，西方大学进入中国并逐渐占主导地位。西方大学的人才培养是依据现代生产方式而建立的规模化、专业化人才培养制度，这种人才培养治理体系，无疑加速了中国的工业化进程。当世界历史进入现代以后，由于现代科学技术、现代高端制造业、高科技人才等在西方发达国家仍然处于领先地位，因此，直到现在我们除了办学理念和指导思想及人才培养目标之外，人才培养的专业课程体系、技术体系等不得不继续在形式上“复制”这种模式。但我们非常清楚，这仅仅是形式的“复制”。任何国外的文化和人才培养体系来到中国，必须使用中国文字、中国语言，在中国大地接受中华民族传统文化，特别是作为人才培养的核心要素的大学办学理念，始终掌握在中国人手中，只有把中国人培养成中国人才，才能在中国立足。所以中国大学鲜明的民族性和人文性特征，就是不同于其他国家大学的自身特性，在学习西方国家先进生产方式、先进科学技术和文化的过程中，中国大学学习、研究、保存、传播、创新着自己民族的文化。这种文化根深叶茂，别国的文化移植不来，也代替不了，因为它已深深融入中国人的血脉之中。中国大学鲜明的民族性、人文性特征决定了中国大学治理涵盖文化治理。这是中国大学功能的应有之义，所有大学都应十分注重校园文化建设，“立德树人”“三全育人”“十育人”等都体现出大学治理离不开“以文化人”的人文教育。

(四)鲜明的应用性

人类自身的价值意识决定了人类追求价值的本性不会改变。大学的办学理念属于“精神价值”，但产生的结果却是巨大的物质和精神高度统一的人才价值。大学里培养出的人的价值包括道德价值和技术价值。因此我国大学的办学理念包含着鲜明的价值追求,价值追求鲜明的特征就是应用性或者实用性。在民主革命时期主要培养甘心献身民族解放事业的革命者,特别是抗日战争时期延安大学的办学理念,“政治、经济、文化的大学”“做人为先,学以致用”都充分说明当时对革命战争和根据地应用型人才的需求。

新中国成立后,大学办学和人才培养的理念要求坚持“一中心、三注重、三结合”,说明了当时中国“白手起家”,工业、农业、国防、科学技术等理工科极其落后,要建设社会主义工业化强国,最急需的是工程建设人才。改革开放后,虽然把大学划分为研究型、研究教学型和教学型几类,但无论哪一类型,应用型是所有类型的共同特征。正因为如此,清华大学才被称作“工程师的摇篮”。今天,国家要求地方新建本科高校向应用技术型转型,就进一步说明应用型人才培养是当前我国经济社会发展的首要任务。应用型人才培养的理念必须坚持以学生为中心,建立与之相适应的“校企合作,产教融合”的应用型高校治理体系。在实现人才培养“五个对接”的基础上,在董事会、专业设置与教学指导委员会等环节均应有合作企业参与学校治理,最终实现“合作招生,合作培养,合作就业,合作发展”的应用型人才培养路径,全面提高应用型人才培养质量。

三、民办本科高校的办学理念

民办高校经过40多年的发展,大部分进入本科教育序列,大部分定位为应用型本科高校,2020年新升格的民办本科高校确定为职业技术大学。公办高校办学的历史相对较长,办学的硬件、软件设施比较完善,办学的理念、定位、人才培养体系等比较齐全。民办本科高校办学起步比较晚,各方面建设有待推进,在办学定位、专业建设、人才培养体系、教学方法等与公办高校存在严重的“同质化”倾向。特别是民办高校办学理念,可谓包罗万象。民办高校办学理念表现为“口号”多,存在“照抄”和“复制”公办高校的现象。同样民办本科高校的治理和公办高校没有多大差别,特别是“独立学院”与其母体如出一辙。

办学理念与治理是民办本科高校的“软肋”或者“弱项”。大学的办学理念,就是一所大学浓缩的办学指导思想、高度凝练的办学精神追求、高尚的办学灵魂,没有办学理念的大学相当于没有价值观和价值追求的大学。因此确立民办本科高校的办学理念关系着人才培养质量的提升和大学治理体系的构建,主要应当从以下几方面重点关注。

第一,精准掌握国家的办学指导思想,构建董事会的决策权、校长的行政权、党委的政治权相互统一的办学理念。党和国家层面的办学理念就是基于国家宏观教育指导思想、宏观教育政策法规、宏观教育方针的理论概述。民办本科高校的办学理念不是“标签”，而是体现举办者、校长、党委共同认可的价值导向和办学目标。一是要与“新时代高教40条”相吻合；二是要与区域经济社会发展及办学定位相适应；三是要实事求是，富有特色，具体明确，高度凝练，能够建立可以实施的路径，切忌空话套话。“德、智、体、美、劳全面发展”的教育方针在幼儿园、中小学以及大学教育中必须贯彻落实，但不同层次和类型的学校必须能把它转化为一种能够实施的理念。在幼儿园“爱国”就是让幼儿园的孩子爱园里的一草一木，在大学“爱国”就是无论走到哪里都要有民族气节。“劳动”在幼儿园里就是倡导“自己事自己做”，在大学里要求“自己的宿舍、教室自己打扫”，通过专业实习实训、志愿者活动、日常行为等培养大学生的劳动观念、劳动精神、劳动技能。因此，民办高校的办学理念不应该复制公办大学的办学理念，只有把普遍理论和具体实际相结合，把国家对大学的教育指导思想和民办高校的办学定位有效对接，才能够产生鲜活的能够指导民办本科高校人才培养的个性化办学理念。

第二，适应区域经济社会发展，精准掌握民办高校的学科专业定位与人才培养目标，充分发挥专家教授的学术权威。地方性民办本科高校，其办学理念必须和区域经济社会发展相适应。全国各地的具体情况千差万别，生产力状况、经济社会发展水平、科学文化教育水平、自然环境及其资源状况、城乡人口分布和文化传统等均有很大差别，每一所民办高校的举办者或者校长必须在精准掌握国家办学精神实质的条件下，根据具体实际，提出自己学校的办学理念。任何一所大学都是按照一定的学科专业建立的，学科是一种知识体系，专业是对知识体系的专业化分类。它来源于实践，特别是专业，它是社会及其产业分工在学科领域的反映。民办高校大部分属于地方性高校，为区域经济和社会发展服务。学校一般为教学型大学，专业建设基本上瞄准地方行业、产业、文化教育事业、服务业等建立。学校的中心任务就是以专业建设为龙头，以学科建设为支撑，培养应用技术型高级专门人才。课程体系注重理实一体，注重实践，人才培养模式与培养路径更加注重“专业和产业对接，教学过程和生产过程对接，课程与岗位职责对接”，在校企合作中坚持推进“合作招生、合作育人、合作发展、合作就业”。因此，民办高校的办学理念必须考虑区域化和地方性、应用技术型和交叉复合型。同时，要提高学科专业建设水平，就必须加强“双师型”师资队伍建设，加强应用性科学研究，加强校企合作，充分发挥“专家治校”“教授治学”的作用，建立由行业产业参与的董事会、学科专业建设指导委员会、教学指导委员会相结合的工作机制，保障人才培养的社会服务水平。

第三，精准掌握培养目标，坚持“学生中心”，以就业为导向，构建服务、公平、自主、参与的学生治理体系。民办本科高校招生生源中绝大多数学生的理想、信念、意志、心态、学习兴趣、学习基础和人生奋斗目标等与一本、二本学生存在比较大的差别。民办高校对学生的培养目标不是培养考研或者研究型人才，而是培养社会生产、服务一线的普通劳动者或者是一线的基层管理人员。因此，民办高校的办学理念不能“假、大、空”“好高骛远”，应当实事求是。学生是民办高校的第一资源，没有学生就没有民办高校。因此要旗帜鲜明地坚持以学生为中心、就业为导向的办学理念，这种办学理念不仅要体现在人才培养方案中，而且要体现在后勤保障、学生管理、党团活动、第二课堂、学风建设甚至就业跟踪调查服务中，要坚持维护学生的权益，构建服务、公平、自主、参与的新型学生治理体系。

第四，精准掌握培养什么人、怎样培养人的路径，形成“三位一体”横向管理与院、系、教研室纵向治理的人才培养合力。每一所大学对国家层面的办学理念、自己学校的办学定位、学科专业定位及最终培养目标都必须体现在毕业生身上，特别是办学理念会在毕业生身上留下深深的烙印。比如，有的民办高校的毕业生身体好，心理健康，诚实守信，严谨守纪律；有的民办高校毕业生外语流畅，专业知识扎实，技术水平高并善于践行；有的民办高校毕业生善于沟通表达，知识全面，写作能力强，善于学习；有的民办高校毕业生具有创新思维，能与人和睦相处并有较强的组织协调能力；等等。这些都体现着不同民办高校不同的办学理念，这样的办学理念，作为教师觉得亲切可行，愿意好好教，作为学生也觉得经过努力能够做到，愿意好好学习，进而民办本科高校也就会形成良好的校风和文化。

因此，民办高校的办学理念，需要哲学思维的指导，通过严谨的语言提炼，具有深邃的价值观引领，能够服务区域经济社会发展，体现学生特长，彰显学校和学生的鲜明特色，激励教师团结合作、乐于奉献等。拥有这样办学理念的民办本科高校，就会像一位具有鲜明个性的哲人，站在学校的中央不断提醒着莘莘学子，培养的教师像一座座耀眼的明灯，照耀着学生，在任何时候，任何地方都是一道亮丽的风景线。因此，民办本科高校要将办学理念落实到相应的治理体系中，在治理能力上持续发力，建立起董事会严肃决策、校长严格管理、党委保证政治方向的“三位一体”的横向管理机制，并与学校、学院、系三级纵向“扁平化”治理机制相结合，以学院为主体，以成果为导向，以学生为中心，以推进教育教学改革评价为保证，培养更多更好的应用型高级专门人才。

第四章　民办本科高校的人才培养

致天下之治者在人才，成天下之才者在教化。

——[宋]胡媛

高等教育总是伴随着经济社会的发展而发展，和其他一切事物的发展一样，会受到时间。地点、条件的制约。国家重点大学的定位决定了它们主要培养研究型人才，普通高校特别是民办本科高校应当定位于培养应用技术型人才。

一、民办本科高校办学背景的再认识

民办本科高校的办学与国内外形势、区域经济社会发展、文化科技水平、自然环境等因素密切联系，需要从民办高校的产生与发展、面对的区域生产力状况和未来面临的主要任务等方面进行全面分析。

1. 产生于地方，服务于地方

我国民办高校是在改革开放以后，乘着社会主义市场经济和教育、科技、文化高速发展的快车，在地方政府的支持下，由私人或企业投资，或者公办高校参与建立和发展起来的地方性高校。从全国民办大学的分布看，民办高校集中分布于长三角、珠三角、环渤海、长江中游、成渝、中原和关中等地区。民办高校的产生、发展与区域经济、社会、科技、教育的发展密切相关。因此，民办高校的定位必须依托于地方、服务于地方，为地方经济、社会、科技、文化、教育的发展服务。

2. 服务于区域经济、科技、社会发展

我国地域辽阔，各地的经济、社会、文化、教育发展水平各异。有些地区科技教育发达，有些地区现代制造业发达，有些地区自然资源丰富，有些地区交通便利、商业发达，有些地区历史悠久、旅游文化资源丰富，因此，处于不同地区的民办本科高校，要善于分析自身的发展条件和特色，瞄准区域经济社会发展优势，精准定位，确定自己的学科专业建设和发展方向。

3. 服务于国家未来发展

大学的人才培养既要为当前社会生产、消费服务，又要引领社会发展。因为专业的设置往往是当下行业、产业、社会分工的反映，但当代社会飞速发展的残酷现实是，学生还没有大学毕业，有些产业和行业已经落后。所以，专业的滞后性要求人才培养必须具有预期性、超前性。大学在满足当下人才培养需求的同时，一定要为未来的人才培养服务，未来人才服务的主战场在哪里，民办高校的举办者或者校长必须对这些有清醒的认识和明晰的思考。

我国已经步入老龄社会，到 2025 年，60 岁以上的人口将达到 3 亿，到 2040 年老龄化达到峰值。在这个漫长的历史过渡期，老年人的健康、养老、医疗服务等需求，将给社会经济、安全稳定等带来巨大挑战。更严峻的是我国人口迎来负增长。根据国家统计局 2023 年 1 月数据显示，2022 年我国出生人口 956 万人，比上一年减少 85 万人。这意味着 2018 年后许多管理不善、质量不高的高校特别是民办高校可能会关门。

城市化是工业化和市场化的必然结果。工业化需要大量的就业人口。城市有比较容易的赚钱谋生机会，有优质的基础教育资源，农村人口向城市流动是发展的普遍现象，也是“经济人”生存致富的普遍经济学规律。2021 年末，我国人口城市化率已经达到 64.72%，到 2030 年，我国新增城市人口 2 亿，届时城镇人口达 10.2 亿，城市化率达到 70%。按照人口迁移的规律，人口迁移从低收入地区到高收入地区，从城市化到大都市圈化是必然趋势。民办本科高校的办学定位也需要重点考虑城市化与人口老龄化同步加剧的问题。

信息化是工业化发展的产物。工业化、自动化、智能化的大发展趋势是不可逆转的，这是现代社会诞生后生产力发展的必然逻辑。以大数据、云计算、机器人等为代表的人工智能将改变市场、流通、分配、消费方式，改变教育的内容、方法、模式和结果，改变国家及社会治理方式，改变人们的思维方式、生活交往方式。信息化必然会排挤掉越来越多的行业、产业，会给就业带来巨大挑战，但同时会产生新的行业、产业与就业机会，为我国劳动力的减少排忧解难。可以肯定，越是智能化，第一产业、第二产业需要的就业岗位越少，自动化、智能化的流水生产线，几乎是“无人化”生产，未来社会除了一部分精英从事研发制造以外，大部分人都会在高技术应用、推广和服务业领域就业。民办高校如果不解放思想、更新思路，必然死路一条。

二、民办本科高校的办学定位

在全国教育大会上，习近平总书记指出："要支持有条件的高校创一流，但不能把高校人为分为三六九等，而是要鼓励高校办出特色，在不同学科不同方面争创一流。""要根据建设社会主义现代化强国的需要，调整优化高校区域布局、学科结构、专业设置，改进高等教育管理方式，促进高等学校科学定位、差异化发展，把创新创业教育贯穿人才培养全过程，建立健全学科专业动态调整机制，加快一流大学和一流学科建设，推进产学研协同创新，积极投身实施创新驱动发展战略，着重培养创新型、复合型、应用型人才。"

我国的民办本科高校普遍存在"复制"公办大学，特别是"复制"重点大学学科专业设置的现象。定位不准就意味着不知道自己处于什么位置，难以把握自己的发展方向，无法寻找自己进一步改革的依据和路径，不能推进自己的可持续发展，更难以培育自己学校的办学特色，最后必然归结到培养不出高质量、有特色的专门人才。

1. 关于大学办学定位的内涵

大学是一个相对独立的系统，按照国家对高等教育管理的基本提法和国内一些高等教育专家的看法，普通高校有各种各样的分类和定位。从全国看，国家宏观层面的大学分类定位有以下几方面。

(1)办学层次定位。党的十八大以后提出的建设"一流大学和一流学科"和一些省(自治区)、市提出的建设"一流学院、一流专业"等，这是国家和地方根据高等教育新时代"追、赶、超、越"的趋势，创新驱动，内涵发展，建设"一流本科"，培养一流本科人才的最新战略举措。新的目标定位，意味着打破传统的大学分类和层次定位。

(2)服务区域定位。按照服务地域分类，把全国高校划分为面向全国范围服务的高校，这些学校一般为全国重点大学；面向区域服务的高校，这些学校一般为区域性重点高校；面向地方服务的高校，这些学校一般为地方普通本科高校。这种定位，一般与高校招生的层次等有关。

(3)学科定位。首先，研究型大学。这类高校属于国家或者区域重点大学，能够站在学科发展的最前沿，研究基础科学、尖端科学、交叉学科，引领国家经济社会的发展并与国际接轨，培养顶级尖端优秀人才。这类大学基本上是综合性重点大学。其次，教学研究型大学。这类高校一般为区域性或地方性高校，招生层次相对较高，办学历史较长，条件较好，研究实力较强，在某一领域或者学科建设有比较强的优势，科学研究与人才培养并重，能够培养出服务于区域经济社会发展的优秀人才。再次,教学型大学。这类高校一般为地方普通本科高校,以人才培养为主要任务,科学研究为教学服务,一般表现为由单学科性向多学科性发展,由地方政府、公办高校或者私人举办,为地方培养应用技术型人才。随着科技的发展、产业转型的升级、社会的全面进步,国家、社会对人才的需求愈来愈向应用技术型转变。因此,国家"十三五"规划全面倡导新建地方普通本科高校转型发展,将专升本的新建本科高校统一命名为"职业技术大学",努力培养应用技术型人才。根据"十四五"教育部对本科高校的审核评估"两类四种"划分法,可以发现我国普通本科大学将划分为学术型和应用型两大类型。但高等教育发展的客观性、复杂性和人才需求的多样性,不存在大学分类的"非此即彼"问题。因为所有本科高校都应承担"五大任务",研究型大学需要高质量的人才培养展现自己的办学水平,应用型大学需要通过科学研究提高人才培养能力。正像研究型大学需要研究,教学型大学也需要研究一样,研究型大学也存在应用型人才培养问题。研究的目的主要是为了应用,我国大学都面临应用问题,国家倡导地方普通本科大学向应用型转型,是因为地方高校面临的服务对象、承担的主要任务、办学条件、招生对象等不同,办学的导向主要是服务于就业,培养应用型、复合型、国际化的高素质人才。

具体到某一所大学层面的定位应包括以下几个方面:

(1)学科专业定位。根据教育部关于《普通高等学校本科专业目录(2012年)》,自然科学与社会科学共划分为 13 个大学科门类,包括哲学、经济学、法学、教育学、文学、历史学、理学、工学、农学、医学、军事学、管理学、艺术学等。专业类为 92 个,专业为 506 种。每一所大学都会根据自己的服务对象、师资队伍、学科优势、办学特色确定一个或者几个学科作为自己的发展领域和发展方向,在此基础上确定自身的专业建设定位。在专业建设定位中,高校往往根据自己的优势学科建设相关专业链群,并注意与相关学科专业交叉发展,这样既可以培育师资优势,整合校内实验实训资源,也可以培育新的学科专业方向,拓展新的服务领域,形成综合实力。

(2)服务面向定位。服务面向对任何一所大学都是一个相对概念,国家研究型重点大学主要面向全国重点科研院所、中央和地方政府机关、大型国有企业和跨国公司,培养目标主要是硕士生、博士生以及未来的专家、科学家。地方普通本科高校主要是为区域、地方、基层服务,特别是地方民办本科高校,基本上是为地方民营企业服务。

(3)办学特色定位。办学特色包含的要素比较多,包含学科专业特色、教学特色、管理特色、校园文化特色、人才培养特色等。其中最重要的有两条:一是学科专业特色,这是一所大学的根本特色,决定大学的发展方向和生命力,决定学校的教学方法与改革,同时也会影响学校的管理特色和校园文化特色。二是办学理念和人才培养特色。大学所有的办学理念和特色最终都会体现在人才培养特色上。正像体育专业培养的学生身体强壮善于运动、音乐专业培养的学生性格开朗善于唱歌一样，研究型大学培养的学生研究能力强，应用型大学人才培养由于注重实践教学，坚持教、学、做一体化的教学方法，培养的学生善于动手和操作。学校的办学特色定位还表现在校风、教风和学风方面。学校作风民主，倡导自由创新，学风浓厚，社团活动丰富，培养的学生多为思想开放、善于合作、勇于创业的人才；学校管理严格、教风严谨、注重实践，培养的学生多为思维严谨、遵守规矩、善于管理、技术精湛的人才。所以，在高等教育由大众化向普及化的发展阶段，特色发展、内涵发展是民办本科高校兴旺发达的生命力。

(4)培养目标定位。培养目标定位特指人才培养目标。每所大学的人才培养目标，大体包含或者体现三层要义：一是体现国家教育方针，即国家对大学毕业生培养的基本要求；二是学校人才培养方案规定的学校或者学科对人才培养的基本素质要求，或称之为人才培养目标；三是专业对人才培养的具体规格，即毕业要求。不同类型和层次的大学，培养目标与规格不同，最大区别就是研究型、应用型还是技术技能型，体现大学培养目标的最核心标志是专业人才培养规格，专业人才培养规格的关键是课程体系和人才培养模式。

2. 关于民办高校办学定位的辩证认识

任何事物的存在都是普遍联系和变化发展的。思维的辩证法就是这种普遍联系变化发展的反映。对地方民办本科高校办学定位的认识绝不应该持僵化、片面、封闭的观点，必须从实际出发，全面分析。

(1)关于研究与研究型。民办本科高校要不要科学研究？由于民办本科高校大部分都在积极向应用技术型转型发展，因而在民办本科高校外部存在不需要搞科学研究的观点，在民办本科高校内部也认为学校的主要工作任务是课堂教学和实习实训，科学研究可有可无。任何大学都承担着人才培养、科学研究、社会服务、文化传承与创新、国际交流与合作的任务。没有科学研究就没有积累和传承，也很难创新，更谈不上学校和教师的水平提升，创新型人才培养就是一句空话，培养的人才也就不能很好地为社会服务。不同的大学其研究的侧重点和方向不同，但没有科学研究的大学一定是三流大学。所以，民办本科高校的举办者、校长及教师，必须始终加大科研投入，把科研定位于应用型技术创新研究上，将科研反哺于教学和应用型人才培养，始终站在学校学科专业发展的前沿，通过应用技术性研究，努力提高应用型人才培养质量。

(2)关于地方性与本地性。大部分民办本科高校受当地政府和一些高等教育专家的影响，在办学定位中，有意无意地把地方性理解为本地性，认为其主要招生对象是当地生源，受当地政府的扶持，因此毕业生主要在当地就业、为当地服务。这种“只见树木不见森林”的观点，是束缚地方民办本科高校发展的无形绳索。

地方性当然包含着本地，但不能局限于本地。地方性本来就是一个不断变化的相对的地理概念。不要把地方性片面理解为本地性。地方民办本科高校，在学科专业定位时，一定要关注全球、放眼全国，把专业建设的质量和特色放在首位，重点考虑为生产、服务、管理、创业等基层一线培养应用型人才，而不是死盯着为本地服务。

(3)关于应用型与技术实用型。民办本科高校基于历史和办学效益等原因，一般既有本科，也有高职高专，有些还承担继续教育及地方实用性人才培养的任务。但民办本科大学首先是以本科教育为主体，本科教育不同于高职高专教育，也不同于中专技校教育。许多人对本科高校转型发展认识不全面，把应用型、技术型和实用型混为一谈，淡化应用型科学研究，淡化扎实的理论教学，淡化创新素质培养，把民办应用型本科高校办学定位降为培养实用技术人才的技校或者培训学校。所以，民办本科高校在制订人才培养方案时一定要针对不同类型、层次的培养对象，科学设计知识、能力、素质培养体系，注重人才培养的有效性，让民办本科高校的学生在知识学习上有挑战度、有获得感，在能力提升上有成就感。

(4)关于国际化。国际化服务包括语言、工程技术及其管理、老年护理、交通、酒店旅游等领域。这些领域正好适合于地方民办本科高校的学科专业建设。事实上，民办本科高校最初就是瞄准国家改革开放、青年学子希望出国而纷纷建立的，从“西安翻译学院”“西安欧亚学院”等校名就可以看出它们的国际化办学特色。因此，民办本科高校机制灵活，随着“一带一路”倡议的深入推进，民办本科高校的国际化办学会更加出彩。

民办本科高校最终怎么定位，仍然在探索之中。我们也看到，民办本科高校确实存在着一些不尽如人意的“乱象”。首先表现在民办本科高校学科专业建设贪多求大，追求综合性，专业重复设置问题严重。地方新建的公办大学，基本是由专科学校或者少部分中专、技校合并后升格建立的。这些公办大学师范性质多，办学条件比较好，师资充分，专业调整快。许多这样的地方新建公办大学，经过二三十年的努力，办学定位都在向综合性大学方向发展。民办本科高校大部分起源于培训机构，如外语培训、高考培训、自学考试全日制培训、成人自修类培训等，这些培训机构学生人数达到一定规模、办学条件符合相关规定、生源有保证后，才逐步批准为高职学院，然后部分升格为民办本科高校。

这就决定了这些民办本科高校最初办学一般以文科为主，以语言学、管理学为特色，专业大部分包括外语、汉语言文学、计算机类、市场营销、旅游、人力资源、会计、财务管理等。这些学科、专业生源广，教学要求条件低，教学班级大，教师资源多，民办学校可以进行资金的快速原始积累，迅速发展壮大。随着外语、财会、市场营销等人才的饱和，民办学校的学科专业建设受资金、人才、土地、校舍的制约，只能根据市场需求，向投资比较低、容易成功举办的专业发展。如后来纷纷向医学护理类、艺术类、学前教育类、信息技术类等靠拢。本来这种学科专业建设定位的调整无可厚非，发展这些专业完全符合中国健康养老、信息化社会、二胎生育政策等需求。但问题在于民办高校出现“一窝蜂”的互相模仿，大干快上的跟风现象，不考虑学校实际情况和社会需求，许多民办本科高校校内的专业布局出现严重失调，有的专业招不来学生，有的专业“半死不活”，有的专业人满为患，一个专业招生五六百人的民办本科高校比比皆是。

民办本科高校应当开阔视野、大胆定位。定位时坚持把引领性与应用性结合起来，把学科建设的普遍性与专业建设的特殊性结合起来，把学校的眼前利益和长远利益结合起来，力争做到定位准确、便于实施。特别是学科专业建设要符合经济社会发展需求，精心培养骨干专业，坚决反对专业建设上的“朝令夕改”，民办本科高校定位一定要面向区域生产、服务、管理和应用型科学研究，应用型技术研发与推广，积极开展学科专业建设和应用型人才培养。坚持以本科教育为主，坚持质量、规模、效益协调发展，重点打造特色专业。随着高考适龄人数的不断减少，国家鼓励引进境内外资金举办大学，大学数量会越来越多。今后民办高校的发展一定是靠特色和质量，地方民办本科高校学科专业定位应当凸显多科性、应用性、地方性。在学科专业建设过程中，要保持和巩固传统优势专业，按照“新工科、新文科、新农科、新医科”要求，做到“人有我优，人优我强”。积极开设地方经济社会紧缺专业，做到“人无我有”，始终领先一步，占据先机。全面培育和强化特色专业，做到“人强我特”。利用地方经济特色、资源特色、文化特色、传统优势，建设“标杆专业”“示范专业”。

三、人才培养体系与培养模式改革

1.《国标》是本科教育成熟的标志

本科高校的人才培养目标与规格定位，最终会落实到人才培养体系即本科人才培养方案上。人才培养方案的核心是课程体系。大学的办学“定位”是人才培养的坐标，“方案”是人才培养的形式，“课程”是人才培养的内容。内容决定形式，形式服务于内容。内容与形式只有科学定位于人才培养要求，最后才能培养出合格人才。

普通本科高校人才培养方案是大学教育的纲领性文件，是大学组织教育教学、学籍管理、审核本科生毕业资格的依据。我国大学人才培养的课程体系虽然不断改革、不断完善，但多年来缺少一个全国统一的、规范化的专业人才培养课程体系指导意见。2018年1月30日，教育部发布《国标》，这是新中国成立以来国家发布的第一个专业教学质量国家标准。《国标》的制定，教育部耗费了大量的人力、智力资源。从2013年开始，教育部组织了由50多名两院院士在内的5000多名教授参加，经历了4年多时间、数百次工作研讨会，对我国普通本科大学专业目录中全部92个专业类、587个专业，全国普通高校56000个专业点，进行深入研究，最终成型定稿。《国标》颁布实施后，中国高等教育本科高校实现按照标准办学，教育主管部门按照标准管理高校，社会按照标准监督本科高校办学，促进了本科高校切实提高人才培养质量。

《国标》主要包含概述、适用专业范围、培养目标、培养规格、师资队伍、教学条件、质量保证体系等八方面内容。明确每个专业类的内涵、学科基础、人才培养目标、师资队伍、基本办学条件等，列出专业类知识体系与核心课程建议，并对有关专业建设提出量化标准。特别是在每个专业类标准中都贯彻了社会主义核心价值观，思想政治教育，德、智、体、美、劳全面发展的具体要求。

高等教育界专家认为，《国标》具有三大特点：把“规矩”和“空间”相结合，既对各专业类提出统一要求，保障基本质量保证，又为各专业人才培养特色留下足够的发展空间，下要保底，上不封顶；把“底线”与“目标”相对应，既对各专业类提出基本要求，兜底线，保合格，同时又提出敢于追求卓越的目标追求；把“定量”与“定性”相统一。既对各专业类标准提出定性要求，又包含必要的量化指标，有利于本科高校、学科专业量化可以比较，可以核查，可以评估。《国标》的发布，是中国高等教育发展的里程碑，问题的关键是各高校，特别是民办本科高校如何贯彻执行国家标准，怎样以此为指导，修订人才培养方案，培养应用型、复合型、多样化、高质量的专门人才。

2. 大学人才培养方案的构成

民办本科高校在修订人才培养方案以前，首先要制订学校人才培养方案修订指导意见。这个指导意见几乎是学校办学特色之结晶，集全校办学思想之精华。要做到上接国家教育最新政策的“灵魂”，下接市场人才需求的“地气”，民办本科高校应当全员参与、积极行动，经各专业负责人外出进行行业、企业调研，学校上下开展反复讨论才能确定。指导意见的内容包括指导思想、制定原则、人才培养目标与毕业要求、课程设置与结构、学分分配、实践教学、素质拓展等内容。

(1)指导思想。指导思想主要包括坚持社会主义办学方向，坚持马克思主义、毛泽东思想、习近平新时代中国特色社会主义思想，坚持立德树人，坚持党的教育方针，坚持社会主义核心价值观，坚持本校的办学特色和人才培养理念与模式等，能够指导学校各专业人才培养目标的制定。

(2)制定原则。不同时期、不同地域、不同学校原则有所差别,但万变不离其宗,基本包括立德树人原则、以学生为中心原则、市场导向原则、实事求是和准确定位原则、创新创业实践性原则、应用型原则、与时俱进和前瞻性原则、素质教育原则、国际化原则等。

(3)人才培养目标与毕业要求。这主要由院系确定。根据学校指导意见的指导思想、制定原则,各院系根据需求进行制定。人才培养目标主要从学科层面,根据就业需求制定相对宏观的培养目标。毕业要求也称人才培养规格,是相对于专业人才培养需求,在技术层面制定毕业生应当具备的专业知识、技能、素质三方面内容,毕业要求要简明扼要、便于操作。

(4)课程设置与结构。我国大学的专业课程设置大同小异,包括公共必修课或通识教育课、专业基础课、专业核心课、实践教学(含课内实践教学、集中实践教学、素质拓展)等内容。在通识教育课、专业基础课、专业核心课内设置部分选修课(含必选与任选课)。课程设置方式有些高校用“模块”方法,有些高校用“平台”方法。

(5)学分分配。大部分民办本科高校课程设置门数和学分较多,门数 40 到 50 门不等,学分在 160 到 180 不等。每门课程的理论教学学分在 2 到 6 学分。学分设置较高的课程一般为专业基础课。理论课程学分与学时折合比为 1∶16 或者 1∶18不等。

(6)实践教学。实践教学是应用型高校非常重要的教育教学环节,一般包括课内实践教学与课外实践教学。课内实践教学主要表现为课程实验、实训、体验式教学等。课外实践教学主要表现为新生军训、课程现场见习、专业实习实训、毕业集中实习、毕业设计(论文)等。集中实践教学学分一般折算课时比例是理论课程课时的一倍,即 1∶32 学时。应用型高校实践教学学时应占总学时的 30%以上。

(7)素质拓展。素质拓展主要是指针对大学生的综合素质提高而开展的各种经典阅读、社会实践、创新创业、文体社团活动、学科竞赛以及行业产业学会开展的各类比赛、技术培训及考级考证等。许多本科高校将素质拓展学分与毕业证挂钩。

大学人才培养体系的优劣直接影响人才培养质量与办学特色。面临转型发展的地方民办本科高校,制订人才培养方案必须高度重视实践性和实践教学体系的建设。在地方本科院校人才培养过程中,“要努力改变‘三重三轻’的现状,做到‘四个更加注重’:改变重理论轻实践、重知识轻能力、重专业轻人文的现状;在专业设置上更加注重以社会需求为导向,在课程设置上更加注重科学知识、思想品德、人文素养和实践能力的融合,在教学方法上更加注重发挥学生的主体作用,在社会合作上更加注重用人单位的参与,着力培养具有较强岗位适应能力的面向地方、面向行业企业的高素质人才”①。

① 高思.高教望境[M].北京:高等教育出版社,2017:175.

新的专业认证要求坚持以学生为中心，以成果为导向，多元化评价，跟踪调查反馈，持续改进的成果导向教育(outcome based education，OBE)人才培养理念。OBE教育理念下的人才培养方案制订是按照反向设计的思路，与业界专家和用人单位共同制定人才培养目标，研制毕业要求，甚至包括学生毕业后3至5年能够达成的目标，倒推课程体系，使人才培养的课程矩阵更加切合学生知识、能力、素质的培养，进一步提高应用型人才培养质量。因此，新的专业认证思路必须融入人才培养方案修订的全过程和各个环节。

3. 制订人才培养方案必须处理好八个关系

在民办本科高校人才培养方案制(修)订中，必须注意处理好以下八个关系。

(1)立德与课程的关系。检验大学办学质量的根本标准是“立德树人”。大学对学生德育教育的渠道有共青团开展的各种形式的社团活动，有思想政治课的教学活动等。我们虽然不断倡导“三全育人”“十育人”，但值得注意的是育人的主渠道还是课程育人。思想政治课是中国特色社会主义大学的重点育人渠道或平台。同时我们要积极发挥所有课程、所有教师的育人职责。因此，在学校人才培养方案制订过程中要对立德树人、弘扬社会主义核心价值观等内容进行整体设计，将思想政治教育、职业道德、社会公德、家庭美德等内容，融入专业之中，浸透在相应的课程之中，把“专业思政”“课程思政”与“思政课程”高度统一起来，同时发力，让每一位任课教师既是专业技术学习的参与者、指导者，又是学生人生的导师和引路人。只有如此，大学的立德树人才能起到事半功倍的效果。显然，要落实大学立德树人工作，专业是基础，课程是核心，教师是关键。

(2)课程设置多与少的关系。课程是专业人才培养的主要因素。课程的设置决定人才培养的质量和特色。当下地方民办本科高校普遍存在课程设置过多、特色不明显的现象。当然也有个别高校出于减少经费支出的目的，打着教学改革的旗号，存在课程设置比较少的现象。专业课程设置并非易事，既有技术要求，又有管理要求。许多民办本科高校课程设置过多，既有主观原因，也有客观原因，主要表现在：其一，学科专业带头人或者院系领导出于个人偏好，不去认真研究《国标》，主观臆断，缩水挤压，把该设置的专业课程学分压缩，把不该设置或者学分比较低的课程学分加大，忽视了学生专业核心能力的培养。其二，不考虑生源状况，不考虑就业岗位需求，更不考虑人才培养特色，复制《国标》或者其他本科高校的课程体系，课程设置大而全、小而全，培养“全能人才”。其三，公共必修课开设课程太多，这直接影响到专业基础课和专业核心课的开设，影响了人才培养质量的提升。其四，工资结构不合理，基础工资低，课时费高。在制订人才培养方案时，因人设课，把不该设置的课程设置进人才培养方案中。因此，民办本科高校应该制定课程开设标准：一是必须认真研究落实《国标》要求；二是要考虑专业认证和岗位需求；三是要考虑学校办学特色；四是考虑学生未来发展，按照宽口径、强基础、重能力的要求，扩大通识教育选修课或者大类培养的思路，促进学生未来就业的适应性。课程设置不宜过多，文科160学分左右、理科155学分左右、课程40门左右。课程不在于多而在于精，关键在于教学过程管理和教学效果。

(3)读书与教书的关系。有高等教育专家批评指出，中国大学是“一本书大学”，教师教一本书，学生学一本书，课程结业考一本书。还有专家指出，中国大学课程太多，读书太少。学生阅读课外书目越来越少，甚至文科学生也是如此，这是中国大学教学质量下滑的主要原因。特别对于民办本科高校，学生基础较差，学习兴趣不浓、热情不高，教师相对年轻，缺乏指导课外阅读的习惯和能力，学生的课外阅读量严重不足。在人才培养方案修订中，有许多专业负责人把课程的学分设置与学生阅读量混为一谈，认为学分越多越有利于促进学生读书，没有学分就没有人才培养质量，这种观点显然是错误的。因此，民办本科高校在制订人才培养方案和教学大纲时，要加大课外阅读书目的数量要求。一是强制通识教育经典书目阅读，建立选修课考评机制；二是充分利用国家网络精品资源公开课，制定网络课程考核和学分互认机制；三是规定专业课程课外阅读书目，并纳入课内成绩考核；四是普遍建立素质拓展制度，素质拓展学分与毕业证挂钩，最终目的是培养学生终生学习的习惯与能力，提高学生综合素质。当前许多本科高校建立的书院制、导师制就是要求任课老师承担指导、考核学生读书的责任。民办本科高校要把这一制度落到实处，就必须把书院制、导师制与教师的薪资激励和绩效考核统一起来，提高学生的人文素养。

(4)通识教育与专业教育的关系。通识教育是中国本科大学最主要的短板。国家提倡的“新工科”“新文科”“新医科”“新农科”最主要的体现是强化通识教育，提高学生综合素质。“通识教育是美国大学本科教育中最突出的特色。它通过对学生的全面教育，培养学生的表达能力和分析问题的能力。学生可以根据兴趣自由选择艺术、历史、哲学、人文、社会科学、自然科学等领域的课程，在进行足够广泛的学习后，学生根据自身的兴趣选择一个专业方向，进行深入学习。这种通识教育，学生不必在申请入学时就确定专业。”[①]我国民办本科高校必须在通识教育方面下决心有所突破。按照地方性、应用型、复合型培养目标，对照《国标》，瞄准学生的综合素质，大幅度增加通识教育课程，拓宽学生知识面，拓宽学生视野，增强学生适应能力。特别是文管类专业，要敢于打破“陈规陋俗”，对学生进行跨专业、交叉性大类培养。

(5)理论教学与实践教学的关系。民办本科高校，在面临转型发展时期，人才培养方案制订的一个难点就是实践教学学分比例的确立以及实践教学内涵的界

① 李维民.民办高校发展战略与转型研究[M].西安:陕西人民出版社,2014:179.

定。实践教学必须根据一所大学的学校定位和专业设置来确定，首先弄清楚不同专业实践教学的内容及实践教学的实现路径，其次在确定不同专业实践教学的比例时，绝对不能采取一刀切的划分标准和评价标准。坚持新建地方本科高校应用型人才培养目标，加大实践教学比例，具体问题具体分析。什么是实践教学？对外语类专业来说，听、说、读、写、译综合训练就是实践教学。视觉传达、美术设计等艺术类专业的课内外作业训练，语言类专业的写作演讲、作文训练，以及各专业的学科竞赛、创业设计等都可视为实践教学。另外，寒暑假“社会实践周”、青年志愿者活动、“红色筑梦之旅”等，都是非常好的实践教学形式，如果让学生全部去实训基地实训，到工厂去顶岗实习，既不现实也不可能。因此检验实践教学是否充分的标准只有一条，即是否促进了学生的动手操作能力。所以，对实践教学比例的确立，首先要解放思想、更新观念，文科、管理类专业要特别注意课内实践教学比例的提高，积极推进理实一体化教学。

(6)专业教育与创新创业的关系。新时代我国大学人才培养有两个热点，一是“立德树人”，二是“创新创业”。其实“立德树人”不仅仅是当代大学教育的热点，也是亘古以来人才培养的主题。

国内经济发展依靠要素资源的优势已经成为历史，经济转型升级的关键必须依靠创新创业，以此促进经济社会全面进步。全国本科高校，特别是民办本科高校需要特别注意以下几个问题：一是不能把创新创业教育理解为跟风、抢资源、抢课题、出风头；二是不能把创新创业教育理解为开一门或者几门课程了事；三是不能把创新创业教育理解为鼓励大批学生休学创业、办实体；四是不能把创新创业教育理解为培养的毕业生都能够创业成功。创新创业教育的关键是像“思政课程”“课程思政”教育一样，是培养所有学生的创新创业理念、意识，培育学生的创新创业思维、路径和方法，鼓励有创业思想、有天赋、有激情的毕业生创业。所以只有把创新创业教育渗透在所有课程中，渗透进教育教学的全过程，才能达到培养创新创业人才的目的。

(7)课程育人与活动育人的关系。大学本科教育是一项系统工程，上课是主要的教育形式。另外，社团活动、学科竞赛、志愿者活动、社会服务等“第二课堂”都是大学教育中的重要组成部分。因此，许多高校提出“学习在大学、生活在大学、成长在大学、幸福在大学”的活动育人口号。活动育人表面上似乎与课程设置没有多大关系，但在中国大学实则不然。学生在大学的时间是有限的，课程设置过多，各种育人活动的时间必然就少。所以，在学校人才培养方案制订过程中，要针对民办本科高校学生的特征，依据《国标》设置专业课程，进行合理分配。一是“减量增负”，二是课程改革。所谓“减量增负”就是控制课程门数和课时，适度增加学业挑战度和课程难度。民办本科高校人才培养体系普遍存在课程设置“贪大求多”，学生全天上课、疲于奔命的现象。因此民办本科高校在制订人才培养方案时，需要精准定位人才培养目标与规格，要根据就业岗位职责精选课程，提高课程设置的科学性和有效性。所谓课程改革就是结合民办本科高校实际，在坚持以学生为本和不降低效果的前提下，创新课程设置方法。民办本科高校大多数都有自己的办学特色，都希望开设一些反映学校办学特色的课程，这样必然会挤压《国标》中规定的课程。因此在课程改革中必须坚持《国标》规定的“底线”，在此基础上，把一些必修课程通过开设活动课程来实现育人的目的，如体育课程应当建立日常的“阳光体育运动”、体能测试和技能培养有机结合的体育教学模式和评价制度。又如心理健康、安全稳定、疾病防控、依法治校、艺术教育、形势与政策等这些课程应该开设，这些知识都是学生应该知道甚至掌握的，关键是怎么开设，什么时间开设，这就为“第二课堂”“第三课堂”的活动育人留下了广阔的空间。

(8)课程设置与特色培养的关系。民办高校在人才培养方案制订中，应该严格把握三个方面：一是针对学生，注重通识教育课程的开设，这是提高学生整体素质、增强学生就业能力的必然要求。二是专业核心课程的开设，这是培养学生就业竞争力的必然要求。所以，专业核心课程要精准定位、精准选择、重点培养。三是课程开设一定要注意人才培养特色，民办本科高校的办学特色集中表现为人才培养特色。人才培养特色只有通过科学合理的人才培养模式才能实现。办学定位国际化的学校就要在课程开设中加强外语和跨文化课程教学，引进国际课程和先进的教学理念，促进师生的国际交流，开展以应用型为导向的国际合作。以应用型人才培养定位的民办本科高校在课程开设上应该突出应用型、复合型、技术型。结合学校的专业特色，依据区域经济社会发展的需求，按照错位发展、差异化发展的原则，培育同类型高校不可替代的特色专业课程，培养具有典型特征的特色人才。

四、民办本科高校的管理与评价

1. 民办本科高校教育行政管理主体

2020 年 10 月 13 日，中共中央、国务院印发了《深化新时代教育评价改革总体方案》(以下简称《总体方案》)，这是新中国成立以来第一个关于教育评价系统改革的纲领性文件，该文件明确了教育评价改革的任务书和路线图。办学和做人一样，既要敢于仰望星空，又要脚踏实地，既要经常自身反思，又要接受社会评价。民办本科高校的办学理念确定以后需要久久为功地坚持下去，把办学理念转化为办学定位，在认真研判办学定位的基础上，制订人才培养方案，开展招生和人才培养工作，最后把符合毕业要求的学生交给社会。对本科高校来说，这是一个大学系统内部人才培养循环往复的过程。但大学不是一个封闭的系统，它必然需要社会各界的监督与评价，需要政府主管部门的宏观管理。

《国家中长期教育改革和发展规划纲要(2010—2020年)》提出“管评办分离”的政策。2013年11月,党的十八届三中全会明确了“管评办分离”的教育改革发展战略,其主旨是“政府宏观管理,学校自主办学,社会广泛参与”。2017年国务院关于《国家教育事业发展“十三五”规划》提出,到2020年,“基本实现管办评分离,形成政府依法管理、学校依法自主办学、社会各界依法参与和监督的格局,教育治理体系和治理能力现代化水平明显提升”。

本科高校需要明晰教学管理、自主办学以及社会评价的责、权、利关系。在这三者关系中,随之产生三大主体:一是教育行政管理部门主体,承担着依法对学校的监管职责;二是学校自身作为教育教学活动的人才培养主体,这个主体同时包含着教师教学主体和学生学习主体;三是社会及其专业的社会评价机构作为依法评价学校的评价主体。这三大主体都必须依法开展工作。教育行政管理部门要对学校实行依法监管,学校要坚持依法办学,评价机构要进行依法评价。我国本科高校的发展处于不同的水平,而且差别较大。教育行政管理部门和评价机构在管理和评价民办本科高校时,应该具体问题具体分析,最终目的是“以评促建,以评促改,以评促管,以评促强”。《总体方案》要求“改进高等学校评价,推进分类评价,引导不同类型高校科学定位,办出特色与水平”。要建立我国高等教育分类评价机制,就必须弄清楚民办本科高校与公办本科高校之间的差异。

2.民办与公办本科高校的区别

民办本科高校经过了几十年的发展,许多办学历史较长、升本较早的本科高校,通过合格评估,办学条件不断提升,管理不断规范,人才培养质量等大幅度提高,社会办学声誉越来越好,但民办本科高校和公办本科高校存在事实上的区别,具体表现在以下几方面:

(1)二者产生的背景条件及运行机制不一样。民办本科高校应市场而生,因市场而活。没有社会主义市场经济的产生就没有民办本科高校的建立。同样,没有社会主义市场经济的发展壮大,就没有民办本科高校的今天。公办大学有学校就有学生,民办高校有学生才有学校。

(2)二者资金来源不一样。民办本科高校的资金来源单一,没有生源就意味着民办本科高校“关门大吉”。正因为如此,民办本科高校不断设置新专业,不断争取招生指标,不断进行生源大战。民办本科高校还会不断加大招生经费投入,组建专门而庞大的招生队伍。

(3)二者生源不一样。民办本科高校生源差是不争的事实。高考成绩三百到四百多分的学生和五百到六百多分的学生,用一个标准培养、一个标准评价是不科学的。为了提高办学声誉、增加生源,民办本科高校一方面积极申报硕士研究生培养资格,另一方面不管是高中毕业生还是高职、专升本、成人教育等学生,都是其招生对象。

(4)二者社会地位不一样。《民促法》第一章总则第五条规定:"民办学校与公办学校具有同等的法律地位,国家保障民办学校的办学自主权。""国家保障民办学校的举办者、校长、教职工的合法权益。"国家保障的权益与事实上拥有这种权益还存在差距。《民促法》第三十一条规定"国家鼓励民办学校按照国家规定为教职工办理补充养老保险",说明民办学校教职工的退休待遇也和公办学校的教师退休待遇不在同一个水平。

(5)二者管理模式与效果不一样。民办本科高校具有特殊的背景和运行机制,大部分学校齐抓共管,推进质量、规模、效益不断提高,但管理上也存在两个极端:一种是怕出事,实行严格的准军事化管理;一种是不敢管,实行松散的"放羊式"管理。学生学习兴趣不浓,学习习惯较差,学校学业标准不高,过程管理和毕业要求不严等,这也是社会对民办本科高校认可度较低的一个重要原因。

(6)二者毕业生的就业不一样。民办本科大学的毕业生和公办本科大学的毕业生都是四年制毕业,但民办本科大学毕业生就业质量相对较低,就业去向基本在民营企业。即使考上研究生,毕业后基于第一学历的原因,就业也会受到一定的影响,早期民办学校的毕业生基本依靠创业。有些地方的事业单位,对民办高校的毕业生招聘限制较多。

(7)二者从校长到教师再到学生心态不一样。民办本科学校的领导与师生心态和公办高校的领导与师生心态区别较大。民办本科高校的老师,没有公办高校老师科学研究的压力,由于职称、学历等各种限制,他们将来进入公办本科高校的机会也很小,他们整体的危机意识、竞争意识与公办高校的老师存在差距。

3. 民办与公办本科高校的评价标准

《总体方案》改革的目标是:"经过 5～10 年努力,各级党委和政府科学履行职责水平明显提高,各级各类学校立德树人落实机制更加完善,引导教师潜心育人的评价制度更加健全,促进学生全面发展的评价办法更加多元,社会选人用人的方式更加科学。""十二五"期间,国家对新建地方本科高校进行合格评估,公办、民办一个标准,具体表现如下:

(1)设立与建设标准一样。参见中华人民共和国住房和城乡建设部、中华人民共和国国家发展和改革委员会发布的《普通高等学校建筑面积指标(建标 191—2018)》,该文件规定了建设规模与项目构成、12 项校舍建筑面积指标。另外,还对研究生、留学生等用房面积做出规定。同时规定"本标准适用于新建的普通本科高等学校,改建、扩建的参照执行"。

(2)数据填报和每年质量报告一样。参见教育部《普通高等学校本科教学状态数据统计报表》中关于教师年龄、职称，学缘结构、学科及总数，新旧专业数，课程门数、门次数，教学改革、教材建设、实验室建设、教学成果，学生竞赛、科技活动、毕业生就业，图书购置、网络建设，教学经费、教师进修等指标。

(3)学校、专业评估标准一样。参见《教育部高校本科教学评估方案》，包括本科教学评估的目的和意义、本科教学评估的制度体系、本科教学评估的主要内容与形式等，共包括7个一级指标、20个二级指标、39个观测点。除此之外，还有审核性评估、国家推行三级专业认证评估以及地方政府的各种评估。

(4)学科定位、专业、课程设置标准一样。设置标准涵盖了普通高校本科专业目录中全部92个专业类、587个专业。

(5)转型与不转型评价标准一样。国家要求地方普通本科高校转型发展，包括支持转型的重要意义、转型的指导思想和基本思路、转型发展的主要任务、配套政策和推进机制共22条实施细则。详细到学科专业定位、人才培养模式、课程设置体系、实验实训、招生制度改革、双师型教师队伍建设、教学过程管理等内容，但社会评价机构和地方政府在对新建地方普通本科高校进行各种检查评估时标准没有多少改变。

(6)评估专家一样。评估就必须有评估专家。教育部有教育部的评估专家库，各省有各省的评估专家库，这是推动本科高校督、管、办改革的必要条件，也是世界各国提高人才培养质量的通行做法。问题是无论是国家级高校评估专家，还是省级评估专家，清一色来自公办高校，即使有来自民办高校的一两个专家，他们也是公办高校退休后在民办高校任职的专家。这些专家的水平绝对一流，但他们大部分可能对民办本科高校的认识存在偏差。

(7)地方政府对公办、民办本科高校的要求一样。许多省市对民办高校给予高度评价，认为民办高校是地方经济社会发展的新的经济增长点，就会对民办高校更加关注，管理要求更高、更严。

4. 民办与公办高校采取一样的评价标准的弊端

民办本科高校与公办本科高校存在事实上的差异，对公办、民办、新建地方普通本科高校采取一刀切的评估管理模式，势必会导致如下一些结果。

(1)揠苗助长。民办本科高校各方面条件不成熟，特别是教师队伍建设需要一个过程，与公办高校生源之间存在巨大差异，如果采取一个标准，就有可能违反“因材施教”的个性化培养和人才成长规律。如果没有清醒的教育理念和符合实际的人才培养方案评估标准，就会产生“事倍功半”的不良结果。

(2)弄虚作假。统一的评估标准，会使得一些不够条件的民办本科高校弄虚作假。本科教学质量数据是由各个民办本科高校自己采集填报的，为了达到国家办学标准，顺利通过评估，多数民办本科高校会按照评估标准的合格条件进行填写。

导致评估专家进校考察的时候，掌握的数据本身是不真实的。

(3)管理艰难。大学管理是一门科学，绝对虚假不得。教学管理、学生管理、科研管理等直接关系学校的人才培养质量，来不得半点含糊。特别是随着大数据在数据采集和评估中的广泛应用，弄虚作假只会欲盖弥彰。

(4)特色难建。标准一样就难以形成特色。古希腊有一个寓言故事，有人创办一所动物运动学校，需要培养一个全能动物，要求跑得最快、飞得最高、游得最快，样样都能够获得第一名，结果只找到一种叫"鳗"的动物，能走、能游、能飞，但非常慢，永远得不了第一。地方民办本科高校只有错位发展、特色发展才有出路，同样是土木工程专业，清华大学的学生与地方民办本科高校的学生，学习一样的课程和教材，会培养出一样的人才吗？答案可想而知。

(5)人才培养质量难以保证。不同行业有不同标准，行行出状元；不同层次有不同标准，学术型与应用型人才哪个重要，要看社会使用价值。因此，地方民办本科高校要敢于创新，教育主管部门和评价机构需要深入调查研究，制定符合实际的标准。

(6)一流大学仍然在路上徘徊。一流大学的标准非常多，如一流的办学理念、一流的标准、一流的设施、一流的师资、一流的生源、一流的管理、一流的服务、一流的科学研究、一流的教学、一流的人才培养质量、一流的就业等。但"一本""二本""三本"都在建一流，这三个不同层次的大学不应该是一个标准，我国本科高校除了老校区外，大部分都有新校区。西方发达国家的高校，大部分几十年不变，有的甚至地处穷乡僻壤，但它们的教育教学质量却令世界刮目相看。它们教育最成功的是真正实施了特色发展、内涵发展、"管办评"分离。一流的课程设计、一流的过程管理、一流的师资队伍、一流的社会监督评价，当然会产生一流的人才培养质量。

(7)举办者步履维艰。地方民办本科高校的举办者最难的是不知道该把有限的资源投向哪里。民办本科高校的成败关键在质量，质量的关键在师资。但按标准化要求，许多举办者把目标放在校舍建设上，放在规模扩张上，放在各种项目竞争和广告宣传上，放在评估能否过关的上下关系协调上。对于两个主要的任务——人才培养质量和师资队伍建设却无能为力，找不到好的办法。但这两个指标才是检验地方民办本科高校办学水平的主要标准。

光明日报记者邓晖撰文《"五破""五立"教育评价"指挥棒"全面转向》指出：《总体方案》核心是"破"教育评价的短视行为和功利化倾向，"立"科学履行职责的体制机制；"破"学校评价的重分数、轻素质的片面办学行为，"立"立德树人落实机制；"破"教师评价重科研轻教学，重教书轻育人的行为，"立"潜心教书育人的制度要求；"破"学生评价以分数给学生贴标签的不科学做法，"立"德、智、体、美、劳全面发展的育人要求；"破"文凭学历至上等不合理的用人观，"立"以品德和能力为导向的人才使用机制。邓晖从党和政府、学校、教师、学生、社会评价五个方面对《总体方案》的诠释为民办本科高校的建设和发展，特别是学校内部教学评价和改革指明了方向。教育部关于印发《普通高等学校本科教育教学审核评估实施方案(2021—2025年)》提出，"推进高校分类评价，改革本科教学评估，推动提高人才培养质量"。我们相信，随着《总体方案》的落实和新一轮本科高校审核评估的推进，"一刀切"的评估标准和方法将得到彻底改变，将会推动民办本科高校又好又快地发展。

第五章　民办本科高校的教学管理

管理是一个过程，通过它，大量互无关系的资源得以结合成为一个实现预定目标的总体。

——［美］卡斯特

德鲁克认为“管理是一种实践，其本质不在于‘知’而在于‘行’，其验证不在于逻辑，而在于成果；其唯一权威就是成就”。任正非认为“管理层要淡化英雄色彩，实现职业化的流程管理。即使需要一个人去接受鲜花，他也仅仅是代表，而不是真正的英雄”。民办本科高校的内部管理纷繁复杂，仅教学过程管理就直接决定人才培养的质量，所以人才培养目标、规格是在过程中实现的，过程管理的细节决定民办高等教育事业的成败。

一、课程教学精细化过程管理

“高楼万丈平地起”，再完美的人才培养方案也只是人才培养的“施工图”，只有付诸实施，经过艰苦细致的操作实施，才能培养出高质量的人才。“细节决定成败”，人才培养关键在于过程管理。大学具有人才培养、科学研究、社会服务、文化传承与创新、国际交流与合作五大任务，课堂教学是实现这五项任务的基础条件。

1. 排课与选课

民办本科高校与公办本科高校在教学过程中都需要排课，但民办高校面临的任务要复杂得多。民办本科高校每年招生量巨大，往往上一个学期期中教学检查后就开始下个学期的排课，但新情况不断出现，由于教学设施紧张、师资紧张等原因，每个院系不可能有足够独立的教学资源，只能依靠教务处全校调拨。在将人才培养方案变成课表的过程中必须处理好以下关系：①公共必修课与专业课的关系。学生多、资源少决定了必须先排公共必修课，再排专业课，这样就会出现上午上公共必修课、下午上专业课的现象。②专职教师与兼职教师的关系。由于兼职教师来源多样，身份复杂，要求不同，只能优先安排兼职教师课程，还要考虑他们校车接送等交通问题，因此，在排课时尽量满足校外兼职教师的要求，安排他们集中或全天上课。③专业课程与复合型课程的关系。有些民办院校为了彰显办学特色，实行跨专业、跨学院复合型人才培养,因此需要跨学院调配师资。④课程与课时的关系。一般民办本科高校最少每学期安排学生在校学习时间不少于20周。16周理论课上课时间,几乎每周课时在24~26节,1周国家规定的各种假日时间,1周复习考试时间,2周集中实践教学时间。所有的教学管理环节、教师教学进度安排、学生实习实训及素质拓展活动,都必须按照教务处制定并通过校办发布的“学校日历”开展工作。⑤理论教学与实践教学的关系。理论教学只是校内资源调整,实践教学牵扯校内外资源的调配,因此教务处必须在开学后一周内把全学期各学院的外出实习安排好,才能做到教学工作有条不紊。

许多公办学校的领导,不能理解民办高校的教务处为什么如此多人、如此繁忙,其实民办高校教务处不仅仅是排课问题,制度建设、本科工程、教学改革、质量监控等,往往都得教务处的深度参与、把关。课程安排得好与坏,在民办本科高校表面上是二级学院的工作,实际上教务处是第一责任人。在“扁平化”治理的趋势下,民办本科高校教务处面临“分权”与统筹、服务与管理的全面改革。

2. 教材选用

民办本科高校不同于公办本科高校,师资队伍力量不强,教材建设能力偏弱。民办本科高校基本上使用国家指定的通用教材,也有一些民办本科高校组织教师编写校本教材,但质量普遍不高。各院系在征订教材时教务处要注意处理好以下关系:①教学大纲与教材征订的关系。课程带头人或者专业带头人,一定要按照教学大纲的要求选择相应出版社的教材,对应用型本科高校而言,教材内容不宜过深、过多,要始终弄清楚课程与课程之间的交叉关系,既要保证专业课程的系统性,又要结合民办本科高校的办学定位和教学大纲要求,符合应用型人才培养目标教材选用的特色性。当下在教材编写过程中,许多主编往往追求体系完整,甚至追求“高大上”,许多学科专业教材内容重复严重,特别是商科类教材。因此专业带头人必须根据教学大纲,认真审核,做到不要让学生和教师浪费不必要的精力重复学习。②国家规划教材与校本教材的关系。为了推进校本教材建设,学校一般鼓励教师编写符合民办本科高校的应用型教材。但由于编写水平等诸多原因,校本教材问题较多,因此在选用本校教师编写的教材时,教务处应当组织校外专家进行盲审,系主任是教材选用的第一责任人。教材选用和教材建设是人才培养的关键环节,民办本科高校要优先选用“马工程”教材和国家统编的重点教材。在校本教材建设中,一定要坚持马克思主义指导地位,组织校内外高水平专家编写符合自己学校办学定位的应用型特色教材。在引进国外教材过程中,要严格执行中央有关政策要求,严防西方资本主义国家意识形态的浸透,严格把关,按照国家有关程序审批。

3. 以学生为中心的教育理念

以学生为中心的教育理念源于1900年美国教育家杜威，他在《学校与社会》一书中提出“以儿童为中心论”。1952年美国人本主义心理学家卡尔·罗杰斯在哈佛大学正式提出“以学生为中心”的概念。1998年，联合国教科文组织在巴黎召开“世界高等教育大会”，再次强调“学生为中心”的革命性意义。马克思主义哲学强调“内因是变化的根据，外因是变化的条件，外因只有通过内因才能起作用”。

新时代高等教育面临两个挑战，一是高等教育普及化，二是高等教育信息化。高等教育普及化意味着适龄人口几乎都能够接受高等教育。高等学校人才培养不再是简单的专业知识、专业技能的教育，知识经济飞速发展，大学生专业教育和职业技能教育，根本赶不上知识和技能的更新换代，大学教育是围绕“以学生为中心”的专业知识、技能、素质的全面教育，它尊重学生的主体意识，启发学生的潜能，培育学生的志趣，培养学生的终身学习能力和创新创业能力。只要我们改变传统的以教师、教材、课堂为中心的教学方法，坚持以学生为中心，最终必然会形成这种能力。高等教育信息化正在不断颠覆大学教育的所有模式和教学场景，慕课、翻转课堂、线上教学等教学模式的出现，导致只会使用PPT的老师在大学教学难以为继，任何一位老师或者教学管理者，应该清醒地认识到传统课堂教学模式必须改变。

“以学生为中心”的关键是学生在大学全部生活中享有自主权。目前国内民办本科大学的学生都是被管着，管着作息制度，管着专业选择，管着课程选修，管着毕业证发放和学位授予等。公办本科高校要相对宽松一些，特别是学分制的实施，学生选择的余地更大一些。因此，民办本科高校以学生为中心之路，还将是“路漫漫其修远兮”。

民办高校推进以学生为中心是一项系统工程，核心是破除“唯分数论”，包括师生的学习、学校管理、各方面服务等。比如学生的宿舍生活是自治的，学生的社团活动是自主的、是学生自愿的、是能够促进学生健康成长的。大学生的一切活动不是依靠辅导员设计和管理的，而是学生通过宿舍或者社团活动自发完成的，学生通过社团活动提高了自身的交往能力、表达能力、组织协调能力。大学生的学习不是完全依靠老师在课堂上进行不厌其烦的灌输，而是学生通过老师或者导师的指导和服务，根据自己的兴趣自主选择学习内容和学习方式。校园的所有设施都能够体现学生随时随地可以自由学习、自由发展的价值导向，甚至设施本身就是文化知识的载体等。所以，大学教育是青年成长的必经阶段，网络信息化代替不了校园，慕课代替不了课堂。显然，以学生为中心理念的落实，首先是国家大学治理模式的改变，执行这一理念的第一责任人是大学的校长。在宏观上没有完全改变传统的治理模式之前，应当先易后难，从课堂教学做起，改变以课堂、教师、教材为中心的现状，倡导教师教学课内外结合，课堂上师生平等交流，开展启发式、案例式、辩论式教学，教材只是师生学习的指导用书，教师善于博采众长，深入研究，指导学生自主学习。

4. 课堂教学管理

课堂教学必须实行精细化规范管理。特别是民办本科高校，学生培养的主要途径在课堂，老师的主要任务是课堂教学。所以，课堂教学必须建立主要教学环节的质量标准。倡导教师上课携带教材、教案、大纲、考勤考核登记册、教学计划等“五件套”，学生上课必须携带课本、笔记、笔“三件套”；教师上课课时费标准要和教师教学投入与效果相结合。要规定不同的课程不同的课程系数，并规定不同的课外作业量及批改作业的要求；对教学过程中发生的教学事故必须按照认定标准严肃处理。学校教学管理部门要根据课堂教学出现问题的大小，给予不同的教学事故处理。重点监督教师遵守课堂纪律、敬业精神、教学学术水平，特别是贯彻课程思政、落实立德树人等方面的重要环节和教师的作用；根据高等教育信息化趋势，持续推进教学方法的改革。按照教育部提出的课堂教学的“高阶性、创新性和挑战度”要求，贯彻“以学生为中心”的课堂革命，树立典型，总结案例，以点带面，切实提高课堂教学质量；坚持推进“导师制”，在落实人才培养方案和实施教学大纲时，明确课程的课外阅读任务，指导学生课外阅读并纳入课堂教学考核。根据专业课程要求布置课外阅读书目，制定有效考核细则，提高学业难度和挑战度。各院系要求任课老师根据教务处公布的通识教育经典书目，指导学生学习并获得相应学分，提高学生综合素质。

5. 信息化教学

信息化是一把“双刃剑”，多少莘莘学子被手机游戏吸引，许多学生每天看手机的平均时间在 4 小时之上。过去教师会深更半夜旁征博引备课写教案，现在许多教师是“拿来主义者”，教案依靠网上打印，PPT 依靠网上下载或者向同行索要。教师面临最大的问题是教学不愿意投入精力，学生学习也不想投入精力。

信息化时代的到来，使得课堂教学资源浩如烟海，但要上好一门课，甚至一节课，都需要以问题为导向，需要线上线下大量地学习和备课，需要制作精美的课件，需要翻转课堂设计，需要进行虚拟仿真教学训练。在高等教育普及化和信息化的新时代，要做一个称职的大学老师，没有针对性的课堂设计不行；仅仅依靠一本教材，不搜集教材之外的材料也不行；不提供翻转课堂，开展互动，让学生积极参与更不行。没有课内外结合，课堂教学会像一阵风，没有多少效果。因此，课堂教学的信息化建设第一责任人是老师。老师必须正视信息化给课堂教学带来的挑战，既要掌握信息化教学不断更新的技术手段，也要善于运用信息化教学资源，包括指导学生通过慕课学习并取得学分互认。教育部推广的线上、线上线下混合式、线下、社会实践等金课建设，促使今天的大学老师要比以往任何时候都要不断学习。

6. 实践教学

民办本科高校作为转型发展的重点高校，要确立“实践第一”的思想，要对实践教学内容进行系统设计。“实践第一”不是轻视理论课教学，是指把实践教学贯穿于所有课程，贯穿于教育教学的所有环节。实践教学的目标就是培养学生分析问题、解决问题的综合能力，培养学生专业能力和核心技能。显然，不能把实践教学简单地理解为培养学生一两项专业技能。根据学校人才培养方案，各院系必须按照专业核心能力、专业基本能力和学生未来发展应当具备的综合适应能力安排实践教学。

培养学生核心能力的实践教学要尽量贴近核心课程，安排课程实验实训，通过专业实验实训室或基地，扎实培养学生的专业核心动手操作能力和技能，工科专业、《国标》有明确规定的专业，必须安排金工实习，老师必须亲自指导并完成实验报告。专业基本能力的实践教学，面比较宽泛，可能涉及一门或者几门课程，不局限于实验实训室，可能要走出校门，到行业、企业实习，参与校内的课程设计、学科竞赛、创新创业项目申报和毕业设计等。综合能力教学实践，也称为社会实践，包括有些学校规定的“素质拓展”、学校及学生组织的校内各种社团活动、校外开展的社会实践教学周活动、各种志愿者活动等。原则上学校应当根据学科专业群，建立全校的实践教学体系指导意见，各院系要根据专业建设从课程开始向外扩展，建立具体的实践教学体系。实践教学一般由院系负责，教务处和学生工作部协调指导，并建立相关考核标准。

7. 兼职教师管理

民办本科高校的师资队伍源于兼职教师，一批公办高校的老师退休后继续为民办高校工作，有些成为学科专业带头人。随着民办本科高校转型发展，越来越多的科研院所、企事业单位的高级管理人员和工程技术人员在民办高校兼职。民办高校兼职教师队伍的作用表现在：一是民办本科高校资金紧张，教师队伍建设难以大量投入，没有能力养活过多专职教师，必须依靠兼职教师作为补充；二是作为新建民办本科高校，教师队伍科学合理的梯队建设需要一个循序渐进的过程，一次招聘年轻硕士毕业生不宜太多，需要公办高校专家教授进行“传帮带”；三是推动了民办本科高校教师队伍的转型，应用技术型民办高校需要一支在科研、管理、工程技术一线工作的有实际经验的专门人才，指导民办本科高校应用型人才培养，兼职教师的加入提升了应用型高校“双师型”教师队伍建设的能力，提高了应用型人才培养质量。

民办高校早期对兼职教师普遍采取粗放式计时工资管理办法，一节课多少钱，每月结束或课程结束给兼职教师结算完课时费双方关系就结束。这种早期的兼职教师管理办法存在很多问题，因为教学是个“良心”活儿，教师的水平、敬业精神、思想境界不同，效果就大不一样。思想境界低的人只要把时间熬到，课堂不乱，课时费就一分不少。所以，有些民办高校对学术及教学水平高、效果好的兼职教师采取长期兼职聘任的办法，称之为“专任”教师。在高等教育进入新时代，所有地方民办高校都应当高度重视兼职教师队伍建设。一是建立兼职教师队伍库，根据学科专业发展需要，选择培育高水平、“双师型”兼职教师队伍；二是根据轻、重、缓、急和学校长远发展规划，对兼职教师采取不同的管理，给予不同的待遇，对有些紧缺人才可以按照专职教师聘用，有些可以适当给予基础工资；三是所有兼职教师都应当签约相关课程或者项目建设协议，包括课程或者项目名称、课程条件准备、总课时、作业批改、实验实训、考试考核、课程思政等主要教学环节；四是对兼职教师建立必要的考核奖惩机制。这是地方民办高校发展的必然趋势。

8. 经费预算

教学经费预算是开展教育教学活动的前提条件，更是衡量一所学校教学是否合格的关键性重要指标。教学经费主要包括课时费、实践教学经费、专业建设经费（新增专业建设费、一流专业、重点专业、特色专业等费用）、实验室建设及信息化建设经费、教学改革经费（教材建设、各级教学改革项目）、教师培训交流经费、思政课程单列经费、体育课维持经费和教学办公费等。按照本科教学合格评估和审核评估要求，年教学经费不得少于生均 1200 元。评价一所民办本科高校的办学水平和人才培养质量，关键看举办者给予教学经费是否符合评估要求，是否能够随着教育教学水平的提高逐年递增。经费预算是前提，执行是关键。一般情况下，最难执行的是专业建设经费和教学改革经费。这就要看学校其他政策和配套措施是否给力，以及主管教学的校长和教务处处长的水平与能力。

二、制度建设与教学改革

1. 两级教学管理制度建设

制度管人，流程管事。与人才培养相关的制度主要表现为三个方面、两个层次。三个方面表现在：一是教学基本管理制度。管理规范的民办本科高校都制定了《教学管理制度汇编》，包括国家政策与法规、教学运行管理、教学研究与教学改革管理、实践教学管理、教学质量标准管理、课程建设管理、教学基本建设管理、美育及学生专项教育管理、劳动教育管理、体育教学管理及其他教学管理等文件，由学校教务处负责制定，经学校教学工作委员会讨论通过，校长签发。二是教学质量标准与监控制度。经过合格评估的民办本科高校都制定了《本科教学质量保证与监控体系文件汇编》,包括教学基本建设的主要环节、主要教学环节的质量标准、质量保证与监控体系极其运行办法、专业评估、课程评估、实验室评估、教师教学质量评价体系等文件。一般由质量督导室负责,教务处协同制定,经学校学术委员会讨论通过,校长签发。三是二级学院和教师管理、考核、奖惩办法,由人力资源部门制定,教务处协助,经校长办公会讨论通过,校长签发。

所谓两个层次是指人力资源部门、教务处、质量督导办等代表学校制定的校级层面的管理制度和各院系根据学校相关制度文件精神制定的本院系管理制度。民办本科高校普遍存在的问题是:专业建设、课程建设、团队建设等方面质量标准制定滞后,院系工作缺少依据。各院系由于管理队伍较弱及人员素质缺陷,相应管理制度建设跟进缓慢,基本上照搬学校相关制度运行,在具体执行时会出现偏差,问题较多。民办本科高校在教育教学管理上还存在管理部门多、教育教学管理文件多、权力交叉、职责不清、相互扯皮的现象。同时,文件制定多、执行少。比如教学事故的认定及处理,教务处认为教学事故认定是教务处的工作职责,教学问题一旦发生,由教务处根据事实按照程序认定并进行处理;但人力资源部门认为处理教师事关教师声誉、年终考核,应该是人事部门的职权。再如制定教学质量相关标准,质量督导办认为这是教务处的工作,教务处则认为这是质量督导办的工作等。国家教育行政部门对于大学教育教学管理的指导意见越来越健全,每所地方民办本科高校都应对各自教学管理制度进行清理,划清职责,理清关系,完善制度,坚持教学管理文件不在于多,而在于精、在于符合实际、在于可行、在于管用的原则,使得教学工作有章可循。

2. “课堂革命”与“金课”建设

“课堂革命”概念的提出是基于新时代高等教育背景的变化、教育生态环境的变化、教师队伍和学生的变化开展的一项实践性很强的活动,旨在提高课堂教学效果,提升大学人才培养质量。精品课程又称精品资源共享课程,是教育部推动建设的三级“本科质量工程”,是一项重大的教学改革项目。“课堂革命”重在普及,通过各个高校内部的讲课比赛,打造“金课”,全面提高所有教师课堂教学投入和教学水平,依次全面提高课堂教学效果。“金课”是对高水平课程的一个通俗的说法,有些高校叫“名课”,有些高校叫“品牌课程”,有些高校叫“优质课程”,“十三五”期间教育部推广建设的“双万工程”项目改称为“一流本科课程”。民办本科高校在打造“金课”的过程中,受到课程录制、教师水平、社会影响等诸多条件的限制。因此,树立典型,寻求突破,积极推进“金课”建设活动,有利于民办本科高校课堂教学改革的深入,有利于“金课”的推广和应用,有利于提升课堂教学服务水平,它是“课堂革命”的关键环节和必然成果。民办本科高校在进行“课堂革命”的教学改革过程中，必须做到：始终如一地坚持贯彻“以学生为中心”的理念，充分发挥学生的主体作用；始终如一地坚持立德树人，积极推进“课程思政”的育人理念；始终如一地坚持改进作业设计水平、课堂教学水平、课后服务水平；始终如一地坚持课程教学与信息化深度融合，做到教学内容与教学方法的有机统一；始终如一地坚持把“课堂革命”与“金课”培育结合起来，力争人人参与线上线下课程建设，每个院系每年都有一两门不同级别的精品课程成功上线。

3. 教师与导师

“导师”一词源于古希腊，象征知识和智慧，本意是知识和道德的传播者，是诊疗人世伤痛的行医人。导师现在泛指在高等学校或研究机构中指导研究生学习、进修的人员，导师除了从事科学研究以外，还对学生进行思想、学习、科研、心理等方面教育和指导。

许多本科高校实行“书院制”或“导师制”有着深刻的社会历史原因。社会生产力的飞速发展，导致社会生活方式、文化知识传播方式、不同价值观的渗透方式多元化，在校大学生面临各种信息的误导，不同价值观的诱惑，在人生道路上岔路无数、难以抉择。学生在课堂教学所获得的知识远不能解决生活中遇到的各种问题，譬如：一位遵规守矩的好学生，一条诈骗信息就可能让这位同学的财产遭受损失；一位理想信念、政治信仰正确的学生，会被网上一些错误的价值观及生活方式所动摇。因此，大学教师的职能应当变成导师的职能。对民办本科高校而言，在本科生中实施导师制，其目的就是要求大学老师要做大学生的人生引路人。而大学老师要成为引路人，首先自己必须“学高为师，身正为范”。其次，课堂教学应当是学生成长的人生大课堂，要把怎样辨别是非、怎样对待生活、怎样对待科学技术发展带来的变化作为重要内容，利用课程启迪学生心智，达到对学生“导心”“导学”“导智”“导人生”的目的。所以，学生管理人员叫“辅导员”、大学老师叫“导师”更加符合实际。当然，在本科生中实行导师制，大学老师从教师称谓变成导师，不是一句简单的口号，而是要求教师由主宰者、管理者、灌输者变成全程服务者。导师与教师最大的不同就是投入，正像今天的家长围着孩子转一样，大学老师也必须围绕大学生转，不能上课来、下课去，老师和学生之间缺乏联系。当然投入就需要回报，这需要民办高校进行专门的制度设计，把“导师制”作为民办本科高校培育“教学名师”项目的最重要内容，包括导师的薪酬待遇改革设计。

4. 思政课程与课程思政

对于“思政课程”与“课程思政”，从中央到地方都在全面铺开，并要求所有高校积极参与。本科高校思政课程的目标非常清楚，开设马克思主义原理，培养学生具备辩证唯物主义世界观和方法论;开设中国近现代史纲要、毛泽东思想、中国特色社会主义理论和新时代习近平中国特色社会主义思想概论,培养学生坚持道路自信、理论自信、制度自信、文化自信;开设思想道德修养与法治,培养学生具备公民意识,做守法公民;开设形势与政策,将新时代党的方针、政策"进教材、进课堂、进头脑"。检验思政课程的标准是老师愿意教,学生愿意学,师生共同有获得感。

"课程思政"就是让每一位任课教师担起教书育人的责任,每一门课程都要贯彻"立德树人"的思想,挖掘思想政治教育元素,培养学生的社会主义核心价值观。"课程思政"的核心是教育和引导学生坚持"四个自信",培养学生的爱国情怀。中国地质大学龚一鸣教授2018年在《中国大学教学杂志》撰文《大学课堂该教什么》指出:"中国大学教学应紧紧围绕一个中心、四个基本点展开,即以立德树人为中心,通过教知识、教能力、教智慧和教人格这四个基本点来引导和促进学生的健康成长。只管教书不思育人是舍本逐末,只想育人不会教书是天方夜谭,教书与育人统一才是大学课堂教学和大学的本质追求。"这是对"课程思政"比较全面的诠释,可以作为我们打造和凝练"课程思政"项目案例的一个指导"范式"。

5. 教学团队与科研团队

民办本科高校最紧缺的一是优秀师资,特别是学科专业的领军人才,二是优质生源。按照《国标》要求,一个新增专业至少配备3名专业教师,师生比为1∶18。要把有限的教师资源使用好,提高人才培养质量就必须依靠团队的力量。在大学所有的要素中,教学和科研是最重要的两个要素,所有高校都投入重金和主要力量抓这两项工作。民办本科高校和公办高校特别是公办重点高校相比较,教学科研投入比例差别巨大,投入的方向也有所区别。民办本科高校更注重于应用型教学投入和应用型研究投入,只要是办本科教育,教学和科研投入均不能偏废。

无论是建设质量工程、培育精品课程,还是提高人才培养质量,民办本科高校都要善于组织课程教学团队和科研团队,发挥团队协作精神。要建立这两个团队,首先要选带头人,要选择具有高职称、教学水平和科研能力比较突出、公道正派、有责任心、有献身和创新精神并愿意投入更多精力的人担任带头人。其次选择重点课程和课题,进行重点攻关。如前所述,课程是学生形成知识、能力、素质的关键,核心课程形成核心能力。只有抓住关键课程才能彰显人才培养效果。再次教学与研究相结合,两个团队相得益彰。教学团队要注重应用型教学改革,科研团队要注重应用型科研,唯有如此,才能体现地方民办本科高校的办学特色。最后两个团队都必须以学生为中心。教学团队和科研团队的一切活动都是为了学生的发展,为了应用型人才培养质量的提高,因此建议两个团队的建设都应该有学生的参与。学生参与教学团队,充当助教或助手,在帮助教师搜集教学案例、制作课件、开展翻转课堂进行互动过程中提高了知识、能力、素质。学生参与科研团队,在老师指导下，尽早参与科研的选题、立项、搜集资料工作，提高学习和研究能力。教学团队要以打造“金课”、开展“课堂革命”、参与高规格的“课堂教学创新大赛”为目标，力争早出成果，推动课堂教学能力的提高。科研团队要争取高水平的科研项目和应用型教学改革项目，参与重点项目攻关，促进科研成果反哺教育教学和成果转化，为区域经济社会发展服务。

6. 实验教学示范中心与虚拟仿真实验中心的建设

民办本科高校实验室建设至关重要，需要举办者不断投入和更新教学设施。要建设基础实验室、专业实验室、重点实验室等，有些新增专业在申报时就要建成相关实验室，并接受专家进校检查，比如医学类专业。应用型本科高校要求人才培养过程与生产过程对接，也就必然要求与实验室对接，因此许多课程的授课就应当在实验室、实训室进行。要充分发挥实验室和实训基地在实践教学中的作用，就必须注意建立和培育实验教学示范中心，以文管类专业为主的高校应当建立体验教学中心和虚拟仿真实验教学项目。

作为重要的本科教学工程，实验教学示范中心建设一般指实验设备齐全先进，在人才培养中起关键作用，实验室指导教师指导规范，指导水平高，效果明显，能够开展与主要课程及其相关课程的验证性和创新型实验，并在同类实验室中发挥示范作用的骨干实验教学中心。每个专业都应该建立相应的实验教学示范中心，作为应用型人才培养的主阵地。应用型人才培养要把实践教学贯穿到所有课程和课程的所有教学环节，开展实验教学。特别是文管类本科高校，如建立财务管理类实验室、同声传译实验室、物流沙盘实训室、创意写作工作坊、体验式教学中心等，其目的是通过场景“复制”，开展现场教学，让学生进行课程体验、活动体验，提高学生的应用能力。随着信息化教学的深入开展和智慧校园、智慧教室的不断建设，虚拟仿真实验项目及其示范中心成为新的实践教学形式，并在专业课程教学中起到越来越重要的作用。虚拟仿真实践教学适用于在实验室建设中无法建设的项目，只有通过虚拟现实才能够展示和操作，其应用性强、生动有效、投入相对比较小、占有场地比较少，特别适用于课内实验教学，许多民办本科高校都在积极建立并充分运用虚拟仿真实践教学。教育部把虚拟仿真实验教学项目和虚拟仿真示范中心已经作为新的三级教学改革质量工程，民办本科高校一定要抓住机遇，积极投入，充分发挥信息技术在实验室建设中的作用，力争创建国家级虚拟仿真实验教学项目和虚拟仿真实验教学中心。

7. 课堂教学、实验与体验、创新与创业

课堂教学最大的任务就是在传授知识、培养技能的同时，启迪学生心智，培养学生创新意识，培养学生创新意识比传授知识和技能更重要。这不仅是因为创新

是一个国家未来发展永不枯竭的动力，也是一个人适应现代社会必须具备的能力。检验大学老师课堂教学水平的高低，最主要的是看其培养学生的辩证创新思维，培养学生认识问题、分析问题和解决问题的方法和能力。通过课堂启发式教学，培养学生的创新意识、批判意识。

实验教学或者体验式教学就是要求把课堂教学中获得的知识与技能通过演示进行验证，并在验证过程中开展创新性实验，通过不同的方法得出相同的结果或者通过相同的方法得出新的结果，为就业和创业储备创新意识、创新思路。

作为大学老师，要把课程教学与现实生活对接，与现实生产力发展趋势对接，创设虚拟或现实场景，让学生在场景体验中培养创新能力、适应能力和创业能力。一位成功的导师，培养学生创新创业能力就会从课堂做起，有意识地引导学生发现创新创业项目，在实验室中培育或者“孵化”项目，并积极申报国家在本科高校开展的“大创项目”。对已经成熟的项目，导师应当鼓励学生参加创新创业竞赛，力争获奖，同时进行融资或者寻找投资，直接参与市场创新创业活动。

民办本科高校教育教学管理者，应善于创新，善于捕捉信息，通过跨界思维，认真研究“课堂教学”“实验与体验”“创新创业”这些关键词，发现它们内部存在的必然联系，特别是地方民办本科高校，要培养应用型、复合型、高素质专门人才，就要始终关注生产、管理、服务和生活一线的重大需求，进行顶层设计，形成不同层次的研究和创新教学课题，在人才培养、教学科研项目和教学成果申报过程中不断有所突破、有所提升。

8. 应用型教材建设与改革

地方民办本科高校要办出水平、办出特色，教材建设已经迫在眉睫。民办本科高校与公办本科高校相比，面临最大的困境是不同的生源质量却使用相同的教材、相同的教学方法，对民办本科高校而言，这样很难培养出一流应用型人才，也办不成高水平大学。国家鼓励本科高校开展教材建设和改革，并通过教材立项、评奖等措施促进高校教材建设水平的提高。但这对地方民办高校来说却步履艰难，问题出在：一是教材建设是一项严肃的工程，需要高水平的学科专业专家主编；二是老师不知道编什么样的教材，如何与产业行业对接，这两个问题对应用型本科高校来说都比较棘手。

许多民办本科高校的老师，为了争取教材改革项目或者评职称，都在积极进行教材建设，但是编写的教材质量却参差不齐，有的粗制滥造，有的基本上属于照抄，把不同版本的教材内容相互拼凑，严重影响人才培养质量。因此，地方民办本科高校教材建设，必须立足于转型发展、全面规划、措施得力、慎重立项，坚持校企合作，重在应用型、实践型教材的编写。

教材建设应立足于转型发展。把课程建设与未来岗位工作职责进行前瞻性对接，注重课程理论部分的基础性、应用性知识，注重实践教学内容部分的动手操作能力培养，既区别于研究型高校的教材内容，也区别于高职高专的教材内容；教材建设要全面规划、措施得力。本科教材建设需要人力和财力的投入，特别是应用型本科教材，没有可以参照的版本，需要深入企业挂职学习、调查研究，民办本科高校对教材建设一定要给予财力支持，教材建设应当先易后难。为了推动校本教材建设，民办本科高校要广泛宣传动员，培育骨干。鼓励专职教师先从撰写课程讲义和实践教学指导用书做起，反对照抄照搬，形成独特的教材风格，注重教材内容与生产实践的结合，培养教师的"双师"素质。教材建设要慎重立项，主管教学的领导要清楚，不是任何人都可以编写教材，教材建设立项要选好主编，主编必须是教学、科研能力都比较强的高水平教师，教材立项应当在已经成熟的课程讲义中优选。教材出版前要组织校内外同行，同类型、同层次的专家论证，教材出版后要确定教材使用范围和试用期；校企合作教材是应用型校本教材建设的基础。应用型民办本科高校的教材建设立项必须明确规定教材编写校企（地）合作的方式、参与人员、编写内容等，以此保证教材的应用性。

9. 双师型教师队伍建设与教学名师

《教育部 发展改革委 财政部关于引导部分地方本科高校向应用型转变的指导意见》（教法〔2015〕7 号）和教育部《关于地方本科高校转型发展的指导意见》均明确指出，要加强"双师双能型"教师队伍建设。文件规定"调整教师结构，改革教师聘任制度和评价方法，积极引进行业、企业公认专才，聘请企业优秀专业技术人才、管理人才和高技能人才作为专业建设带头人，担任专职教师，有计划地选送教师到企业接受培训、挂职工作和锻炼。通过教学评价、绩效考核、职务职称评聘、薪酬鼓励、校企管理人员交流等制度改革，增强教师提高实践能力的主动性和积极性"。由于地方民办高校转型发展刚刚起步，大部分高校没有建立"双师双能素质"教师队伍建设规划和切实可行的激励机制，教师队伍建设仍然没有跳出学术型公办高校教师发展的窠臼。教育行政主管部门也缺少促进"双师双能素质"教师发展的措施和政策，公办、民办教师队伍建设几乎是一个标准，甚至先进教师表彰、教学名师评选也是一个模式。

国家要求引导部分民办本科高校转型发展。在各种因素中教师转型具有重要的价值导向。首先应当建立民办本科高校"双师双能素质"标准，明确双师型教师在师资队伍中所占的比重、激励措施和发展目标。给双师型教师发展指明通道，让他们感觉和学术型教师一样有价值，让他们在指导学生成才的过程中发挥更大的作用。让学生感到这样的老师对他们的能力培养和未来就业意义更加重大。教育主管部门在评选教学名师时应当建立另外一种评价体系，即应用型高校的应用型教学名师评选。评选应用型教学名师时不是主要以职称高低、科研成果多少作为评价标准，而是主要以立德树人、师徒关系、技术操作能力及培养的应用型人才多少作为评价标准。高等学校的教学名师是教师的楷模，教学名师的评选对学校人才培养和师资队伍建设具有引领性和导向性作用。教育评价《总体方案》把“潜心教学，全心全意育人”和师德师风作为评价教师的首要标准，为了确保教学名师评选的公平性、公正性，发挥教学名师的示范作用，不仅要对不同类型的高校建立不同的推选标准，还应建立教授、副教授、讲师、企业专家等不同层次的教学名师评选标准，以此推动新建民办本科高校应用型教学名师队伍的建立。

10. 社团活动与特色人才培养

除课堂教学以外，社团活动是地方民办本科高校实施以学生为中心的另外一个突破点。试想一下，如果大学没有社团活动，大学生四年的校园生活会多么枯燥无味，有的学生可能还会出现心理问题。反过来考虑，如果大学不开设那么多的必修课、选修课，老师主要以指导学生读书与实践的身份出现，并参与指导学生开展各种形式的社团活动，学生是否也可以健康成长呢？回答应当是肯定的。因为民办本科高校学生的学习基础比较差，理论课学习兴趣较低，情商总体较高，文体活动能力和动手操作能力较强，如果能够抓住学生这些特点，把知识、能力、素质的培养放在以学生为中心的各种活动上，必然会取得事半功倍的效果。因此，人才培养要尊重人才培养规律，从实际出发，坚持“以学生为中心”，坚持活动育人、因材施教。

大学社团活动是培养大学生认真读书、和睦相处、团结协作、热爱学校、热爱生活、热爱生命等良好品德的载体；是培养学生良好心态和顽强意志的精神寄托；是培养学生学习兴趣、终身学习能力、组织能力、创新创业精神的主要渠道。

学校积极组织开展社团活动，实质上也是重要的教育教学活动。校团委、学生工作部要有规划和指导，教务处也要把学生社团活动列入人才培养方案，比如许多高校人才培养方案中的“素质拓展”模块。民办本科高校要充分发挥学生社团在人才培养中不可或缺的作用，就必须注意以下几点：首先，学校党委牵头，建立集思想品德教育、专业技能教育、素质教育于一体的学生社团活动方案和考核体系，并与毕业要求挂钩。其次，对学生社团组织和活动进行科学构建。应当包括学术型组织、技能型组织、学科竞赛型组织、文艺体育等娱乐型组织，即学生社团活动应当包括德、智、体、美、劳等方面内容。再次，专职教师尽量参与某一个学生社团活动并对其进行有效指导。最后，建立激励考评机制，划拨专款，对教师指导社团活动像开展课堂教学活动一样对待，对学生参与学生社团活动不仅计入学分，而且对活动的积极组织者和参与者给予奖励。

从大学社团活动的功能来分析，丰富有效的学生社团活动就是为了培养学生的创造力和想象力，培养学生在社团活动中的团队意识、公益心和奉献精神。通过各种活动获得课堂上得不到的东西，实现因材施教、个性化培养的目的。

三、学分制与学籍管理

教育评价《总体方案》要求,“树立科学成才观念。坚持以德为先、能力为重、全面发展,坚持面向人人、因材施教、知行合一,坚决改变用分数给学生贴标签的做法,创新德、智、体、美、劳过程性评价办法,完善综合性素质评价体系,切实引导学生坚定理想信念,厚植爱国主义情怀,加强品德修养,增长知识见识,培养奋斗精神,增强综合素质”。显然,民办本科高校的学分制和学籍管理就是要按照文件精神,制定实施路径,提高应用型人才培养质量。

1. 学籍与学分制

学籍主要用来记载学生专业、学分成绩和奖惩情况。信息化管理使得每一位本科高校的学生学籍及学分、成绩状况都能够在教育部学信网上查到。管理严格的本科高校,学生的专业异动,每学期的成绩、补考、预警、升留级也都能够看得非常清楚。学籍的核心是学生学分成绩的记载。但这个学分在民办本科高校仅仅是一个概念,一般学生的成绩都按照学生考试考分记载。有些地方推行的所谓完全学分制实际上难以实现。

学分制的优势显而易见,学生有更多选择专业、课程、老师的自主权,按照学分收费,学生在校期间没有必要有固定的年级、班级,学生可以提前毕业,也可以推后毕业,简言之,“学生可以同班不同学(级),也可以同学(级)不同班”,能够比较充分体现以学生为中心的教育思想。但实事求是地分析,学分制在民办本科高校好看不好用,强行推行就是形式主义。其主要原因是:首先,民办本科高校专业稳定性差,招生数量大,为了有利于管理,基本上按照专业和年级编班,仅每学期的考试、补考工作就已经忙得焦头烂额。再加之每年的学籍预警和升留级制度的执行,执行起来更是难上加难。其次,实行完全学分制最关键的是要拥有比较充足的师资、现成的课程资源和学校弹性的时间管理。但民办本科高校几乎每个专业的师资都捉襟见肘,按照人才培养方案,每学期正常的学时课程都安排不过来,都需要聘请兼职教师,哪有多余的老师、多余的课程让学生自由选择。再次,中国的家长和学生受传统观念影响,基本上都喜欢班级管理,有自己的同班同学,能够按时毕业,如果能提前毕业还可以理解,如果推迟毕业,就会认为学生有问题,事实证明,在许多公办高校实施不完全学分制后,存在大量不能按时毕业的学生,给学校管理带来了不少困难。所以,有些民办本科高校,表面上实行学分制,但实际上是在人才培养方案上把课程学时按照学分设置,即学时学分制,在考试时成绩记录的是考分,在学生国际交流时再把考分转换成学分。实行学分制不仅是国际惯例,也是信息化时代以学生为中心的必然选择。民办本科高校必须积极创造条件,在招生与就业、师资队伍建设、学科专业建设、教学管理和学生管理机制等方面推进学分制的落地。

2. 考试与考查

考风决定学风，但考风却是我国本科高校最大的痛点，也是制约本科人才培养质量的最重要瓶颈。虽然我们的大学存在老师教一本书、学生学一本书、期末考一本书的现象，但仅仅就一本书的考试也存在以下问题：考什么？怎么考？学生如何认识考试？考试的最终目的是什么？应用型高校如何正确评估考试？谁是第一责任人？

第一，人才培养方案中如何设置考试？院系一般愿意少一些考试，多一些考查。有些专业带头人连最重要的专业基础课、专业核心课都设置为考查课，因此，教务处在人才培养方案确定前，总是不得不上下反复协商才能最终确定培养方案。民办本科高校的生源决定了不考试学生就可能不学习，考查课多，学生就可能逃课，甚至课堂难以管理。特别是大班授课，很难进行过程考查。本来考查课能够给学生更多的可选择的内容、时间和空间去学习，但对许多没有学习兴趣和意志的学生来说，他们可能会逃避学习。

第二，考试的内容怎么确定？老师命题范围是教材还是讲义或者二者兼顾。个别大学老师为了让学生顺利过关，有的指定复习范围，有的出复习题，有的甚至把 A、B 试卷全部内容透露给学生，反正肯定考其中一套，让学生提前准备，这样考场上就出现了“夹带”作弊现象。民办本科高校要严肃查处这种考试“放水”的违规行为。

第三，怎么考？开卷考试存在问题，闭卷考试也存在走过场现象。为推动学生认真学习，许多本科高校实施过程考试，这又是一个艰难的选择。过程考试的目的就是通过不断加压，使在学习过程中积累学业成绩，避免出现平时不用功、考试才拼命的现象，教师也要在过程考核中夯实基础，提高教学质量。但问题并不那么简单。如果过程考试的比例在课程总成绩占的比例过高、过程考试不严格，就会导致过程考试轮为形式，期末考试也起不到应有的作用；如果完全放开，全部考试都按照任课教师的平时测试成绩计算，又难以进行质量监控。

第四，考试的目的是什么？严肃地讲，大学课程考试的目的不同于高考，大学课程考试的首要目的是让老师了解学生对所教知识和技能掌握的程度；其次是促进学生自觉学习，形成良好的学风；再次是培养学生的诚信品德和成果导向意识。在应用型民办本科高校还可以理解为让学生有事可干，不能碌碌无为、虚度年华。

第五，课程考试的责任人是任课老师。学生学习的好坏，成绩能否过关，关键也在老师。欧美发达国家的高水平大学课程考试也有开卷、闭卷、过程考试等形式，为什么人家的老师就能够严格把关、顺利实行学分制，能够促进学生刻苦学习，我们就困难重重。我们认为最重要的是建立对任课教师教学责任心的考评机制和考试管理的问责制度。这不是完全依靠思想政治教育就能够解决的问题。这是关系到老师和学生利益的问题，也是能否建立高水平大学、能否培养出高素质专门人才的问题。大学生在学校最大的问题就是考试问题，这既是考验学生的关键环节，也是考验教师是否是一个勤奋敬业、坚持原则、敢于承担责任、主持公平正义的人的具体体现。如果一个老师连学生考试都不当一回事，都怕承担责任，何谈立德树人？大学教师的尊严不是依靠考试“放水”赢得的，而是依靠高超的教学水平、实践教学能力以及对学生严格的要求而建立起来的，学生的学习态度和学校的学风只有通过对学生读书、作业、实验实训和考试等严格的要求才能形成。当大学老师总是抱怨辅导员不负责任、学校管理不严、学生对自己人格不尊重、学生大量逃课、课堂难以管理等问题时，且问自己做得怎么样。

民办本科高校作为地方应用型大学，建立科学合理的考试评价体系至关重要。许多民办本科高校考试方式僵化，考试内容标准不一，试卷评价体系滞后。首先，把考试划分为考查、闭卷考试、过程考试等，这些仅仅是考试的形式，考试的实质是促进学生的发展。如果设计一套开放性试卷，不仅能够考查学生对课程知识、技能掌握的程度，同时考查学生发现问题、分析问题、解决问题的能力，这种开卷考试可能比闭卷考试更有效。如果把课程考试内容和实验实训项目相结合，通过实验室进行设计性考查可能比理论考试更能够培养学生的动手能力，如果把有些课程放到实践实习中进行考核，可能更适合于应用型人才培养。所以，教务管理部门和任课老师必须解放思想、开动脑筋，以应用型人才培养为目标，以负责任的态度设计学生的作业（过程考试的一种）和考试。其次，考试水平标准必须科学把握，任课老师必须考虑民办本科高校学生的综合基础和接受能力，要求过高或者过低都不利于学生的发展和良好学风的形成。再次，教务管理部门的考试评价体系一定要符合学生学习实际、教师教学实际，不能用学生考试成绩的“正太分布”简单评价一次考试的成败。如果教学管理部门建立的考试评价制度存在偏差，那么学校的学风建设、教风建设和校风建设就是一句空话。

3. 成绩管理的两级责任

学生期末考试结束以后，相关院系要认真组织阅卷。阅卷结束后，任课教师根据教务处规定的成绩登记时间，对该门课程的平时成绩和期末考试成绩进行合成登记，登记无误后由任课老师、院系教务办主任、主管教学的二级院部负责人签字后上报教务处学籍科，教务处按时向学生及其家长公布。所有相关人员只能在网上看到学生成绩但不能更改成绩，私自更改学生考试成绩属于严重违规行为。学生考试成绩更改必须要有正当理由，证据可考，经本人申请，院部任课老师、教务办主任、教学副院长、主管学籍教务处副处长和主管教学的副校长签字后方可更改。

民办本科高校学生除专业课程考试成绩登记管理以外，还有各种相关课程及学分互认。内容包括：①根据学校有关课程网上自修规定，对网上自修课程获得的学分成绩进行登记；根据学校规定，学生参与科研并发表相关论文与相关课程学分互认的成绩登记；根据创新创业有关文件规定，学生获批省级以上大学生创新创业训练项目，参加毕业设计或者论文成绩互认的成绩登记等；按照学校规定的各种奖励及免修学分的互认等。以上成绩认定必须经指导老师确认签字后，按照期末考试成绩登记程序并经过学校主管教学副校长签字后进行办理。②国际交流学生在国外大学学习成绩的认定。要求依据经本校教务处备案的与国外相关四年制高校签订的交换学生课程学习“合作协议书”，以及本校制定的学生国外课程学习“成绩认定办法”，经本人申请，出具对方学校教务管理部门修学课程证明，经过本校外事部门和教务处负责人签字、主管教学副校长签字后进行成绩登记。由于国外大学有些课程与国内课程学分难以比对，如许多国家大学没有体育课程等，学生回国后错过该门课程的学习，可以按照教务处与学校外事部门的相关规定处理。③其他学习课程学分认定。国内交流学生学习成绩的认定，按照交流学校双方签订的合作协议，经双方批准交流的学生，根据对方教务处出具的课程修学成绩，经本校教务处长、主管教学副校长签字后进行成绩登记。④学生获得成人教育学历考试成绩、自学考试成绩等学分认定。根据国家有关学分认定政策，民办本科高校要制定相关文件，依据文件和学生修读学校课程考试证明，经本人申请，学校教务处长、主管教学副校长签字认可，学籍科进行成绩登记。成绩管理是一项严肃认真的工作，学校必须选择忠于职守、认真负责的职工负责该项工作，保证学籍管理不出问题。从以上学分登记程序和内容分析，民办本科高校已经着手破除“唯分数”的评价观，注重把过程考核和终结性考核、把单一考核和全方位多元化成绩认定结合起来，对学生进行综合性、增值性评价。

4. 素质拓展、各种证书的组考与登记

地方应用型民办本科高校，在加强实践教学的同时，必须协调学生工作部推动学生的各种社会实践，鼓励学生参加校内外的经典阅读活动、社团活动、社会服务活动、职业培训活动，考取相关职业资格证书，实现学生毕业证书与岗位职业资格证书的对接。

按照学校人才培养方案中对学生参加各类素质拓展项目学分的规定，学校教务处在每学年度的第二学期末发布相关通知和统计表格，下发各院部，由主管学生工作的副院长总负责，辅导员具体负责，先由学生提出申请并出具相关证明，辅导员确认签字并登记，各院部主管学生的副院长签字后报教务处备案。

5. 学籍预警与学籍异动

地方民办本科高校的学籍管理与公办高校的学籍管理不同，主要表现在学籍异动比较频繁、异动量比较大。许多地方民办高校为了促进学生学习、促进学校学风建设，普遍制定“大学生学籍预警制度”。

学籍预警是一项严肃的工作，学生、家长阻力大，院部工作压力大，稍有不慎，就可能激化矛盾。所以，学籍预警工作必须做到制度设计科学合理，有利于促进学校学风建设，考试考核要公正，课程考试成绩要准确无误，预警程序要科学严谨。学籍预警每学年两次，升留级在下一个学年开学后执行。因此，每学期各院部考试结束后，考试成绩要尽快向学生公布，辅导员也要清楚掌握考试不及格的学生情况，督促学生利用假期进行复习，做好下学期开学补考准备工作。如果累计一学年考试不及格课程门数达到留级要求，就要通知学生及家长，令其留级。达不到留级条件但仍有不及格课程的学生，院系要通知其自修相关课程。留级工作由院部主管学生工作的副院长负责，辅导员具体执行。学生签字同意留级后，报教务处进行学籍异动。不同意留级的学生要通知其不能正常毕业，并让其签字认可。

学籍异动除学生升留级以外，还包括学生转专业、因个人原因修学、服兵役、出国留学、修学创业、提前毕业等。民办本科高校的所有工作，特别是牵扯到学生根本利益的学籍管理，一定要有法可依，要有制度规定，每一项重要工作都要有协议、有承诺签字、有据可查。只有如此，才能保证学校教育教学秩序正常、学校安全稳定。

6. 毕业设计及资格审核与学位授予

本科教育的收官工作就是学生毕业设计（含毕业论文）工作。为提高本科教育质量，教育部要求严把毕业论文质量关。教育评价《总体方案》要对全国本科毕业论文进行抽查，严肃处理各类学术不端行为。我国大部分本科高校学生毕业设计一般都在第四学年进行，包括启动、选题、开题、答辩等重要环节，但连接这几个环节最重要的是导师的过程指导。

启动：对于民办本科高校毕业生的毕业论文启动时间安排，应该提前到大学第六学期末比较合适。一是因为民办本科高校学生基础比较差，毕业设计需要一个较长的准备过程。二是许多民办本科高校第七学期末毕业生基本离校进入毕业实习阶段，这对导师指导和毕业设计完成都会带来困难，影响毕业设计质量。三是第六学期有一个暑假，毕业生可以充分利用假期开展调研、选题、资料搜集等活动。在毕业设计启动通知下发前，教务处要进一步修订毕业设计的标准、导师指导要求、过程管理、中期检查、结果考核。

选题：民办本科高校作为培养应用型人才的大学，要鼓励学生少写毕业论文，多做毕业设计。因为让学生写毕业论文，大部分人达不到写毕业论文的水平。应用型本科高校毕业设计应做到生产实践或者实验实训类的选题占比不低于50%，其根本目的就是要毕业生提早适应社会，为就业和未来发展做准备，因此导师指导非常重要。选题可以是课程设计、项目管理设计、创新创业项目计划、作品翻译、社会实践或者毕业实习调查报告等。特别是文管类专业的指导老师，一定要解放思想，不要局限于论文的习惯性思维定势，要以培养应用型人才为目标，积极创新，以高度负责的精神，设计学生毕业论文（设计）选题，让学生真正有所学、有所得。

开题：学生毕业论文（设计）选题结束后，要进行认真调查研究，搜集资料，理清思路，制订出毕业设计框架，写出开题报告，接受导师全面指导，经导师同意后开始毕业设计撰写或者制作。

答辩：现场答辩必须规范、严格。一般需要导师或评委三人以上，并由专业负责人组织集中答辩，答辩的内容和选题要一致，答辩要按照学校教务处相关规定执行，院系负责人监督必须到位等。

评分：毕业论文（设计）能否过关，一般由两部分分数构成，一是导师的阅卷分数，二是毕业生答辩分数。所以导师和答辩评委必须按照规定的评分标准进行打分。

考评：导师指导是毕业生毕业论文（设计）能否通过的关键。导师要全程指导，要有指导记录，有论文（设计）批阅或指导痕迹，有毕业论文（设计）评语和优秀毕业论文（设计）评价。这是学校质量督导机构对毕业论文（设计）抽检是否合格，毕业论文（设计）整体指导与学生设计过程是否规范严谨，成果评价优秀比例是否合理的重要标准。根据教育评价《总体方案》要求，民办本科高校和公办高校一样，每年必须接受省级教育主管部门至少1%的抽查。

毕业论文（设计）结束以后，学校教务处、各院部就要按照学校学位授予相关文件，对毕业生毕业资格和学位授予资格进行严格审查。毕业资格审查内容包括学生四年来所有课程考试/考查成绩、素质拓展成绩、学科竞赛及奖惩状况、职业资格证书获取情况、毕业论文（设计）情况等。各院部根据专业人才培养方案进行量化审查，提出毕业生名单，教务处组织复审无误后上报学校。根据学校学位授予标准和授予率，各院部对毕业生进行量化综合审查，提出学生学位授予名单，学校学位办公室复审后上报学校。学校学位授予委员会接到学生毕业证、学位证授予名单后第一时间召开会议，民主表决通过的毕业证、学位证授予名单。学校学生工作部组织毕业典礼和毕业证、学位证授予发放仪式。为了让学校有一个稳定而有序的毕业季，各学院要把毕业生工作做到前面，从毕业证、学位证初审开始就要全面掌握情况，深入细致做好学生工作，保持学校秩序稳定。

7.教务处

教务处在民办本科高校地位重要，除了因民办本科高校以教学为中心外，还有以下几个原因：第一，民办本科高校教学物质资源有限。每个院部不可能配足所有的教学资源，只有依靠教务处才能够盘活资源、调动资源。例如本科高校的各种考核、培训、职业资格证考试等。第二，人力资源限制。二级学院专职教师年轻，没有经验，兼职教师不愿意参与，极度缺少学科专业方面的带头人，学科专业建设包括新增专业申报、实验室规划与建设等，只能依靠教务处全面协调；本科工程、“双万工程”、教学改革项目的立项申报、推进和验收等，院部缺乏人才、缺乏动力，几乎要靠教务处扶着走、推着走，才能够向前推进。第三，院部教学管理队伍力量薄弱。民办本科高校的教务管理人员有一部分没有上过正规的普通本科高校，大多数为自学考试毕业的留校生，他们对学科专业建设、教育教学制度建设、教学运行管理、质量监控等都是从头学起。没有教务处的强有力指导，院部的工作就难以推进。第四，各院部缺少高等教育研究管理人才，缺少与时俱进的学习机制和动力，党和国家的高等教育方针政策难以较快落实。如一流大学、一流专业的建设，立德树人方针的贯彻，“六卓越一拔尖”人才的培养，“四新”建设与专业认证等，很少有专业教师去研究。再如：根据《国标》修订新人才培养方案，许多民办本科高校的二级院部对《国标》进行研究的寥寥无几，根本做不到靠专业教师人人参与、制订出富有特色的人才培养计划，只能依靠教务处反复研究、反复修改才能下发。

第六章　民办本科高校条件保障与教学标准

对一切事情都喜欢做到准确、严格、正规，这些都不愧是高尚心灵所应有的品质。

——[俄]契诃夫

唯物辩证法认为世间一切事物都处在普遍联系之中，一事物的存在往往是另一事物存在和发展的条件。大学的人才培养更是如此，没有政策、物质、文化、管理等保障条件，人才培养质量就难以保证，甚至不可能建立大学教学和人才培养各主要环节的质量标准。

一、民办本科高校条件保障

1. 物质条件保障

事物的普遍联系性决定了事物存在的条件性。办大学如同办医院，都体现了对人的尊重和关怀，因此条件要求很高。其中包括满足教育教学的物质条件保障、经费保障、人力资源保障等。在大学质量保障建设中，必须牢牢树立以教学为中心的思想，以教学为中心就是以人才培养质量为中心，这类似于国家的发展要以生产力和经济建设为中心、企业的发展要以经济效益为中心一样。特别是民办本科高校，学校的一切决策、投资和工作都必须以教学为中心，这是办大学最主要的前提保障，是大学一切工作的底线。坚持以教学为中心的人才培养不动摇，就是坚持为人才培养投入物力、财力、人力不动摇，物质保障条件决定人才培养能力和水平。在办学的基本条件投入上，不存在可投不可投的问题，不存在部门利益和整体利益互相冲突的问题。只有如此，才能统一意志、凝聚力量、心往一处想、劲往一处使，学校应为人才培养工作调动全校资源，政令畅通，步调一致。国家关于本科教学合格评估的文件，如《普通高等学校本科专业类教学质量国家标准》(以下简称《国标》)、“双一流”建设方案、“专业认证”文件，教育部印发的《普通高等学校本科教育教学审核评估实施方案(2021—2025)》等，对本科高校办学条件有明确的相关标准。

(1)教学物质条件保障。民办本科高校办学的物质条件既包括硬件条件，也包括信息化建设的软件条件。一般经过国家“合格评估”的民办本科高校，办学的物质条件基本达标。比如人均校园面积、建筑面积、图书、体育、实验室、食堂、办公、学生活动场馆等，举办者也比较关注基本办学条件的投入。办大学不同于办企业，随着社会对人才要求的提高，需要持续投入。首先，表现为不断新增学科专业，不断投入各种设施设备。在信息化飞速发展，行业、产业不断转型升级的形势下，应用型民办本科高校几乎没有多少“常青藤”专业，虽然极尽努力培养特色专业，但学科专业还是在不断变化。有财政政策支持的研究型高校或者公办高校，它们有基础学科，有长线专业，有优质生源，有优秀的毕业生，学科专业建设相对稳定。民办本科高校的生存法则决定了其办学必须围绕就业市场，必须根据市场的变化调整学科专业结构，增加一个新专业就需要招聘教师，需要建立实验室、实习实训基地，需要配备管理人员等，这些又需要大量的、不断的投入。对于应用型工科专业，淘汰一个这样的专业就必然浪费一批办学资源。其次，新、老专业的办学费用，如实验耗材、设备更新、图书资料、信息化建设、学生生活设施的升级改造等。再次，信息化建设已经成为民办本科高校的一项重要投入。最初只是信息化网络“校校通、班班通、人人通”，达到学生人人可学、时时能学、处处皆学。现在已经发展到信息化建设与人才培养深度融合，教师培训、课件制作、精品课程培育、虚拟仿真实验室建设等都需要投资，现代大学信息化建设的标准已经是大数据、云计算、人工智能，要求学校建成智慧教室、智慧校园等，如果缺乏科学合理的规划、严格的招标建设管理，对民办本科高校来说，这无疑是一个建设的“无底洞”。

(2)经费保障。首先是教职员工的薪酬、奖金、福利和必须为职工缴纳的“五险一金”；其次是每年度的教学运行经费预算，包括每年度课时费预算、实践教学经费预算、教学耗材预算、学科专业建设预算、图书购置预算、建设师资队伍交流培训预算、教学办公预算等，按照相关规定，民办本科高校，教学经费预算应该占到学费总收入的30%，这些经费的预算保障基本依靠学生的学费收入。

(3)人力资源条件保障。为什么把人力资源算作物质条件，因为人本身就是能动的物质力量，要让能动的物质力量发挥建设性作用，只有物质力量才能保证。大学教育，学生是主人，质量是根本，教师是关键。民办本科高校教师队伍建设更是关键中的关键。一所民办本科高校，有一位教学名师就能办一个好专业，有一批好教师就能办一所好民办高校。通过本科教学合格评估后，民办高校基本上建立了自己独立的师资队伍。教师问题是民办本科高校提高人才培养质量的根本问题。然而，在新时代高等教育领域内，优质的教师资源在中国仍然处于短缺状态。

首先，优质的教师队伍建设要舍得花钱，这是举办者必须要有的思想准备。引进名师、学者、专家需要钱，把这些人留住，令其发挥作用更需要钱。除此以外，民办本科高校还面临优化师资队伍结构、提高教学水平的任务。因为，民办本科高校面临：一是教师数量不够，特别是某些新增专业，所有高校都蜂拥而上，导致师资紧缺，达不到《国标》规定的一个专业起码配备3名专业教师的要求，因此需要花费更多的资金聘任教师。二是学科专业、职称、学缘、理论课教师与实验教学指导教师、双师双能、教师年龄等比例结构不合理，无法形成合理的教师梯队，无法推进传、帮、带培养机制，无法全面提高民办本科高校师资队伍建设的整体水平，因此需要投入更多的资金进行优化。三是需要投入更多的经费给教师提供良好的成长条件，满足他们进修、交流、访问及挂职锻炼的需求。这一切都需要经费投入，这是民办本科高校举办者在营利性和非营利性办学之间选择的痛点所在。

其次，民办本科高校教师队伍建设的难点是处理好留人与留心、主人还是雇员的关系。民办本科高校的社会地位决定了教师的社会地位。民办本科高校专家学者难以引进、难以留住，始终存在优秀教师的不稳定性问题。许多举办者感到，民办本科高校已经成为公办高校的教师培训基地、人才中转站，甚至民办本科高校培养的优秀辅导员也会被公办高校挖走。当然，“人往高处走，水往低处流”这也符合人才流动和发展的规律。民办本科高校要引进人才、留住人才，就必须考虑待遇留人、情感留人、环境留人、事业留人。要从根本上解决两个关系问题：一是处理好留人与留心的关系。让老师把心留住，既要解决好教师的业务能力提高、职称职务晋升、职业远景规划等大问题，也要解决好其子女入托、入学、社会保障等小问题，做到处处有温暖、小事不伤人。二是处理好民办本科高校的教师是主人还是雇员的关系。要解决好这一问题，无论是举办者还是教师首先要改变观念。我国高等教育制度的改革，无论是公办高校还是民办高校，教师的身份最终会趋于一致，作为举办者，无论选择营利性还是非营利性办学，高等教育都是公益性事业，都要求举办者具有奉献精神，尊师爱生意识，热爱祖国、热爱教育事业的思想。从事民办高等教育事业的所有人，都是在为国家培养建设者和接班人。教师不管在哪所大学，建立的主要关系都是师生关系，创造的财富主要是培养了多少人才，为社会做了哪些服务。所以，公办与民办对教师来说，职责、任务、成就都是一样的，只有站在一条战线上，举办者和教师才有事业成功的可能。所以，民办本科高校的举办者和教师虽然地位有别，但价值、人格、事业、目标一样。矛盾双方的主要方面在于举办者，举办者始终要坚信只有依靠教师，学校的事业才能兴旺发达。因此，应当在民办本科高校的制度设计和运行上，建立教师的参与权、知情权、发言权和监督权机制，让身在民办本科高校的教师感觉到，他们和公办本科高校教师没有什么区别，他们也是学校的主人。

2. 管理制度保障

大学的管理保障是人才培养的第一保障。事实上民办高校诞生之初，社会、家长、学生等不是从它的办学质量认可民办高校的，而是从严格的管理认可民办高校的。管理学认为：管理就是质量，管理就是效益，这同样适应于民办本科高校管理。所以，大学只要严格管理就会有秩序，管理只要有效，人才培养就会有质量，管理只要坚持“以人为本”、坚持科学与民主，大学就会有文明与文化。

首先，只有严格的管理，学校运行才有秩序，并保持稳定。民办本科高校的生源决定了其学生的自律性比较差，学习兴趣相对较弱，学习目标不明晰，加之现代社会生活千变万化，学生会面临各种诱惑、各种不安全因素，如果没有严格的管理，可能连最起码的作息制度都难以执行，更谈不上维护学校的安全稳定和学生的生命财产不受侵犯。所以大部分民办本科高校都非常注重学生管理，注重辅导员队伍建设。只有有效的管理才能有良好的教学秩序，才能有学校的安全稳定，才能赢得良好的办学声誉。

其次，只有有效管理，才能保障学生培养的质量。人才培养必须尊重规律、尊重客观条件，学生必然在一定的客观环境中成长。大学的办学理念、专业化的人才培养目标、宽松的生活环境、循序渐进的培养过程，必然会使学生产生一种强烈的意识，这种意识会产生一种行为，这种行为会产生一种习惯，这种习惯会形成一种能力与素质，他们或者遵守纪律，或者思维严谨，或者善于学习，或者善于分析问题等，这些总和就构成人才培养质量，而这些素质要求的形成正是得益于有效管理。

再次，只有坚持以学生为本的管理，才能传承文明与先进文化。“文明”一词最早出自《易经》：“见龙在田，天下文明。”在现代汉语中，文明指一种社会进步状态，与“野蛮”一词相对立。辩证唯物主义哲学把文明划分为物质、精神、道德三方面。文明是使人类脱离野蛮状态的所有社会行为和自然行为构成的集合，至少包括家族观念、工具、语言、文字、信仰、宗教观念、法律、城邦和国家等。文化是一切族群社会现象与族群内在精神的既有、传承、创造、发展的总和，是相对于经济、政治而言的人类全部精神活动及其产品。文化包括历史、地理、风土人情、传统习俗、文学艺术工具、附属物、生活方式、宗教信仰、价值观念、审美情趣、精神图腾等。也有学者将文化划分为物质文化和精神文化两部分。

无论是文明还是文化的内涵，都与野蛮和愚昧相对立，其载体最集中的地方就是大学。大学是一个传承文明和先进文化的地方，是一个讲道理的地方。大学的管理不是强权统治，不是一言堂，大学的管理是文明的引导和自然的熏陶。大学的文明表现为一种理念，是一种向善、向上的良性竞争，它不因为落后而遭到抛弃，也不因为优秀而遭人妒恨；大学的文明表现为一种行为，如见老师自然问好，吃饭自然排队；大学的文明表现为一种意识行为，如举止文明、语言表达优雅而不粗野、人际交往儒雅而得体；大学的文明表现为学生自尊自律、守时守则、不吸烟酗酒等。这种文明的传承和累积便形成文化，大学生就应该接受优秀的传统文化和现代文明，并成为文化与文明的化身，正像作家梁晓声先生说的“根植于内心的修养，无须提醒的自觉，以约束为前提的自由，为别人着想的善良”。如果一所民办本科高校的学生能够达到这一点，这所大学就是一流大学，毕业生就是一流人才。

3. 政治条件保障

习近平总书记在 2018 年 9 月 10 日全国教育大会上的讲话中提出党在教育工作中的“九个坚持”，这是我国新时代高等教育的指导思想。如何贯彻这“九个坚持”，建设世界高水平大学，是所有高校和教育工作者面临的紧迫任务。民办本科高校怎么办？举办者必须深刻认识到：扎根中国办大学，必须坚持中国共产党的领导，必须坚持党的教育方针，必须坚持社会主义核心价值观。这是由中国共产党的历史地位和领导地位决定的，否则，不可能办出高水平大学。民办高校党委书记的选派，是落实全国高校思想政治工作会议的必然要求，是提高我国民办高校党建工作水平的现实需要，是推动民办高校健康持续发展的前提条件。党要明确在民办本科高校的工作定位，准确把握民办高校党委书记的职责和任务。民办高校党委书记要把准政治方向，落实管党治党责任，抓好思想政治工作，参与学校决策、监督和管理。民办高校党委要充分发挥政治核心作用，这对于国家、社会、学校、师生都具有十分重要的意义。

中国共产党具有无比强大的战斗力，大学是一个严密的组织系统，只要有共产党的组织，其作用和力量就会充分表现出来。民办本科高校的党委书记需要有所为、有所不为，沉下心、扎下根，加强党的基层组织建设，每一个学院都有党委，为师生说话并全心全意为师生服务，发挥教育教学管理的战斗堡垒作用。发展的每一位党员都是德、智、体、美、劳全面发展的先锋模范，学校党的组织宣传工作扎实，学风、教风、校风焕然一新，人才培养质量不断提升，这样民办本科高校的党委及其党委书记必然会受到举办者的欢迎，得到广大师生的拥护。当然，思想政治工作是否有效，需要一定的经济基础，政府对民办本科高校的专项资金扶持，也应当考虑给予民办本科高校党委书记一定的支配权，用以支持党的政治建设、组织建设和文化建设。陕西省教育厅在这方面已经制定了相关的支持政策。

4. 国家高等教育政策标准保障

中国高等教育管理越来越规范，并不断与国际高等教育管理接轨。2006 年我国开始对大学本科工程教育试行专业认证。2016 年我国加入《华盛顿协议》，开启了我国工程教育进入世界标准化行列。中国本科高校有近三分之一的专业是工科教育专业，每年毕业 120 多万工程教育类毕业生，是世界名副其实的第一工科教育大国。这为“中国制造 2025”“科技创新”“一带一路”建设奠定了坚实的基础。2018 年我国高校已经有近 1000 个专业通过了国际认证，为我国工程教育专业毕业生进入国际工程行业、取得工程师施工资格、留学深造等创造了条件，同时也充分证明了中国工程教育被世界公认并进入一流标准。

2017 年 11 月 8 日教育部发布《普通高等学校师范类专业认证实施办法（暂

行)》,意味着我国政府对教育的高度重视,全国师范类教育有了国家标准。师范类专业分为三级认证。第一级认证是教育部通过大数据平台,对师范类专业办学基本条件和要求的检测,主要是为了加强师范专业基本要求和建设的数据跟踪调查,并逐步向社会公布;第二级认证是通过教育部大数据平台对师范专业教学质量合格标准的认证,以定性为主,引导师范专业内涵建设;第三级认证是通过专家进校考察评估,对师范专业教学质量的卓越标准认证,以评促强,打造一流的高水平认证。师范专业认证体系共分四个方面、八个一级指标、若干个二级指标。

2018 年教育部颁布了《国标》,标志着我国高等教育所有专业都面临专业认证,把本科高校专业的内涵建设推到了一个前所未有的高级阶段。教育部在发布《国标》时指出:打造一流本科教育,必然实施对全国高校本科教育的三级认证,其目的是本科教育要建立“保合格、上水平、追卓越”的质量保障体系。“保合格”属于一级认证,就是不需要专家进校考察,通过大数据就能检测到全国任何一所有该专业的高校,有没有基本办学条件、有没有基本管理水平、有没有基本的质量保证体系。“上水平”属于二级认证,还是通过大数据,聘请专家定性分析,包括专业设置是否符合国家战略、地方需求,专业建设体系、人才培养方案、课程体系、教学方法改革等方面内容,促进专业向高水平发展。“追卓越”如同师范专业认证一样,通过专家进校,对学校某个专业做出完全高水平、国际等效的认定。

根据相关信息报道,普通本科高校三级认证中的一级指标大体包括专业培养目标、专业毕业要求、专业课程体系、专业专职师资队伍、专业支持条件、专业质量保障、专业学生发展、专业特色项目等 8 方面内容、30 个二级观测点。

我国加入《华盛顿协议》,开展师范类专业认证,颁布《国标》,充分说明中国高等教育已经完全步入现代化、规范化、标准化管理,高等学校本科教学质量的有效保障和监控体系标准必将建立。2019 年 2 月 23 日,中共中央、国务院印发了《中国教育现代化 2035》,聚焦教育发展的突出问题和薄弱环节,立足当前,着眼长远,重点部署了面向教育现代化的十大战略任务,其中第二大任务是发展中国特色世界先进水平的优质教育,主要就是建立标准。在落实党和国家的教育方针方面,建立健全中小学各学科学业质量标准和体质健康标准,健全职业教育人才培养质量标准,制定紧跟时代发展的多元化高等教育人才培养质量标准。建立以师资配备、生均拨款、教学设施设备等资源要素为核心的指标体系和办学条件标准动态调整机制。加强课程教材体系建设,健全国家教材制度,创新人才培养模式,推行启发式、探究式、参与式、合作式等教学方式以及走班制、选课制等教学组织模式,培养学生创新精神与实践能力。构建教育质量评估监测机制,建立更加科学公正的考试评价制度,建立全过程、全方位人才培养质量反馈监控体系。

国家强化本科高校内涵发展的相关文件提出建设“一流本科”,培养“一流本科人才”。什么是“一流本科”、什么是“一流本科人才”,关键是建立标准。2020 年底，中共中央宣传部印发了《新时代学校思想政治理论课改革创新实施方案》，办学标准、专业认证标准、立德树人的课程标准越来越具体，可以预料，在国家深化高等教育"放管服"和"管办评"改革的大背景、大趋势下，国家对不同类型的本科高校合格评估标准、审核评估标准、专业认证标准，以及师资、教材、考试等标准会越来越完善、越来越科学。作为地方民办本科高校，必须紧跟国际、国内高等教育改革的步伐，认真学习研究各类办学标准，吃透标准精神，积极创造条件，接受国家评估与专业认证。根据国家高等学校相关办学标准、专业认证标准、课程标准，从自己的办学实际出发，积极建立校内标准，如课堂教学标准、师资队伍建设及教师考核标准、实践教学及毕业设计标准、考试考核标准、教学质量各主要教学环节标准等。没有标准，考核与监控就没有依据，就会产生主观主义、官僚主义和形式主义。所以，民办本科高校需要开展一个教学质量标准建设年活动。

二、民办本科高校教学环节质量标准

人才培养质量是高等学校的生命线，质量保障是大学人才培养的前提条件。质量监控是大学人才培养质量保障的运行过程或者监管措施，而质量标准则是质量保障的目标，也是质量监控的依据。因此，大学外部的质量标准及其保障仅仅是"外因"，而内部的质量标准及其监控体系的建立才是推动高水平大学发展的根本原因。

1. 民办本科高校教师任课资格标准

(1)严格遵守教育部印发《新时代高等学校教师职业行为十项准则》(教师〔2018〕16号)。民办本科高校的老师必须能够做到"立德树人"，热爱本职工作，具有献身民办本科教育的信念。

(2)树立现代教育思想和理念，熟悉高等教育教学规律，具有一定的教育理论水平和教育教学能力，掌握先进的教学方法和信息化教育技术，熟练运用线上资源开展"混合式"教学，积极参加教学研究和教育改革并能够取得相应的教学成果。

(3)系统掌握本学科基本理论、专业知识和基本技能。按照拟开课程教学大纲要求，熟悉课程的基本内容、重点和难点，正确处理"思政"与课程的关系、教材和参考资料的关系，了解本专业(课程)的最新发展信息和最新技术，具有发展成为"双师素质"的潜能。

(4)具有硕士及以上学位，获得高校教师资格并有一定的学术研究能力；或是在某一行业或专业具有特殊技能的专家、技师，并经学院认定具备教学能力。

(5)新教师任课前应由人事处、教务处组织培训和试讲，经评定能胜任教学工作后方可任课。

(6)因行业、产业发展和人才需求具有重新学习开设新课的能力并符合以下条件:本专业或相近专业毕业,或进修过同类课程;教师对这一学科领域有较为扎实的理论基础,达到该学科应有的知识水平和教学水平。

(7)具有指导学生实践、培养学生学习兴趣和终身学习的能力,具有引导学生自主学习,指导学生开展实习实训、学科竞赛、第二课堂和与本专业相关的创新创业的能力。

2.课程实施前环节质量标准

(1)积极参与制订并熟悉人才培养方案的基本内容。新时代民办本科高校的人才培养方案是依据《国标》制定的对人才培养目标、毕业要求、课程体系、培养模式以及培养过程和方式的总体设计,是指导教学工作的法定性文件,是组织教学过程、安排教学任务、确定教学大纲的基本依据。

专业人才培养方案的修订要坚持立德树人的原则,坚持以学生为中心,坚持成果导向、反向设计的路径,在全员参与开展广泛调研的基础上与行业和企业专家一起制定,既要符合地方新建本科高校转型发展的要求,实行"五个对接",又要根据区域经济社会和科学技术进步,适时进行调整和修订,一般"三年一大调,一年一小调"。人才培养方案一经确定,必须严格执行,不得随意改动。个别课程人才培养方案必须变动时,应由二级学院(部)提出申请,经教务处审查同意后,报分管教学副校长批准方可变动。

各门课程都应根据人才培养方案的要求,围绕应用型人才培养目标进行教学活动。任课教师应熟悉人才培养方案,了解本门课程在专业培养中的地位和作用,了解课程的教学时数、学期分配等,坚持理论教学和实践教学并重、"理实一体"的案例式教学,准确掌握授课的深度和广度,调整优化教学内容。

(2)全面参与制订教学大纲并掌握教学大纲的基本要求。教学大纲是落实培养目标和应用型人才培养方案的最基本的教学文件,教学大纲以课程为单位、以纲要形式编制,是各门课程进行教学与考核的基本依据,理论课程和实践课程必须按照人才培养方案的要求制订教学大纲,教师在教学过程中必须严格执行教学大纲的要求。各专业要求组织课程教学团队,在课程带头人的主持下,按照科学性、应用性原则,根据专业建设要求和民办本科高校人才培养方案自行制订教学大纲,二级学院(部)负责人审核批准并报教务处备案后使用。教学大纲在执行中不得随意变动,任课教师应根据教学大纲的要求,认真研究和精选教学内容,组织好教学的各个环节。如需变动,须提出申请,报教研室负责人和二级学院(部)负责人审核、批准,并报教务处备案。

(3)各相关单位和教师按时制订授课计划。授课计划(课表)是教学内容、教学方式和教学进度的具体安排,是完成教学大纲要求的基本保证,是各门课程组织教学的具体计划。教务处依据人才培养方案制订学期计划，并形成学期教学任务，根据各专业提供的课程安排，制订全校课表。

教研室负责人或课程负责人在每学期开课之前，应召集本教研室的任课教师，根据人才培养方案、教学大纲和校历，共同研究全面安排讲课、实验、课堂讨论、习题或社会调查等教学环节的学时、进度和教学要求，认真制订并填写好课程授课计划表(课表)，经二级学院(部)负责人批准后执行。

任课教师在执行授课计划(教学日历)时，一般不得随意变动。确因教学需要须调整时，4 课时内要经教研室负责人同意，超过 4 课时要经二级学院(部)负责人同意，教师所在二级学院(部)及教务处要通过期初、期中、期末教学工作检查和不定期抽查，检查授课计划的实施情况，检查教学内容、教学大纲、教学进度与教学周次是否一致。

(4)优选教材。教材是体现教学内容和教学方法的载体，是实施教学的要素之一，是教师教学和学生学习的主要工具，选用好教材对提高教学质量具有重要意义。

各门课程应根据人才培养方案和教学大纲的要求选用教材。选用教材要注意：教材体系、内容具有较好的科学性、先进性，对学习者具有启发性、适用性和思想教育性；优先选用“马克思主义理论研究和建设工程”(以下简称马工程)教育部重点教材、统编教材、规划教材、优秀教材、获奖教材；鼓励编写适用于应用型人才培养、具有特色、符合学生认知特点、融入先进理念的反映生产、建设、管理、服务一线的实践教材和讲义。

教材选用程序：由课程负责人提出书目，教研室组织本教研室教师和有关人员集体讨论，由教研室主任提出使用意见和建议，并交二级学院(部)负责人审核，报教务处批准，按规定适时报学校教材建设科征订。

使用校本教材或讲义的课程，必须经二级学院(部)同意，报教务处组织校内外专家审议后方可批准使用。

3. 课程教学环节质量标准

(1)备课质量标准。教师在接到课程教学任务以后，按课程教学规范备齐教学大纲、教材、授课计划、教案(教学设计)、课表、学生考勤册、平时成绩登记册等。

教师备课重点是备“教材”。要了解本课程在专业人才培养方案和未来就业岗位要求中所处的地位、作用。认真考虑本课程与相关学科的联系，认真钻研教材、了解教材体系及各章节的内在联系，明确基本理论、基本知识、基本技能的内容，掌握重点、难点，根据学分设置，确定授课内容和难易程度。专业核心课程要建立并通过教学团队、虚拟教研室进行集体备课。

教师备课的难点是备“学生”。坚持以学生为中心，了解民办本科高校学生的学习基础，了解先行课的教学情况和后续课的安排情况，在开课前处理好课程间的衔接,从培养具有创新意识、实践能力和创业精神高素质应用型专门人才的高度出发,同时考虑多数学生的知识水平和接受能力,合理组织教学。

教师备课能否实现教学效果的关键是备“方法”,所以对应用型民办本科高校课堂教学一定要增强教学的针对性。课程设置要以问题为导向,教学方法要有多样性。应积极推广案例式、讨论式、启发式教学;有条件在实验室、工作坊、实习实训基地现场开展教学的,鼓励教学过程与工作过程对接,实行理实一体化体验式教学方法;民办本科高校所有任课老师都要掌握现代信息技术,应积极开展慕课、翻转课堂、线上线下混合式和虚拟仿真等方式的教学活动。总之,应用型人才培养需要应用型人才培养方式,这样学生才能喜欢课堂、喜欢老师并有知识和能力提高的获得感。

(2)课堂教学质量标准。课程开始时,教师应介绍本课程教学计划,说明本课程教学中作业、测验、期中与期末考试(以及实验)等在总评分中所占的比重。同时,要介绍本课程的教学方式,说明线上、线上线下混合式、线下等教学的基本要求。

教师上课应提前到达教室,按时上、下课。教师要举止文明、语言雅正、衣着整洁、落落大方,对待学生要有热心、有耐心,教师一般应站立讲课。教师使用多媒体设备上课,应在正式上课前准备好相关教学设备。同时要求教师书写板书,引导学生做听课笔记。

教师讲课的基本要求:目的明确、概念清晰、阐述准确;突出重点,解决难点和疑点;条理分明、论证严密、逻辑性强;语言生动、板书工整、组织严密。切忌照本宣科、罗列堆砌。教师讲课要注意“课程思政”,通过理论联系实际的方法,引导学生学会做人、学会学习、学会生活,树立正确的世界观、价值观和人生观,使课程具有创新性、高阶性、挑战性。

教师授课中应注意反映本学科和相邻学科的新成果、新进展;要通过精辟讲解,培养学生的思维能力和批判精神,突出应用性,培养和激发学生的学习自觉性,提高学生分析问题、解决问题的能力。

教师应不断改进教学方法,提倡采用启发式、讨论式、案例式等多种教学方法,加强课堂互动,活跃课堂教学气氛,提出问题与假设,预留思维与想象空间,提高讲课效果。课堂讲授要贯彻少而精的原则,让每一位学生都有参与互动的机会,努力做到科学性与思想性统一、传授知识与培养能力统一、教书与育人统一。

任课教师必须按规定的内容、进度和目标进行教学,认真完成教学大纲的基本要求,不能任意增减课时和随意变动教学内容。教师应严格按课程表上课,不得随意调课。遇有特殊情况,应提前办理调课手续。教师要做好学生的考勤工作,教育和督促学生遵守课堂纪律,杜绝学生课堂玩游戏、迟到早退,并维持好课堂秩序,对违纪学生要及时提出批评教育。

鼓励教师采用现代教学技术手段进行教学，积极研制翻转课堂课件，录制微课，学习“精品资源共享课程”，打造“金课”，提高教学效率。有条件的课程要鼓励教师积极推进网上教学、答疑、辅导。

(3)课程作业质量标准。作业在应用型人才培养中占有十分重要的地位，除课堂讲授以外，作业是提高人才培养质量的重要环节。手机的普及，一方面对课堂教学带来巨大冲击，另一方面，学生可以通过“碎片化”学习获得课程相关知识。要改变学生对课堂学习精力投入不足、知识学习不系统的状况，必须高度重视作业问题。教师备课时既要根据教学内容的要求，又要准备学生作业的设计和布置。

学校教务处要按照文、理、工科及不同专业，制订不同作业标准。文科作业布置要有实践性、开放性、创新性。论述性作业不要求设置标准答案，反对照抄教材，反对作业题目及作业内容贪大求全。要鼓励学生理论联系实际，独立完成作业，培养学生发现问题、认识问题、分析问题、解决问题的能力。理工科作业尽量要求在实验实训中完成，作业应有明确的目的和要求，深度、广度适当，数量适中。任课教师应对作业进行精心设计，一般课后作业要求纸质书写完成，课堂标准化练习可以使用手机进行。教师要根据本课程的性质和特点，为学生开列必读参考书目，学生通过收集阅读相关著作和资料完成作业。为了提高作业质量，各学院、系应该建立作业检查、评比或者“查重”制度。

作业批改是评价教师是否投入教学的主要依据之一，学校应当实行课时费及其系数与作业挂钩。任课教师批改作业要及时、认真、仔细、严格，作业批语要有思想性、指导性，让学生具有获得感。教师批改作业应做批改记录，认真分析作业中出现的问题并适时进行讲评，作为改进教学的参考。作业成绩作为平时成绩的一部分参与课程考核。

教师要督促学生按时完成作业。对欠交和抄袭作业的学生要及时教育，对欠交 1/4 作业的学生，任课教师要上报二级学院(部)，不准其参加期末考核。教研室、二级学院(部)和学校教务处、教学督导室要随机抽查教师布置和批改作业的情况，作为对教师教学工作考核内容之一。

课堂练习能比较准确地反映学生掌握知识的程度和存在的问题。教师要重视课堂练习，认真做好准备，深入进行指导，帮助学生当堂理解所学的知识。

(4)辅导答疑质量标准。

①课程辅导答疑次数的确定。各教学部门要根据课程特点、学生情况和教师工作量情况等因素确定各门课程的课后辅导答疑次数。一般每门课程每学期的课后辅导答疑至少 4 次，每次至少 2 学时。辅导答疑应有固定时间、固定地点，同课程班级可同时进行。

②课后辅导答疑内容。给学生解答疑难问题，指导学生做好课外作业；了解学生对课程教学的意见和要求，协助做好学生思想教育工作。对学习特别困难的学

生加强辅导，帮助他们赶上学习进度。

③课后辅导答疑方法。对学生辅导和答疑以个别进行为主，除非遇到普遍存在的问题，一般不向全班辅导。

④课后辅导答疑情况监督。各二级学院(部)在每学期期中和期末结束时要向学生了解各教师课后辅导答疑情况，包括辅导次数、辅导态度、辅导内容和辅导效果。课后辅导答疑的基本情况应纳入"导师制"工作量考核。

4.课程考核质量标准

课程考核是促进学风建设、提高人才培养质量的主要环节。课程考核按照本科人才培养方案分为考试课程和考查课程，教师应认真严格地考核学生。应用型人才培养要把过程性考核和结果性考核相结合。考核办法可以划分为作业、平时测验、实验实训现场考试、机考、课堂讨论、期末考试等。考试形式可以闭卷，也可以开卷；可以笔试，也可以口试；实践操作能力考核等。支持并鼓励教师进行考试方式改革，鼓励教师针对课程的性质和特点选择适当的考核办法。国家规定实行学分制，民办本科高校一门课一般给予一次补考机会，取消毕业"清考"。应用型民办本科高校应积极推进课程与岗位对接，课程毕业考试与职业资格证对接，凡是能够与国家相关职业考试证考试对接的，实行成绩互认。

考试内容对学生学习方向和学习方法有很大的影响。重要考试试卷的命题基本要求如下：

(1)命题教师必须按照学校规定的《命题通知书》要求填写相关表格，命题必须符合教学大纲、授课计划要求，紧扣教材，要能够反映课程的基本要求，不出偏题、怪题。根据应用型人才培养要求，每门课程命题不设标准答案的开放性能力性试题不低于60%，避免死记硬背，这有利于促进学生智力的发展和能力的培养。

(2)试题要有较大的覆盖面，兼顾概念、理解、应用、分析、综合、评价六类学习内容，既有基础知识和基本理论考题，又有测试学生能力和创新思维考题；分量适当，分布合理，难易比例恰当，要有良好的区分度，既能考核学生全面掌握知识的状况，又能甄别出学生的优、良、中、差，客观地反映学生知识能力方面存在的差别。命题的编排要从易到难，应包括基本要求题(40%左右)、综合运用题(50%左右)和难度较大的提高题(10%左右)。命题中要充分注意合格性考试和选拔性考试的区别，把握好命题的难度基准。

(3)鼓励教师开展过程性考试，提高学生学习效果。教师在每学期开课前要进行系统设计，按照课程进度设计每个章节的考试内容，考试内容要有挑战性、启发性、可操作性。学校教务处及院部对过程性考试要制定严格管理细则，以防学生"应付"、教师"放水"。教师每学期开课前要将过程考试设计或计划报二级学院教学院长批准。

(4)试卷的考核成绩应呈正态分布。一般班级平均成绩不得超过85分，不及格率在3%～10%。如果某门课程的考试结果、成绩分布严重失常，二级学院(部)要进行复查，教研室需要调查研究，撰写报告，说明失常原因，教学督导室应对任课教师加强教学质量监控。

考试命题由二级学院(部)负责。教学大纲、教材比较稳定的课程要逐步建立试题(卷)库。试题(卷)库建设由教务处制订计划，二级学院(部)教研室组织任课教师共同研究确定试题题型、数量、深广度后，拟订8～12套试题建成试题库，并逐年按比例增加和更新，报二级学院(部)领导审定批准后入试题(卷)库备用。课程期末考试原则上从试题(卷)库抽卷测试，没有题库的则要求教师必须出A、B两套题量和难易程度大致相同的试题，由教务处任选一套作为考试题，另一套准备补考时使用。对批准开卷的试题，二级学院(部)要按开卷考试的特点和要求严格审定。

教师要有命题计划，并一律用标准考试纸出题。试题需经命题人签字、校对人认真校对、教研室主任签字，送交二级学院(部)负责人审批后送交教务处考试中心。命题的同时要制订参考答案和评分标准一并报教务处，凡无参考答案和评分标准的试题一律不得用来考试。

每门课程考试时间一般为90分钟，如确因课程性质和考核方式特殊，需延长或缩短考核时间的，须在命题时一并提出，经二级学院(部)负责人审定批准后，报送教务处备案，并打印在“考场安排表”和该课程试卷纸上。一般不得在考试过程中临时更改。

各科试题应于考试前两周送教务处考试中心。教务处考试中心在考试前做好印制、分卷、密封、保管工作。

试卷在命题、审批、印制等过程中，应严格保密。任课教师在辅导答疑时不得故意泄题。教务处、文印室在试卷交接过程中应有交接手续，进行登记。凡未办理试卷审批手续者，教务处、文印室应拒绝接收印制。试卷装订、分卷、领卷人员应严格保密，并认真将试卷与考试科目、考试人数、考场安排等逐一进行核对，防止出现差错。

考试的组织和实施由教务处总负责，各二级学院分别按照统一要求负责本院考试组织和实施。考试均实行单人单桌，每个考场至少安排两名教师监考，在阶梯教室考试，考试位置必须间隔，监考教师适当增加。每个考区均安排教务处、督导室与二级学院领导巡考。

学生应按规定时间、地点参加考试，确实因病或因无法克服的困难不能按时参加考试时，必须事先持证明申请缓考，经班主任和二级学院(部)负责人同意，报教务处批准后方可缓考。凡擅自缺考者，一律以旷考论处。

学生考试时，监考教师必须严格执行考场纪律，发现学生舞弊，应及时处置并报告巡考人员。

阅卷是考察任课教师的责任意识、诚信意识和公平公正作风的重要环节，因此阅卷要求教师：①评阅试卷应严格按参考答案和评分标准进行，防止过松或过严，尤其对补考试卷的评阅，不得降低要求、任意提高分数。阅卷时应尊重学生的创造性。②统考课程应由教研室组织集体评卷，统一给分尺度，评定试卷成绩要严肃、认真、公正、客观。试卷批改要规范，统一用红色笔，使用正分或者负分计算要一致。对错要标示清楚、具体，扣分项目要指向明确，标明每类题型得分和阅卷人。③成绩评定后，一般不得更改。如确因评阅错误必须改正时，须经教研室、二级学院(部)负责人审查同意。④教研室主任、二级学院(部)负责人、教务处和学校督导室要对已改过的试卷进行抽查审核。

对于结果性(终结性)考试，评定学生考试课程的成绩统一采用百分制，一般期末考试占70%，平时成绩占30%(含作业、提问、课堂讨论、测验、实验、实习、出勤、学习态度等)，具体比例在教学大纲中规定。评定学生考查课程的成绩，可采用等级评分制，一般分优、良、及格和不及格。

试卷评阅后，任课教师均应进行试卷分析，填写试卷分析表。试卷分析应包括两个部分：一是学生成绩数据分析；二是文字说明，包括试卷反映出来的教与学的问题，经验与教训及教学上的改进意见和建议。评阅后的试卷要按要求及格式规范进行装订存档。

课程考核质量标准是教学各环节质量标准的关键环节，是人才培养质量的“枢纽”工程，它建立难、实施更难、评价最难。民办高校在建立课程考核标准时，一是要高度关注考核试题的质量。无论是过程考核还是终结性考核，试题质量不高，既不能客观反映学生的学习水平，也不能促进学风建设。二是高度关注教师对学生的分数评价。特别是过程考试，一定要建立评分标准，每给一分都要有依据，否则过程考核就会流于形式。三是高度关注质量监控。学校评估处和教务处要建立课程考核抽查、抽考、评价制度，对考试试题质量不高、评价不严甚至“放水”的行为及时通报和责任追究。

5.课程总结要求

课程总结是任课教师在完成一轮教学任务后，对教学过程的自我总结与评价。其主要内容是：检查课程教学计划完成情况，计划有无变动和是否有意外情况发生。通过任课班级的全体学生问卷调查，了解学生在知识获取和能力提高方面的收获，分析学生学习情况及学习成绩有无不正常状况及其原因。分析与总结本次课程教学过程中自己所做的教学改革、考试改革等情况及其效果；对下一轮授课提出改进设想和建议。

课程总结应在该课程结束和学生成绩评定后一周内完成，经教研室主任审查签字后报二级学院(部)存档。教研室、二级学院(部)每学期期末或者年终，结合年终绩效考核，都应召开教学工作总结会议，集体讨论总结学期或者年度教学工作的经验教训，提出下一学期需改进的方面及措施。

6. 民办本科高校实践教学环节的质量标准

(1)应用型民办本科高校实践教学的定位与体系。根据国家对新建本科高校向应用型转型发展的要求，民办本科高校应当始终坚持应用型人才培养目标定位。按照知识、能力、素质协调发展的思路，以立德树人为核心，建立应用型人才培养实践教学体系。体系应当包括："一个中心"，即以培养高素质应用型人才为中心；"两个平台"，即理论教学平台和实践教学平台。理论教学平台要注重复合型"通识教育课程＋专业课程＋专业方向"课程体系构建。实践教学平台要坚持"三个原则"，即人才培养目标应用型原则、人才培养过程实施"五个对接""四个合作"原则、"理实一体相结合"原则。实践教学采取"五环实践教学路径"，即根据不同学科专业对学生素质、能力、技术的要求，设置通识教育实践、专业认识实践、应用能力实践、综合性实践、创新创业实践。从课程入手，以培养学生核心能力的核心课程为重点，层层外推，环环相扣，最终达到应用型人才培养的目的。应用型人才培养是否有效，"一个中心""两个平台""三个原则""五环实践教学路径"能否落实，关键要做到"六个保证到位"，即实践教学计划安排到位、设备到位、资金到位、指导教师到位、指导过程到位、考核效果到位。

任课教师应严格按照人才培养方案和教学大纲的要求，制订具体的实验、实习、实训等实践教学环节计划，每学期开学前申报院系教务办，各院部教学院长签字后报学校教务处统一安排。指导教师在实践教学前重点讲清实践的目的、作用、性质、内容、要求、规程、注意事项等。在实践教学中培养学生观察、操作、分析、综合、应用等能力，保证实践教学的质量。任课教师要在实践教学环节中探索、创建有特色的教学模式，要特别重视实践教学内容的改革，增开综合性、设计性、应用性强的实践、实验项目，加强仿真与现场模拟教学的组织与设计，训练学生基本技能和实际应用能力。根据国家有关转型发展文件要求，文科类专业的实践教学不低于总学时的30％，理工科的实践教学不低于总学时的40％，高职的实践教学不低于总学时的50％。

新建民办本科高校要积极建立校企合作单位，积极开展"合作招生""合作育人""合作发展""合作就业"，开展各种形式的"订单式"培养。在校内外实践教学中，任课教师应对学生进行安全教育，督促学生严格执行安全操作规程，以确保学生人身安全和教学仪器设备的正常使用。每一实验室均要有健全的管理制度，要以认真负责的态度和科学的方法管理好实验设备，以保证实验教学的顺利进行。

(2)应用型民办本科高校实验教学质量标准。实验教学是培养学生理论联系实际和分析问题、解决问题能力的重要手段。二级学院(部)负责人应按照《国标》

要求和教育部合格评估对不同学科专业学生人均实验仪器设备值之规定，从专业、教学、学院实际出发，提出实验室建设方案，学校应加大投入，在学生开课前建成。各专业负责人和任课教师每学期开课前列出教学大纲规定的实验项目，各学院教务办、教务处周密安排，确保实验开出率为90%以上。

二级学院（部）组织教研室或实验中心，从学生实验技能培养的总体要求出发，科学合理地确定实验课的教学目标与要求，拟订实验教学大纲，选用或编写合适的实验教材或指导用书。实验指导用书要详细阐明每一实验的目的、要求、操作方法等内容，便于学生学习并作为进行实验的依据，指导书应发给学生人手一册。暂无实验指导用书时，应配备实验指导讲义。实验员应根据教学大纲的要求，按二级学院（部）专业、课程安排要求及实验指导的规定做好实验准备、辅导和总结工作。

民办本科高校基于实验指导教师资源紧张，要配备专兼结合的实验教师指导队伍。凡有实验课的任课教师应根据教学计划与教学大纲的要求，在拟订学期授课计划的同时，认真设计实验，制订实验授课计划，包括实验目的、实验要求、实验原理、实验步骤、学生分组、实验器材、实验准备、实验指导和示范实验报告。实验授课计划由本教研室讨论，经教研室或实验中心负责人同意后报二级学院负责人审批，实验课教学计划应一式四份，一份自存，一份教研室或实验中心存查，一份交二级学院（部），一份交教务处备案。

实验教师应认真准备实验，进行试做，并在上课前检查实验仪器、设备的性能，确保学生实验顺利进行。根据实验的具体要求，实验教学可分主讲教师和辅导教师，使得实验指导更加到位。任课教师要认真组织学生实验，实验组合要合理，便于学生实验，达到既人人动手又提高设备利用率的目的。实验进行中，教师必须在场巡视，悉心指导学生实验操作，耐心解答学生实验中出现的问题。严格要求学生遵守实验规则，加强巡查，学生没有事先预习不宜进行实验。

实验课应有严格的考核。通过实验教学，要求学生能独立、熟练地操作所做过的实验，每次实验后均应写出实验报告。实验教师要认真仔细批改全部实验报告，记载、考核和评定实验成绩。实验成绩所占总评成绩比例由教学大纲规定，对不符合要求或数据不全的实验报告应要求学生及时重做。实验教师应写出每学期实验教学工作总结和学生实验成绩分析。

(3)文管类民办本科高校的实践教学。民办本科高校大部分学科专业均以管理、商务、外语、汉语言文学、传媒等专业为主。这些传统专业之所以面临招生就业挑战，关键是应用性不强。所以，这类高校必须首先研究每个专业学生应当具备什么能力，这些能力通过什么课程培养，根据能力培养要求，以学生为中心，调整课程设置。其次研究这些专业实践教学的具体内涵，比如语言类专业学生毕业后应当具备听、说、读、写、译等能力，能够提高这些能力的方法都应该属于实践教学，专业实践教学质量的构建是集中实习或者毕业实习。再次根据需要培养学生应当具备的能力，购置能够满足实践教学需要的实践教学设备，包括实验室、体验教学中心、“虚拟仿真”教学中心等。最后根据文管类学生要求具备的素质和能力，设计课内实验、课外实训、学科竞赛、社团活动、创新创业训练、实践教学周及社会实践活动，以提高文科类专业学生的应用能力和社会适应性。

(4)应用型民办本科高校实训教学质量标准。实训是对学生单项技能和综合技术应用能力进行的训练。通过实训使学生熟练掌握职业岗位要求的工作技能和所学知识的综合应用方法。在实训安排上，尤其强调通过综合实训和模拟实训来提高学生分析、解决实际问题的能力。实训既可以在校内实施，也可以组织学生“顶岗实习”。实训中同时也要注重对学生职业素养和社会责任感的教育，培养学生的劳动观念、劳动精神、质量意识和安全意识。

每一专业应明确本专业的实训教学内容，有完整的实训大纲、训练规程或指导书等训练资料，以及完善的实训设备、场地、模拟实验室或稳定的校外实习基地，各专业、各训练场所应有健全的训练管理制度。二级学院(部)各专业应根据培养目标和教学大纲的要求，制定实训考核标准和考核办法，并认真组织考核。实训课应严格按照实训大纲要求进行，教师不得随意增减实训项目或实训内容。实训指导教师应到场进行实训的具体指导。

教师要在学生实训之前讲明实训的目的、要求、安全条例、考核标准和方式等。在指导学生实训的过程中，教师应注意培养学生吃苦耐劳的工作作风，培训学生正确使用各种设备的方法，提高学生的动手能力。教师对参加实训的学生要严格要求，要求学生认真考勤、遵守纪律，凡无故缺课者或违反规程者，除酌情对实训成绩进行扣分外，必须责令其补做，情节严重者，实训课程做不合格处理。

实训课程成绩按实践操作60%、理论知识30%、实训小结10%计算，总评成绩不合格者需进行重修。实践操作根据学生的训练态度、安全操作、文明生产进行评分。理论知识按训练应知的理论知识内容进行考核评分。实训小结按学生实训感想、收获、自我评价评分。

第七章　民办本科高校的教师发展

要加强师德师风建设，坚持教书和育人相统一，坚持言传和身教相统一，坚持潜心问道和关注社会相统一，坚持学术自由和学术规范相统一，引导广大教师以德立身、以德立学、以德施教。

——习近平

矛盾的特殊性决定任何事物的存在都有它区别于其他事物的显著特征。大学教师这个职业不仅有极为明显的专业化、个性化特征，还有非常明显的社会历史性特征。新时代民办高校的教师是一代新人，他们接受了系统的国民教育和专业教育，知识丰富，思想健康，视野开阔，但也不乏各种困惑。“百年大计，教育为本，教育大计，教师为本”，做“四有”好老师，是新时代民办高校教师的标准。

一、民办本科高校教师队伍的主体特征

民办高校教师队伍的主体是“80后”，他们是“80年代的新一辈”。他们出生于改革开放，成长于改革开放，工作于改革开放。改革开放的总设计师邓小平同志指出：“一个学校能不能为社会主义建设培养合格的人才，培养德智体全面发展、有社会主义觉悟的有文化的劳动者，关键在教师。”新建民办本科高校最初没有多少专职教师，教师队伍往往晚于民办本科高校建立，学校的教风、学风、校风等民办高校的校园文化只能而且必须慢慢积淀和构建。所以，正确认识并培育年轻教师是建设一流民办本科高校的首要条件。

1. 出生于“80后”的“独生子女”队伍

“80后”是指他们出生的时代特征，是指从1980年到1990年出生的人群。从这个时候开始，和平与发展成为主流。此时，中国开启了波澜壮阔的改革开放，农村包产到户，农民进城务工，城市开放搞活，国有企业改革，国家由计划经济时代进入社会主义市场经济时代。“80后”最值得庆幸的是逐渐摆脱了贫困和饥饿，不管是出生于农村还是城市，他们不再害怕吃了上顿没有下顿，不再担心衣不蔽体带给他们的难堪。健康的生活环境，良好的教育条件，有利于他们身心发展。

“独生子女”是他们成长的个体特征。计划生育，“只生一个孩子”是当时的“国

策”。为了早日实现“四个现代化”，国家鼓励国人“少生优生”。这个时候乡镇企业异军突起，农村有条件的家庭开始进城打工供孩子读书。“天大地大没有孩子读书大”，“独生子女”开始成为家庭的“中心”，爸爸、妈妈、爷爷、奶奶都围着孩子转。这一代人几乎没有接受过体力劳动的锻炼，不知道体力劳动“苦”的滋味。优越的生活条件，相对“独立”成长的家庭环境，培养了他们过早的“自我发现意识”，这一方面有利于他们独立自主、积极进取的价值观的建立和生活道路的选择，另一方面也使他们容易形成依靠父母的习惯。

2. 接受了系统的国民教育

民办本科高校任教的“80后”青年教师，在良好的社会历史机遇下，接受了系统的基础教育，基本上都是硕士研究生以上学历。

20世纪80年代后，我国基于进入“四个现代化”建设时期，教育特别是基础教育进入黄金发展时期：一是党和政府高度重视教育，邓小平同志把加强教育工作提高到无比重要的战略地位。二是教育方针、教育政策、教学秩序不断规范，政府不断加大投入，越来越多的爱心人士和爱心企业在全国捐建“希望工程”，使得基础教育条件大为改观。三是为了迅速改变教师短缺的状态，师范大学、其他大学的师范教育专业全部免费教育，毕业生优先保证基础教育。全国各地市、县大部分都建立或者恢复了中等师范学校，招收优秀初中毕业生，通过三年师范教育后，分配到基层中小学任教，保证了教学质量的提高。

所以，从20世纪80年代开始，城市的孩子上学都经过了幼儿园、小学、初中、高中四个阶段，基本上都接受了正规、系统的国民基础教育。单单从知识学习的角度分析，这个时期的教育是非常值得骄傲和颂扬的。国家和各级政府重视教育，把抓教育作为一项重要工程；学校抓教育，把高考“升学率”作为考察校长的主要标准；家长重视教育，许多家庭几乎把所有的收入都投资给了孩子上学；学生在“千军万马抢过独木桥”的高考指挥棒指挥下，几乎把所有的精力和时间都放在了学习上，当时中小学的教风、学风、校风非常好，形成全民抓教育的大好局面。所以，出生于20世纪80年代经过研究生教育进入民办本科高校的年轻教师，他们的知识基本功底比较扎实，理论知识比较系统全面。

3. “四有新人”

20世纪80年代的口号是为实现社会主义“四个现代化”，努力培养“四有新人”。这一代人，能够考上本科、考上研究生并毕业，他们确实实现了“有理想、有道德、有文化、有知识”的人生目标，这是他们怀揣梦想、刻苦学习、拼搏进取的结果。他们能够进入高等学府，成为高校的老师，是良好的外部条件和自身努力的结果。这也证明了马克思主义哲学关于“内因是变化的根据，外因是变化的条件”的正确认识，他们成才的主要原因离不开个人对未来生活理想的孜孜追求和努力，离不开大好的时代环境。“四有新人”是对他们比较准确的概括。

(1)他们有理想。理想是对未来事物的美好想象，是人们在实践中形成的、有实现可能性的、对未来社会和自身发展的向往和追求，是人们的世界观、人生观和奋斗目标的集中体现。没有理想就没有目标，“80后”的大部分人都是有远大抱负的，他们十年苦读，十年拼搏，一步一个脚印，最终实现了个人的美好愿望。

(2)他们有道德。道德本质上是一种维护集体利益的公共理性，是一种社会意识形态，是人们共同生活及其行为的准则与规范。“罪莫大于无道，怨莫大于无德。”道德包括社会公德、职业道德、个人及家庭婚姻美德。“80后”的一代人，已经是中国当下生产、管理、科学研究的主力军。他们讲卫生、讲文明、讲礼貌、讲秩序，有沟通协调能力，有组织能力，总体来说，他们是有道德、有责任的一代。

(3)他们有知识。知识是人类对物质世界以及精神世界探索的结果的总和。“80后”考上大学的一代，他们比较完整地接受了国民教育的全过程，他们无论是综合知识还是专业知识和技能，都比较扎实，为中国工业化、信息化、城市化、国际化注入了强劲的动力。

(4)他们有文化。文化是一种社会现象，是社会历史的积淀。确切地说，文化是凝结在物质之中、游离于物质之外的，是能够被传承的国家或民族的历史、地理、风土人情、传统习俗、生活方式、文学艺术、行为规范、思维方式、价值观念等，是人类之间进行交流的、普遍认可的一种能够传承的意识形态。

完善的学校教育，使得理想、道德和科学知识有机融合于“80后”这些受教育者身上，形成了符合社会主义核心价值观的主流文化，这些不仅提高了他们个人的文化素养，也提高了社会群体乃至民族的文化素质。他们系统地学习了辩证唯物主义文化，坚持正确的世界观，接受了民主、科学、自由的教育，也形成了民主、科学、自由的文化理念。这一代人不再迷信权威，而是崇尚科学与自由，生活自律、讲究秩序、说话文明，与社会、环境和谐相处，这些文明的文化元素已经成为他们的文化自觉。

4. 具备开阔的国际视野

随着改革开放的推进，几乎所有的人都参与其中，随着市场化、工业化、城市化、国际化等推进，整个国家开启了一场史无前例的巨大变革。改革开放的旗帜把广大人民群众推向市场化、城市化，最集中表现是农村孩子进城读书，精英人口流向城市、流向发达地区、流向发达国家。“80后”是流动的主力军，那些考入本科、研究生的莘莘学子，他们流向全国各地、流向世界各地。他们熟悉养育过他们的地域文化，在学校里学习体验过中国传统文化教育，在国外他们也了解了所在国家乃至世界不同民族的异域文化，这样宽阔的国际视野，必然提高了他们认识事物、辨别事物的能力，必然为他们服务于中国高等教育准备了良好的思维方式和认识水平。

5. 环境适应能力强

人的适应能力与环境相关，人总是随着环境的改变而改变的。“80后”正是这样一代人，他们彻底改变了“父母在，不远游”的传统社会习惯和生活方式，成为社会化的人。环境包括大气、水、土壤、动植物、微生物等物质因素，也包括观念、制度、行为准则等非物质因素。环境是相对于某个主体而言的，主体不同，环境的范围、内容等就不同。对人来说，环境是指围绕人类主体并对人类产生影响的外部生存条件的总和。人的生存环境可以划分为自然环境和社会环境，物质生活环境和虚拟环境，职业环境和家庭生活环境等。

有一种哲学观点称作“环境决定论”，认为人是环境的产物，改变了的环境必然会改变人。马克思主义哲学认为，环境改变人，作为实践的人也在不断改变环境，环境和人是统一的，只有如此，人才能够顺利地适应环境。“80后”这代人，他们从幼年开始适应幼儿园、小学、中学、大学环境，甚至适应国外不同国家的生活环境。由于他们每个人的出生、生活成长条件、学识、能力、文化不同，也反过来影响并改变着自己生活的环境。这一代人的心理是健康的，他们很少遭遇生活环境的不良改变，特别是家庭的变故，这对他们世界观、人生观、价值观的形成，对他们职业的选择、婚姻家庭的选择、对事业的奋斗产生了积极的影响。

二、民办本科高校教师面临的问题

世界上的任何事物都是在矛盾中存在的。任何矛盾都有主要方面和次要方面。正像没有“十全十美”的人一样，评价一个人或者一代人，首先要看他的主流、主体和主要方面。“80后”这一代人，特别是考上大学成为“四有新人”的天之骄子，他们的主流是优秀的，他们无论在思想意识、专业技能方面，还是在身心素质方面都比较优秀。但从建设高水平民办本科高校、培养“又红又专”的社会主义建设者和接班人的标准来看，作为大学老师的“80后”仍然面临诸多考验与挑战。有些挑战是历史形成的，有些是现实存在的。办大学如同办医院，大学老师“教书育人”如同医生“治病救人”，一个孩子或者患者出问题，对学校或者医院而言，虽然只是事故的千分之一、万分之一，但对这个学生或患者而言就是百分之百，责任重于泰山，丝毫大意不得。

1. 智育至上的环境

1951年3月第一次全国中等教育会议提出“普通中学的宗旨和培养目标是使青年一代在智育、德育、体育、美育各方面获得全面发展，使之成为新民主主义社会自觉的积极成员”。这是新中国成立后首次提出的教育指导思想。1957年毛泽东同志提出:“我们的教育方针,应该使受教育者在德育、智育、体育几方面都得到发展,成为有社会主义觉悟的有文化的劳动者。”这是新中国第一个社会主义教育方针。1981年中共中央十一届六中全会通过的《关于建国以来党的若干历史问题的决议》提出:“坚持德、智、体全面发展‘又红又专’、知识分子与工人农民相结合,脑力劳动与体力劳动相结合的教育方针。”1991年全国教育工作会议上的报告《努力建设中国特色社会主义教育体系》中对教育方针做了完整表述,即:“教育必须为社会主义现代化建设服务,必须与生产劳动相结合,培养德、智、体等方面全面发展的社会主义事业的建设者和接班人。”《中华人民共和国宪法》也明确规定:“国家培养青年、少年、儿童在品德、智力、体质等方面全面发展。”在2018年9月10日召开的全国教育大会上,习近平总书记强调把劳动教育纳入德智体美劳全面培养的教育体系中。2020年3月中共中央出台了《关于全面加强新时代大中小学劳动教育的意见》。由此可见,新中国成立后,教育方针始终强调德、智、体等方面全面发展。

“80后”大学生由于高度重视文化知识教育,体力劳动的机会较少,影响了他们劳动观念的养成。劳动教育至关重要,它不仅影响人的身心素质发展,也会影响个人生活的幸福和社会的进步。因此“80后”的大学老师不仅要接受劳动的再教育,到农村调研,到企业挂职,把自己变成“双师型”教师,还要教育学生热爱劳动、热爱劳动人民,并在劳动中增长才干。

2. 价值多元化的氛围

改革开放伊始,文化、教育、艺术领域都出现了较大的繁荣。首先,文学艺术的繁荣,产生了一批著名的文学家、艺术家、诗人、作曲家等,他们创作了大量的作品。文学艺术繁荣的同时也出现了一些引发社会争论的不良文化现象,包括所谓的“个性解放”“性自由”等。其次,对外开放,国门敞开,中国港台地区、西方发达国家的电影、文学、流行歌曲等风靡全国,成为当时青年的“精神食粮”。人的世界观、人生观、价值观的形成,除了学校教育、家庭教育以外,主要受社会意识形态的影响。“80后”的父母在这种环境下不可能不受影响,进而影响孩子的成长。所以,整个20世纪80年代既是中国经济发展的高歌猛进、文化繁荣的时期,也是思想文化比较复杂、主流意识形态遭到严重冲击的时期。

“80后”的成长是一帆风顺的,但却是不平静的。“全面经商”“人人下海”导致的“拜金主义”“拜权主义”日趋严重。“出国潮”“移民潮”“留学热”等导致国民对西方发达国家生活、文化的“崇拜”,使“80后”这一代人始终面临“多元文化”的影响、多种价值观的选择。加之本科生扩招、研究生扩招,高水平教师数量不足,大学教育质量下滑,“精英化”教育难以为继,研究生教育质量大为缩水。

巨大的社会变革、多元的文化,形成多元的世界观、人生观和价值观。尽管“80后”的知识分子主流是优秀的,但在这种大环境下成长起来的他们,多元化的价值观、人生观、世界观，既影响了他们的过去，也会影响他们的未来。因此，要坚持社会主义办学方向，坚持立德树人，民办本科高校的青年教师就要随着新时代高等教育改革的深入，正本清源，坚持做到“四个自信”，坚持弘扬社会主义核心价值观，通过自己良好的言行教育、影响新时代的学生。

3. 社会生活压力较重

1981 年 6 月，中共十一届六中全会通过的《关于建国以来党的若干历史问题的决议》中指出：“在社会主义改造基本完成以后，我国所要解决的主要矛盾，是人民日益增长的物质文化需要同落后的社会生产之间的矛盾。”2017 年 10 月 18 日，党的十九大报告指出：“中国特色社会主义进入新时代，我国社会主要矛盾已经转化为人民日益增长的美好生活需要和不平衡不充分的发展之间的矛盾。”中国改革开放以来经济的飞速发展，必然会带来社会主要矛盾的变化，这种变化对不同时代的人有着巨大的影响。

“80 后”的父母是幸运的一代。虽然当时的社会生产还比较落后，虽然他们经受过 50 代末 60 年代初的饥饿贫困，但他们却赢得了历史发展的最好机遇，享受了改革开放每一个阶段应该享有的成果。

“80 后”的孩子们在这样的家庭里成长确实是幸福的，但也存在相当一部分人出生在农村或者城市底层，当他们进入成年以后即面临就业、育子、住房、医疗、养老等“五座大山”的重压。为什么温饱问题解决了，生活水平提高了，压力却更重了，这是时代的历史条件、背景不同了，人民对美好生活的要求更高了。

据不完全调查，进入民办本科高校工作的“80 后”，月薪平均六七千元，如果是双职工，而且都出生于农村，一年总收入十多万元，在二、三线城市买一套房可能需要几十万甚至近百万元，在一线城市可能需要几百万甚至近千万；如果希望自己的孩子享受优质教育资源，从学前教育到大学毕业最少需要近百万元；养活四个老人按照农村最低消费也需要几十万元；而且家庭成员必须无病无灾，如果一旦遇到大病问题就更加困难。这种假设还是以就业后始终能够在岗并按照年限和工作业绩不断晋升、工资不断提高为前提，否则，困难与挫折难以想象。当然，也不排除许多城市出生、家庭条件好、有房有车的年轻人，但家庭的资助不可能解决普遍问题和长远问题。正因为生活条件的变化及其对未来生活的担忧，进入民办本科高校的“80 后”，其思想观念、价值判断、职业精神等都在不断变化之中，无论是对世界的根本看法，还是对人生的看法，对民办本科高校的看法，对教师职业的追求，对婚姻家庭、父母子女的价值选择，都会受到生存压力的影响。因此，这一代人，特别是进入民办本科高校当老师的青年，仍然需要“苦其心志，劳其筋骨”，坚守职业生涯，艰苦创业，才能过上幸福的生活。

4. 面临不断选择

由于研究生扩招，公务员岗位招聘有限，公办大学难以进入，银行、国有企业、民办高校就成为部分研究生毕业的首选，特别是文科类女性研究生选择进入民办本科高校任教已较为普遍。进入民办高校几年后他们发现，民办本科高校并非“安乐窝”，工资待遇不高，无法满足其对“美好生活”的追求。其间能够抓住机遇，学历、职称、能力得到提高的老师会选择进入公办高校，有些老师则会选择进入企业、培训机构，个别老师会选择进入中小学等。

特殊的成长经历，新时代的就业环境，“80后”始终处于谋生与追求美好生活的矛盾之中，在这个矛盾中，必然存在注重物质生活还是注重精神生活，注重权利享受还是注重履行责任，注重顾全大局还是注重局部利益，注重眼前利益还是注重长远利益等问题。对他们来说，物质利益、权利享受、局部利益、眼前利益会直接影响他们的生活质量，这样一来，有一部分老师就缺少在民办本科高校完整的职业规划、缺少始终如一的敬业精神、缺少在民办高校奋斗终生的定力和坚守，进而影响民办高校教师队伍的稳定，影响教师队伍的建设，影响品牌专业的培育，影响人才培养质量和社会声誉。民办高校多年培养的学科专业带头人、教学名师、教学成果、科研成果等都可能因教师的流动而半途而废。

价值选择是人的本质属性，“人往高处走，水往低处流”无可厚非。进入民办本科高校的青年，需要进一步坚定信念，热爱教育事业，热爱教书育人的崇高职业，相信民办本科教育会像公办高校一样不断发展，国家也会不断完善政策，提高和保护民办高校教师的利益，许多民办高校的举办者也在不断采取措施，提高教职工待遇，努力做到待遇留人、事业留人。

三、民办本科高校师资队伍建设

建设世界高水平“双一流”大学，培养一流本科人才，是新时代高等教育的紧迫任务，民办本科高校能否建成一流大学，培养出应用型、高素质的一流专门人才，关键在于培养一流的教师队伍。

1. 立德树人是检验好教师的根本标准

在对教师的职业要求中，“立德树人”是教师职业的灵魂和教师队伍建设的首要任务。简言之，教师就是“人品”、道德的化身，古今中外，概莫能外。因此，聚焦新时代教育的“两个根本”，一是培养社会主义建设者和接班人，这是学校的根本任务；二是立德树人的成效，这是检验学校一切工作的根本标准。两个任务实质上是一个任务，即立德树人。

2018年11月，教育部颁布了《新时代高校教师职业行为十项准则》(教师〔2018〕16号)，内容既包含高等学校教师追求的道德楷模，也包含教师必须恪守的道德底线。具体内容有以下方面：

(1)坚定政治方向。坚持以习近平新时代中国特色社会主义思想为指导，拥护中国共产党的领导，贯彻党的教育方针；不得在教育教学活动中及其他场合有损害党中央权威、违背党的路线方针政策的言行。

(2)自觉爱国守法。忠于祖国，忠于人民，恪守宪法原则，遵守法律法规，依法履行教师职责；不得损害国家利益、社会公共利益，或违背社会公序良俗。

(3)传播优秀文化。带头践行社会主义核心价值观，弘扬真善美，传递正能量；不得通过课堂、论坛、讲座、网络及其他渠道发表、转发错误观点，或编造散布虚假信息、不良信息。

(4)潜心教书育人。落实立德树人的根本任务，遵循教育规律和学生成长规律，因材施教，教学相长；不得违反教学纪律，敷衍教学，或擅自从事影响教育教学本职工作的兼职兼薪行为。

(5)关心爱护学生。宽严相济，诲人不倦，真心关爱学生，严格要求学生，做学生的良师益友；不要求学生从事与教学、科研、社会服务无关的事。

(6)坚持言行雅正。为人师表，以身作则，举止文明，自尊自爱；不得与学生发生任何不正当关系，严禁任何形式的猥亵、性骚扰行为。

(7)遵守学术规范。严谨治学，力戒浮躁，潜心问道，勇于探索，坚持学术良知，反对学术不端；不得抄袭剽窃，篡改侵吞他人学术成果，或滥用学术资源和学术影响。

(8)秉持公平诚信。坚持原则，处事公道，光明磊落，为人正直；不得在招生、考试、推优、保研、就业及绩效考核、岗位聘用、职称评聘、评优评奖等工作中徇私舞弊、弄虚作假。

(9)坚守廉洁自律。严于律己，清廉从教；不得索要、收受学生或家长财物，不得参加学生或家长付费的宴请、旅游、娱乐休闲等活动，或利用家长资源牟取利益。

(10)积极奉献社会。履行社会责任，贡献聪明才智，树立正确义利观；不得假公济私，擅自利用学校名义或校名、校徽、专利、场所等资源谋取个人利益。

教师职业行为十项准则，严格地讲都是道德准则。师德既包含了“私德”，也包含了“公德”。其中第一、第二、第三条就是中国传统文化倡导的政治品德，也可以理解为当代“忠于党、报效国家”的意识。第四、第五条就是指作为“人师”的职业道德。第六条是作为教师应该遵守的爱情、家庭、婚姻美德。最后四条主要作为教师的社会公德。因此，大学老师要成为大师必须具备大德。

在我国改革开放的高速发展时期，也确实存在过不少令人担忧的问题：一是部分教师缺少独立思考、自由探索、追求真知的精神；缺少淡泊名利、甘于寂寞、潜心治学的顽强意志。二是部分大学内、外环境存在“四象”：①高等教育顶端外移，优质生源流失。②高等教育规模在扩大，名师在减少，“钱学森之问”难以实现。③创新能力难以提升。④评价方式单一。以考试为标准，特别是一些文科类院校，学生上课记笔记、考试前背笔记，老师考试考笔记。三是大学精神面临丢失。什么是中国的大学精神？“士志于道”应该是中国大学精神千年不变的“根基”。大学的神圣职责是“明道救世”，应当始终处于象牙塔地位，对世事持审视批判的态度。“士志于道”，“士”即“做人”“士可杀不可辱”“士为知己者死”；“道”即“德治”，士追求“天人合一”，内省、内治，“自主、自由、自律”。四是大学之大的标志。1931 年清华大学校长梅贻琦先生认为：“大学非大楼也，乃大师之谓也。”大学之大的内涵应该是：“有神乃大；有道乃大；有人乃大；有师乃大；有容乃大；有特乃大；有文乃大；有德乃大；有真乃大。”

国学经典《大学》指出：“大学之道，在明明德，在亲民，在止于至善，知止而后有定，定而后能静，静而后能安，安而后能虑，虑而后能得。”大学之道，德字为先。《国家中长期教育改革和发展规划纲要》(2010—2020 年)指出教师要“育人为本，德育为先”。教师的天职就是“千学万学学做真人，千教万教教人求真”。古今中外几乎所有国家的大学和政府都把德作为教书育人、选人用人的首要标准。因此，大学之大必须有大师，大师必须有大德。我们十分赞成大学教育、管理从“心”开始的理念。“心”即良心、善心、本心，这是立德树人的具体内化。新时代民办本科高校的教师要有大德就应当具备“六心”。

一是尽心乃为德。作为好老师，应当全心全意、竭尽全力，而非尽力而为。民办本科高校青年教师存在两个不足：科研能力不足；有效教学投入不足。本科高校要实现教书育人、科学研究、社会服务、文化传承、国际合作等功能，教师只有通过师德典范、精彩教学、科研成果、服务为先来展现。实事求是地分析，民办本科高校师资队伍学历水平在提高，但敬业精神、专业水平、实践能力、服务意识等综合素质还需要不断提升。大部分老师还是希望在民办本科高校干出一番事业的，但也存在着“认认真真培养自己，稀里马虎培养学生”的现象，个别青年教师把民办本科高校作为自我提升的“跳板”，通过学历提升、成果积累、职称晋升，最后进入理想的公办高校或者政府部门。在教学管理过程中有个别老师，让他集体备课，他会从网上下载打印；让他认真讲课，他会“PPT 搬家”；让他布置作业，他会只图数量不管质量；让他过程考试，他会过程“放水”；让他挂职锻炼，他不去但开个证明回来。事实上大学老师的素质包括知识、能力、技能、素养、智慧等。知识是通过学习得来的，学习是大学老师职业的本质特征。问题在于我们有些老师满足于弄懂一本教材和网络上的碎片知识敷衍教学。能力和专业技能是靠训练得来的，由于研究生扩招，“80 后”研究生毕业的大学老师普遍动手能力不足。民办本科高校普遍在转型发展，要培养应用型、复合型人才，作为教师首先必须适应这种变化，需要挂职锻炼、需要国际交流、需要双师素质，关在屋子里做文章、闭门造车的时代已经没有出路。

素养就是文化，是长期教书育人产生的无意识的自觉，是依靠大学精神熏陶得来的。大学老师应当具备的“四个统一”就是素养，素养可以对大学生产生言传身教的效果。心理学研究发现，人与人交流30％的信息来自语言，70％的信息来自肢体动作和面部表情。陶行知认为教师有“不教之教，无言之诏”的言传身教作用。智慧就是创新意识和创新能力，表面上是依靠顿悟带来的，但智慧只偏爱有准备的头脑。作为民办本科高校的教师，如果不下大力气读书，不研究古今中外的高等教育理论，不研究国内高等教育政策，不研究学科专业前沿并进入生产、管理、实验领域，哪里来的素养和智慧？因此大学教师，时时、事事、处处都要尽心，一本教材怎么讲，一节课怎么设计开始、过渡、结尾，这节课应当培养学生什么能力，学生学习后应掌握什么技能等，这些都需要课前下功夫准备。如果教师每一节课都能让学生满意、有获得感，他就是一个具备大德的好老师。

二是关心乃为德。作为好老师，必须学会关心学生。人的本质是社会关系的总和。“关系”一词说明人不是孤立存在的，总是在一定的群体中生活的，总需要关心别人（集体）和周围其他事物或被别人所关心。心怀自己、心怀他人、心怀学校、心怀国家、心怀世界，这就是“修身、齐家、治国、平天下”。明朝东林党领袖顾宪成有一幅名联“风声雨声读书声声声入耳，家事国事天下事事事关心”，讲的就是“读书不忘救国”。个别青年教师既不关心别人，也不关心自己，不知道自己怎样生活才会有价值，缺乏主体竞争意识。作为高校的教师，不关心国家的教育方针、教育政策和生产、科技发展前沿，就很难研究出创新性成果，也不会打造出“精彩课堂”。一位成功的民办本科高校教师，一定要关心学校的发展、专业的建设、精品课程的培育，关心学生的成人、成才、成功，关心自己和自己所承担课程在学院、专业、应用型人才培养中的定位，通过自己的课堂教学改革，推动专业内涵发展、特色发展，培育出高素质应用型、创新型人才，最终确定自己在学校、专业、师生中的地位，证明自己在单位的价值。如果仅仅抱着事不关己高高挂起、“做一天和尚撞一天钟”的态度，以完成任务为标准，那他一定是一个失败的老师。

三是爱心乃为德。作为好老师，要懂得关心学生，要有爱心。有一句教育名言：“能够爱自己的孩子是人，能够爱别人的孩子是神。”因此，师不爱生难为师，人不敬业枉做人。有人说，检验幼儿园老师的基本标准是爱，其实这也是检验所有老师的标准，这里讲的是大爱，因为民办高校教师面对的是一群大孩子，而且学习兴趣和学习能力急需引导和培育。民办本科高校基本上和公办高校一样制定统一的人才培养标准，但最好的教育是符合实际、符合个性的教育。如果在民办本科高校任职的年轻教师，认识不到这一点，没有思想准备，没有爱心，采取一刀切或者模式化的方法教育学生，就有可能导致事倍功半的结果。对待民办本科高校的学生，老师应该像对待自己的孩子一样，首先要爱他们，发现他们的优势和长处，宽容他们的缺点，依据学生的天性和个性，制订教学计划，提供学习服务与指导，因材施教，定期与学生交流，发现其特长，愿意引导学生由被动学习变为主动学习，再变为探究性学习，帮助学生由盲目学习变为兴趣学习，再变为导向职业规划的终身学习。

四是热心乃为德。作为好老师，最大的特点是对教育、对学生保持着满腔热忱。人之为人首先要有一腔热血，成就一番事业需要昂扬的斗志和激情，没有热心、热血就谈不上奉献。我们既然选择了教师这个职业，就应该立志做名师，要成为名师，关键是热心教书育人、热心科学研究、热心服务社会、热心文化创新与传承，特别是热心服务学生，推进教学改革。对于中国当下民办本科高校学生的教育，应该以立德树人为根本，以应用型人才培养为目标，使学生知识、能力、素质协调发展。民办本科高校的教师必须以问题为导向，需要投入巨大的热心和热血研究信息技术革命所带来的行业、产业的变化，研究社会对各式各样人才的需求，研究民办高校学生的特征，研究学科专业建设，研究课程，研究人才培养目标的适应度、保障度、达成度，强化实践教学，把以知识教育为中心转变为以能力提高为中心。显然，民办本科高校的教师，如果不热衷于高等教育事业，没有一腔热血，则一事无成。

五是真心乃为德。作为好老师，应该体现真、善、美，传承并弘扬真、善、美。真理是对客观事物及其本质的反映。大学老师必须做真人、说真话、办实事，不说谎、不做假。坚持真理，坚持维护事物的本来面目。真心实意地教书育人；真心实意地做学问，搞科学研究；真心实意地为社会、为学生服务，不做虚伪之事。当代中国大学最难堪的是学术造假，学术造假有的是专家教授、有的是大学领导，学生毕业论文造假也是屡见不鲜。弄虚作假的人永远在大学无法立足，做一个真心为学生服务的人，才配为名师。

六是静心乃为德。作为大学老师，如果不能静下心、扎下根，持之以恒做学问，起码“德性”不纯。一位教育部的领导曾经说过：“十年前看一所民办大学有没有希望，标志是有没有老房子、老树、老教授。今天看一所民办大学有没有希望，标志是礼拜天、节假日、晚上十点前，实验室、图书馆有没有灯火，如果节、假日民办本科高校是一座空城，这个学校就没有前途。”对大学老师仅仅依靠签到、严格的考勤是不够的，关键要使老师静心。因此，作为大学的教学管理者，应该从心开始，要学会设身处地、将心比心，始终与“80 后”的年轻老师交心、同心，全校上下，以学生为本，为培养高质量应用型专门人才而尽心、静心，只有这样民办本科高校必然会不断涌现名师、大师。

2. 课堂教学是民办大学教师的第一要务

2018 年 6 月全国本科教育工作会议提出本科教育要“回归常识，回归本分，回归初心，回归梦想”，根本目标是学生要刻苦读书，教师要倾心教学、潜心教书育人。大学教育面临的矛盾错综复杂，但基本矛盾是“教与学”的矛盾。矛盾的统一性主要体现于课堂教学。“敬畏课堂”“课比天大”就说明高等教育无论怎么改革，课程教学都不可动摇。课程从专业角度讲是专业的“基石”，从人才培养角度讲就是学生获取知识的“食粮”。学生学习什么课程就应当获得什么知识、掌握什么核心能力。所谓一流大学的逻辑就是从建设一流课程开始，再到建设一流专业，最后培育出一流人才。

“教与学”矛盾的主要方面从教学过程看是教师和教学，从教学结果看是学生与学习。当代中国大学“双一流”建设的核心任务是人才培养质量，质量提高的关键在学校、在教师。只有存在大量的受教育者，才有大学和大学老师存在的必要，老师才有“师者，所以传道、受业、解惑也”的职责，才有“太阳底下最光辉的职业”的称谓。教育部原部长陈宝生指出“教育是道术，教育是学术，教育是技术，教育是艺术，教育是仁术”，“教师应当成为最受尊敬、最受羡慕的职业”。民办本科高校如果招不来学生，一定与人才培养质量不高、学校管理不好、教师素质低下等因素有关。

学校的职责是创造好一切人才培养的条件，教师的第一要务就是课堂教学，它是人才培养质量提升的主渠道，大学老师的所有工作都可以归结为“上好课”，它是“双一流”建设的关键环节，负责任的民办本科高校必然会抓课堂教学质量，一心一意地推动课堂教学改革。

教育部公布的《关于狠抓新时代全国高等学校本科教育工作会议精神落实的通知》(2018)要求全国各本科高校党政会议专题研究实施方案，严格考试纪律，严把出口关，坚决取消“清考”制度，严肃查处违规毕业论文，教学质量实行一票否决，加快专业动态调整机制建设，推动就业、招生、人才培养的有效联动。文件精神的核心内容是要求各高校全面梳理各门课程的教学内容，淘汰“水课”，打造“金课”，合理提升学业挑战度，增加课程难度，拓展课程深度，切实提高课程教学质量。显然，“考试纪律”“清考”“出口关”“毕业论文”无不与课程教学有关。

课程是纲，纲举目张。课程是高校人才培养过程中师生所开展的知识活动以及师生的知识教学体验。课程中包含书本知识即理论知识的长、宽、高等，课堂教学的基本依据表现为教材的书本知识，即哲学所讲的“人类间接经验”。它包括：知识的长度，即知识的历史演变及其对未来发展的研判；知识的宽窄，即知识的覆盖范围；知识的高低度，即知识的难度。教师在备课、讲课、辅导、作业布置等课堂教学活动中主要是对这些教学环节的设计。老师不是一张白纸，在进入课堂前，获得了丰富的社会及生活经验，哲学把它称之为直接经验或者经验知识。一堂好课，一定是直接经验和间接经验的完美统一。老师的直接经验越丰富，对课本知识理解得就越深刻，这就要求民办本科高校鼓励教师到企业挂职锻炼，鼓励教师创新创业，以此提高教师教书育人的能力。

课堂教学最有效的教学方法应该是课程体验，让师生教学活动有身临其境的现场感。课程教学活动的复杂度，课程内容的难与易，决定了照本宣科是没有任何教学效果的。德鲁克在《知识社会》一文中指出:“一个知识爆炸的时代,没有一个大学生在毕业时敢肯定他学的知识不全部作废。事实上,现在的大学生在毕业那一天,他们在大学学习的知识75%以上已经是陈旧的知识。”

经历过应试教育的人都有体会,考试前临时抱佛脚“死记硬背”的知识,考完试后立马就忘了。脑科学认为只有当学习与身体融合为一时,才能获得长期记忆。比如,当我们学游泳、学骑自行车时,一旦学会,终生不忘,这就是肌肉记忆,因为人类有场景记忆的能力。

学习“有场景的知识”,获得深刻的体验,或者理实一体化的教学方法,更有利于应用型人才的培养。亚里士多德曾提出“实践智慧”,即在具体情境之内运用合适的知识求解重要问题的能力:首先要将知识还原到形成的场景中,让自己有切身的感受;其次要建立判断何种知识最适合解决何种问题的理性思维方式;最后要有在瞬息万变的具体情境之内寻找和获取新知识的能力。

我国大学每个专业开设40门左右的课程不等,许多大学基本上是讲教材、学教材、考教材,教师按照教材备课、讲课、辅导、考试,学生按照教材预习、听课、练习、复习、考试,这也被称为以“教师、教材、课堂”为中心的传统教学模式。大家有目共睹的是相当一部分老师课程知识表现为短、窄、低、浅、旧,讲课缺乏表演功力,语言乏味,教师职业态度严重倦怠,学生课堂沉默,学习无趣。至于师生共同体验则表现为:没有交流、没有互动、没有情感。

课堂教学在本科高校的重要意义毋庸置疑,课程教学不过关,无论是专业建设还是师资队伍建设都是死路一条。课堂教学不改革,不仅人才培养质量提高就没有出路,教师也就没有出路。

2018年8月,《教育部关于狠抓新时代本科教育工作会议精神落实的通知》(以下简称《通知》)指出:“加强课堂管理。各高校要严格按照《中共中央教育部党组关于加强高校课堂建设、提高教学质量的指导意见》要求,修订完善课堂教学建设和相关的管理规定。要认真查找课堂建设和管理中存在的突出问题和薄弱环节,严管严抓教学秩序,制定整改措施,明确时间节点,落实责任到人,把从严管理的规矩立起来,把课堂教学建设强起来,把课堂教学质量提起来。”“加强学习过程管理。各高校要全面梳理各门课程的教学内容,淘汰‘水课’,打造‘金课’,合理提升学业挑战度,增加课程难度,拓展课程深度,切实提高课堂教学质量。要结合学校实际修订本科人才培养方案,切实把本科教育工作会议精神、要求落实到人才培养各项工作、各个环节中去,新方案要求从2018级学生开始实施,坚持抓四年,全程管到位,努力使每一级在校生都受益。要切实加强学习过程考核,加大过程考核成绩在课程总成绩中的比重,严格考试纪律,严把毕业出口关,坚决取消‘清考’制度。”《通知》的目的就是彻底改变本科教育滑坡的现状,改变“玩命的高中,快乐的大学”的不正常现象。

需要做好以下方面工作：

首先，要更新观念。做到以学生为中心，打造“金课”必须要有课程交叉理念、课程融通理念、学生主动学习理念、学生发展理念和问题意识。每一门课程要对接专业人才培养规格，确定知识、能力、素质培养目标，能否与其他课程形成合力，最终实现人才培养的“达成度”。

其次，努力增强教师的教学能力。主要表现在：①研究学生的能力。对所在民办本科高校学生的基础、专业兴趣和学习态度有比较明确的把握，力争做到因材施教。②课程设计的能力。针对学生的实际水平，设计课程教学难度，适度“加压”。③课程实施能力。把好的课程蓝图实施下去，教、学、做结合，理实一体化结合，培养学生的实战能力。特别要注重课内课外结合，实现课堂教学和课外作业练习达到1∶2的时间和精力投入。老师作业布置尽量不设标准答案，要有实践性、创新性、开放性、挑战性，反对不布置或者少布置作业，反对作业题目和内容贪大求多。学生必须通过查阅资料，才能完成作业，防止学生互相照抄或者照抄课本。老师批阅作业也要投入精力，认真思考，批阅要有思想性、指导性、价值引领性。④课程反应能力。教师要对自己的课程教学进行自我监控，不断调查研究，不断提升课程内容，不断改进教学方法，使学生愿意听、喜欢听，力争使自己的课程成为“名课”。

再次，增强学生的终身学习能力。“互联网＋”带来知识获取和教学方式的变化以及高等教育规模、主体、手段、环境的四大变化，要求老师指导学生把课堂学习与课外学习相结合；把被动学习与主动学习相结合；把接受性学习与创新性学习相结合；把书本学习与实践学习相结合。教师在学生学习能力建设中肩负着教会学生学习的责任，要帮助指导学生学习。新时代高等教育教师要由传统的“中心”主体地位变为课程活动中的组织者、设计者、指导者和参与者。具体表现在：由权威向非权威转变，敢于承认不懂；由指导者向促进者转变，帮着学生走，不是牵着学生走；由导师向学友转变，甘当“学生”；由“灵魂工程师”向“精神教练”转变，重在激发唤醒学生；由“信息源”向“信息平台”转变，不做信息垄断者；由“一桶水”向“生生不息的河流”转变，必须不断接受新事物；由“挑战者”向“应战者”转变，因为我们都会面临挑战；由“春蚕”向“果树”转变，教师永远是常青树；由“统治者”向“首席”转变，教师要走下“神坛”做“裁判”；由“园丁”向人生引路人转变，允许有“缺点”的学生存在。这些见解值得我们深刻领会。

民办本科高校的生命一是管理，二是特色，三是质量。特色与质量也依赖于管理。管理的主要对象是老师和学生，主要内容是教育教学。青年人可塑性强，只要思想工作到位，激励政策到位，制度管理到位，即使不利因素也会转变成积极因素。无论是大学办学水平的提升，还是本科人才培养质量的提高，教师都是关键。

要做“四有”好老师，管理是关键，民办本科高校必须建立规范有效的人事管理制度，促进教师队伍建设。依据民办本科高校灵活的用人机制，坚持引进和培育并举的原则，逐步建立立德树人、学术水平高、教学能力强、结构合理的应用型教师队伍。按照教育部"新时代高等教育40条"中对立德树人问题施行"一票否决"、对教育教学业绩考核施行"一票否决"的相关规定，实行奖勤罚懒的淘汰机制，建立民办本科高校扎实可行、行之有效的质量文化。我们相信"80后"的青年教师能够经受住考验，通过自身5到10年的努力，民办本科高校也能够产生出一大批优秀的教师，进而为将学校建成一流应用型民办本科高校、培养出一流应用型人才创造条件。

第八章　民办本科高校的学生成长

非学无以广才，非志无以成学

——诸葛亮

1957 年 11 月 17 日，毛泽东同志在莫斯科接见中国青年留学生时说："世界是你们的，也是我们的，但是归根结底是你们的。你们青年人朝气蓬勃，正在兴旺时期，好像早晨八九点钟的太阳。希望寄托在你们身上。"今天的世界已经不是昨天的世界，今天的青年也已经不是昨天的青年，他们属于"数据原生部落""新新人类"。

一、"00 后"的时代性特征

"00 后"已经成为当代大学生的主力军。人类社会历史的辩证法告诉我们，每一代人都是一定生产方式的产物。每一代人都有一代人的责任和使命，曾经被誉为"蜜罐里长大"的"70 后"，当长江暴发洪水时，是他们用自己的身躯筑起了一座座洪水冲不垮的大堤；曾经被认为是"垮掉的一代"的"80 后"，当汶川大地震时，是他们第一时间冒着生命危险冲进灾区；曾经被认为是"非主流"的"90 后"，在抗击新冠疫情中，他们是最美丽的"逆行者"。我们应该相信时代出英雄，"后生可畏"。

1. 新时代特征

我国进入 21 世纪以后，古今中外没有任何一个大国，能够像中国一样创造出如此辉煌的经济社会发展奇迹。经济以几何级数增长，科技日新月异，九年义务制教育全面普及，高等教育普及化趋势加强，整个国家呈现出繁荣、富裕、民主、开放、自由的景象。"00 后"的孩子是无比幸运的一代，他们要比他们"80 后"的父母、老师更幸运，随着城市化步伐的加快，即使农村户籍，大部分"00 后"都接受过从学前教育、小学教育到中学教育等系统的国民基础教育。由于高等教育特别是师范教育的发展，教师队伍专业素质普遍提高，国家对基础教育投入的加大以及"希望工程"的开展，无论是乡村还是城市，办学条件都得到了根本改善。因此，大部分"00 后"具有新时代特征：第一，基础扎实，知识结构合理。只要是愿意学习、肯吃苦的孩子，或者家庭、学校要求严格，学校办学条件基本达标，他们基本上都能够考入比较理想的大学。第二，身体健康，性格开朗。随着生活条件和医疗条件的改善,“00后”身心更加健康,大部分孩子一方面有父母无微不至的关怀和照顾,另一方面他们善于爱护自己、调节自己的心理状态,性格比较健全。第三,交往面比较广泛,思维和眼界更加开阔。在现实生活中,除有组织的学校生活外,他们能够接触非常广泛的现实社会生活,对于多元化的社会、民主化的家庭、个性化的现实,他们大都有自己的见解和认识,并且能够客观冷静对待。第四,学习压力大,生活要求相对较高。由于知识的爆炸性更新、未来就业预期的挑战、产业的转型升级,“00后”的学习压力更大。“00后”大部分人在良好的环境中成长,即使是农村家庭的孩子、普通市民的孩子,父母也会把最好的吃穿、待遇提供给他们,条件更好的家庭会一切以孩子的需要为中心,全家围着孩子转。所以他们除学习以外没有多少压力,良好的学习、生活环境,也必然影响到孩子的成长。第五,独立性强,个性凸显,对手机、信息技术及其产品无师自通,碎片化获取知识多,不愿意受约束,对批评、指责有比较强的反抗意识。第六,良好的社会、家庭教育环境,从小接受各种培训,他们普遍多才多艺,善于展示自己。

2.“独生二代”特征

尽管“80后”“90后”也多为“独生子女”,但条件变了,每一代“独生子女”的成长环境、成长道路大不一样,由此形成的身心素质、文化素质、认识世界的能力、世界观、人生观、价值观均有较大差别。

第一,“00后”的孩子主体性凸显,自我意识更加强烈。国家经济、社会、科学、文化等愈是发达、愈是繁荣,人才的价值就愈加意义重大。国家对教育的高度重视和投入,家长对子女教育的高度重视,最终体现为对未来劳动者——人才的重视,即对受教育者——孩子的重视。孩子在相对民主独立的环境下成长,自我认知能力比较强,自己的事情喜欢自己做主。由于在优越的物质生活条件下长大,“00后”大都不太考虑怎么赚钱。我们从日常学生管理工作中发现,大学新生入校选择住宿时,往往住宿标准高的四人间供不应求,即使家庭经济困难的家长也希望自己的孩子能住高标准宿舍。还有,某高校离市区较远,许多孩子进城游玩时,往往不选择乘坐“刷卡”一元的市内公交,而是选择乘坐十元一站式服务的“滴滴大巴”,他们考虑事情的标准是快捷、舒适,比较早地意识到自我存在的价值和意义。

第二,兴趣至上,愿意学习自己感兴趣的东西并能够深入钻研。他们多才多艺,在自己喜欢的场景善于展示自我。“00后”不同于过去“独生子女”最大的地方就在于他们良好的生活和教育环境,他们不但接受了比较全面的科学文化知识教育,而且只要有条件的家庭都会让孩子从小参加各种课外兴趣培训班,培养孩子的各种艺术特长。他们中的大部分孩子善于展示自己的风采。

第三,物质生活条件优越,为人豪爽大气。古语云:“仓廪实而知礼节,衣食足而知荣辱。”“00后”是在中国大繁荣环境下成长起来的一代新人,大部分孩子非但没有经历过“饥饿”“挨冻”“困难”“短缺”等饥寒交迫的艰苦生活，就连兄弟姐妹之间对好东西等平均分配、你争我夺的场景都没有经历过。他们几乎有吃不完的零食、花不完的零钱，所以他们大部分人非常豪爽仗义，愿意把自己的东西拿出来和大家分享，喜欢举行各种生日、娱乐、沙龙派对。他们对别人能够以礼相待，能够和同学、朋友和睦相处，基本具备市场经济社会公民应当具备的基本素质。

第四，自尊心强，比较现实。“00后”的成长环境相对平等和民主，学校和老师的管理比较注重方式，父母管教比较宽松。他们没有经受过艰难困苦的磨炼，没有经历过精神“拷打”，甚至都极少受到父母的批评。尽管他们同“80后”“90后”相比具有明显的优势，也完全符合“一代更比一代强”的规律，但是“00后”面临的社会生活，其广度与深度也是前几代人不可能遇到的。因此，他们的适应性更强，更具现实性，包容性比较强，能够接受自己和同伴或者同代人的差异，知道在什么情况下展示自己，并且会利用一切资源发展自己。当然，他们有过强的自尊心，一旦遇到困难挫折、感情纠结或者其他社会生活压力就会无所适从，有可能引发心理疾病。这是所有高校管理者必须重点关注的问题。

第五，亲情观念的嬗变。“00后”这一代在婚姻家庭等血缘关系方面愈来愈简单化。在亲情泛化的同时，增强了人与人之间的包容和对群体的关怀。“二胎”政策开放后，虽然会对“独二代”的生活带来一些挑战，但对社会、家庭的关系、责任和义务一定会有新的文化回归。

3. 信息技术特征

第一，他们是被信息技术捆绑的一代。“00后”被称为“数据原生部落”，他们从出生那一天起手机已经普及，各类电子游戏厅充斥大街小巷，随后手机视频、云计算、互联网、物联网等迅速发展，智慧教室、智慧校园、智慧城市也逐步建立起来，“慕课”“微课”“翻转课堂”等“互联网＋”的线上教学广泛使用，简言之，信息化彻底改变了人们的生产方式、生活方式，因此这一代人注定和第四次工业革命联系在一起。他们的思维方式、交往方式、沟通表达方式都与大数据相互捆绑，因此这一代人首先表现为获取知识的渠道多元化，知识面更宽泛。因为互联网使他们“处处能学、时时可学、人人皆学”，通过“碎片化”学习与课堂学习相结合，使他们能够获得更多的间接经验和人类知识。

第二，交往方式突破了学校、家庭、区域，思维更加开阔，交往更加广泛。每个人都有自己几个或者更多的朋友圈，接收远比学校、课堂、老师多得多的信息，具备了比上几代人更强的判断与辨别能力。

第三，网上消费成为他们基本的生活方式。网络通信消费、网上购物、网上点餐、网上游戏、网恋等，这一代人在信息高速公路上遨游世界。网上的便捷生活，给他们节省了大量的时间和空间，可以发展或者发挥其他方面的特长和爱好。

第四，生活在“两个世界”，形成多元文化和多元价值观。“00后”面临的不仅仅是宇观、宏观和微观等现实世界，他们还要面对网络虚拟世界，而且网络虚拟世界对他们的影响越来越大。尽管现实世界健康、自由、富裕、开放，但和学校的学习压力、老师严格要求相比，网络虚拟世界的虚幻、刺激、无限制要轻松自在得多。有自律能力、听从老师教育的孩子在网络虚拟世界里可以心无旁骛地学习，增长才干，自律能力差的孩子可能会沉迷于网络虚幻世界，荒废自我。

科学技术日新月异，文化知识已经形成了严密的科学体系，学校教育已经能够比较严格地遵循学生身心成长的规律和知识发展的规律，宗教迷信已经被逐出校门，唯物主义已经成为主流价值观，但虚拟世界的无序发展、各种文化的传播失控，导致这一代人价值观的多元化。网上的暴力游戏会引导个别青年在现实生活中使用暴力；网上的无性别生活方式会影响大学生的性别淡化；网上的色情泛滥会影响大学生性价值取向。同时，我们还要看到互联网对“00后”的巨大积极影响：在互联网世界，“00后”逐步形成人人平等、不相信“权威”的世界观；他们不再崇洋媚外，而是以个人体验为准；他们不再“追星”，迷信“品牌”“名牌”，包括各种“网红”，对这些视而不见，或者闪念即忘，他们对新时代的美好生活充满希望。完全可以预料，未来信息技术、云计算、大数据、物联网、移动互联网和人工智能等将比现在更加快速发展。

4. 阶层分化特征

第一，事实上存在的社会阶层分化。“00后”一代最明显的一个表征就是阶层分化。一部分家庭条件优越的孩子因为享受了优质教育资源，或者出国留学，或者考入国家重点大学；另一部分孩子基于种种原因，成为“学困生”，或者考入地方普通本科高校，或者考入高职院校，有些甚至弃学。当然学习的好坏与升学不单单是经济原因，但经济条件毕竟会起到一定作用。我国改革开放的总设计师邓小平同志在1985年10月23日会见美国时代公司组织的美国高级企业家代表团时说：“一部分地区、一部分人可以先富起来，带动和帮助其他地区、其他人，逐步达到共同富裕。”党的十八大以后，党和政府通过产业开发、移动支付和“精准扶贫”正在积极缩小贫富分化，实现共同富裕。

第二，大学的分化。中国有三千多所高校，能够考入国家重点大学或者区域重点大学的毕竟是少数，大部分孩子只能考入普通本科高校或者高职院校。考入普通高校的孩子在成长、成才、就业和未来发展上显然与重点大学毕业生存在差距。特别是地方民办本科高校，由于办学历史较短，办学条件需要不断完善，人才培养质量及办学声誉有待提高，加之学费昂贵，所以生源质量差距较大。

第三，本科高校招生的层次分化。毋庸讳言，生源是决定一所大学教学质量的决定性因素。我们从表8-1可以看到，该民办本科高校文科和理科录取分数基本上是在 350～400 分，与国家重点大学招生分数线相差 200 分左右，与普通公办本科高校录取分数线相差 100 多分。这样的差距，如果按照所有本科高校一个标准办学或培养人才，那培养效果可想而知。表 8－1 为陕西某民办本科高校某年招生录取线。

表 8－1　陕西某民办本科高校某年招生录取线　　（单位：分数）

省份	本科													
	文史				理工				美术					
	省控线	最高分	最低分	平均分	省控线	最高分	最低分	平均分	专业线	文化线	最高分	最低分	平均分	投档方式
陕西	345	483	365	431	332	439	337	388	192	304/276	466/348	304/285	348/317	按专业
山西	363	455	413	428	323	423	362	386	205	309/281	233	203	214	按专业
四川	492	537	494	512	458	503	462	482	205	390	239	205	217	全投档
甘肃	380	461	354	417	370	452	349	400	190	241	210	179	185	按专业
河南	436	509	450	460	374	457	400	414	190	326	256	198	220	按专业
河北	441	521	472	483	358	458	391	430	180	266	248	207	218	按专业
贵州	447	525	477	487	379	421	379	387	180	382/303	214	194	202	按专业
安徽	486	517	493	499	432	450	439	442	190	316/281	676	655	660	综合投档
湖北	441	479	447	455	375	440	381	389	184	286	502	473	486	综合投档
浙江	588/490/344	534	503	512					507/449		519	512	516	综合投档
内蒙古	399	471	409	437	336	384	340	361	201	227	369	220	273	按专业
山东	/	/	/	/	/	/	/	/	198	328/282	498	486	492	按专业
新疆	372	470	391	404	341	443	374	386	/	/	/	/	/	
重庆	434	491	441	453	428	475	425	440	/	/	/	/	/	

续表

省份	本科													
	文史				理工				美术					
	省控线	最高分	最低分	平均分	省控线	最高分	最低分	平均分	专业线	文化线	最高分	最低分	平均分	投档方式
云南	490	505	470	486	430	468	398	424	/	/	/	/	/	
青海	377	419	391	407	334	366	342	355	/	/	/	/	/	
宁夏	418	483	459	470	352	411	386	396	/	/	/	/	/	
辽宁	461	481	471	475	368	438	419	429	/	/	/	/	/	
江苏	281	295	287	290	285	298	286	290	/	/	/	/	/	
黑龙江	296	407	386	396	284	405	361	374	/	/	/	/	/	
广西	403	447	377	395	345	471	335	375	/	/	/	/	/	
福建	446	477	448	457	378	423	388	402	/	/	/	/	/	
天津	436	452	427	436	407	397	381	389	/	/	/	/	/	
广东	443	510	464	478	376	400	390	395	/	/	/	/	/	
海南	497	532	516	523	488	509	503	505	/	/	/	/	/	

第四，阶层分化造成阶层固化。两极分化最早是出自政治经济学的概念，是指在商品经济条件下，由于价值规律的作用，小商品生产者在优胜劣汰的竞争中发生两极分化，少数人上升为资本家，大部分人沦为雇佣工人。1978 年我国开始市场化改革，实行以公有制为主体、多种所有制并存，以按劳分配为主体、多种分配方式相结合的社会主义初级阶段的经济制度。改革开放 40 多年来，我国取得了巨大成就，同时也产生了越来越严重的两极分化，具体表现在衡量居民收入的“基尼系数”居高不下。根据国家统计局发布的 2015、2016 基尼系数，该系数高达 0.462、0.465，这已经处于国际公认的(0.4～0.5)贫富不均的警戒线。超越这个警戒线就有可能导致社会矛盾激化，影响社会稳定。

贫富两极分化的直接后果就是教育的两极分化。首先，体现在基础教育的普及化与优质教育资源的短缺。城乡之间、大城市和小城市之间、东部和西部落后地区之间基础教育条件差距拉大。其次，表现在穷人与富人之间及其子女享受优质教育资源的差别更加明显。富裕阶层或者中产阶级等已经充分认识到培养子女读书的重要性，这类群体几乎从孩子出生开始就高度重视教育，选择“名校”上学，选择“名师”补课，孩子的培养目标要么是出国留学，要么是考国家重点大学。而底层居民的孩子，家长一般很难花钱让孩子参加各种高价补习班，只能任其自然成长。陕西某民办本科高校 2016—2018 年救助统计如表8－2所示。

表 8-2　陕西某民办本科高校 2016—2018 年救助统计表　(单位:人数)

合计	2016 年度		2017 年度		2018 年度	
	6402		5164		4486	
本省	4655	72.71%	3801	73.61%	3282	73.16%
外省	1747	27.29%	1363	26.39%	1204	26.84%
农村	5115	79.90%	4205	81.43%	3710	82.70%
城市	1287	20.10%	959	18.57%	776	17.30%
陕西	4655	72.71%	3801	73.60%	3282	73.16%
甘肃	315	4.92%	239	4.63%	217	4.84%
山西	234	3.66%	178	3.45%	140	3.12%
河南	203	3.17%	137	2.65%	139	3.10%
四川	146	2.28%	104	2.01%	91	2.03%
内蒙古	88	1.37%	54	1.05%	41	0.91%
宁夏	88	1.37%	93	1.80%	87	1.94%
安徽	87	1.36%	62	1.20%	29	0.65%
河北	80	1.25%	65	1.26%	54	1.20%
贵州	70	1.09%	47	0.91%	40	0.89%
新疆	68	1.06%	50	0.97%	50	1.11%
山东	63	0.98%	91	1.76%	106	2.36%
江西	57	0.89%	36	0.70%	30	0.67%
青海	54	0.84%	43	0.83%	30	0.67%
云南	50	0.78%	40	0.77%	49	1.09%
海南	43	0.67%	37	0.72%	31	0.69%
江苏	40	0.62%	30	0.58%	23	0.52%
湖北	15	0.23%	9	0.17%	4	0.09%
浙江	12	0.19%	10	0.19%	8	0.18%
福建	11	0.17%	8	0.16%	6	0.14%
广东	8	0.13%	16	0.32%	6	0.14%
黑龙江	7	0.11%	4	0.08%	3	0.07%
重庆	5	0.09%	6	0.11%	8	0.18%
辽宁	3	0.06%	2	0.04%	1	0.02%
湖南					5	0.11%
吉林			1	0.02%	2	0.04%
广西					2	0.04%
西藏					2	0.04%
北京			1	0.02%		

从表 8-2 分析可以看出，该所大学 2016、2017、2018 年有近 70%的学生依靠救助金读书。从学生出身看，依靠救助金的学生中 80%以上是农村孩子，而且救助的比例逐年升高，2018 年达到 82.7%。虽然该校陕西省的招生比例多，但救助对象比其他省要高得多。民办本科高校的学费均在 2 万多元，一个孩子连同四年大学生活消费，大约需要花费 15 万元左右。他们毕业后首先面临就业难的问题，即使就业不再失业，年均工资收入也不会太高，还要面临学费还贷、买房再贷、结婚生子、赡养父母等重担，要彻底改变命运，除少数创业成功者外，其他人可能“难于上青天”。我国的民办本科高校是弱势群体，在民办本科高校读书的孩子同样是弱势群体，如果在教育政策和体制上不进行根本改革，两极分化就很难解决。

二、成长中的困惑

1. 身心发展

美国心理学家英格利希认为：“心理健康是一种持续的心理状态，当事者在那种状态下，能做良好的适应，具有生命的活力，而且能充分发挥其身心的潜能，这是一种积极的状态，不仅仅是免于心理疾病而已。”心理健康大体包括六个标准：智力发展正常、情绪稳定乐观、意志品质健全、行为协调且适龄、人际关系和谐、人格完整独立。

1989 年世界卫生组织曾经宣布科学的健康观：躯体健康、心理健康、社会适应健康、道德健康。中国自古就有“体者寓道德之舍，载知识之舟也”。可见身体意味着生命，没有身体的存在或者健康的存在，生命就没有基础。心理疾病在过去只有极少数人患有，心理疾病非常严重的患者被称为“神经病”。但现在情况发生了变化，心理疾病不只在极少数普通劳动者中存在，也存在于被誉为“天之骄子”的大学生群体中。当然一般性心理疾病没有那么可怕，但它却成为一种不可忽视的社会现象，如果我们不能妥善解决，会给国家人才培养及社会发展带来严重隐患。图 8-1、图 8-2、图 8-3、表 8-3 是某民办本科高校学生心理健康测评、日常心理咨询和体质测试情况统计，从存在的问题中会给我们带来许多重要启示。

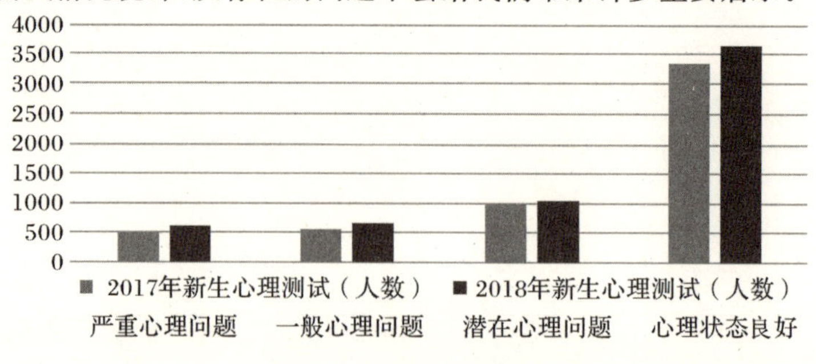

图 8-1 新生心理测评

从图 8-1 某民办本科高校新生心理健康测评中发现学生存在严重心理问题、一般心理问题和潜在心理问题，这是一个值得引起学校、社会、政府高度重视的问题。当然，一般心理问题、潜在心理问题可能在某些情况下人人都有可能发生，但作为人才培养的高等学府，肩负着培养、德、智、体、美、劳全面发展的社会主义建设者和接班人的艰巨任务，对这些一般和潜在问题决不能忽视。

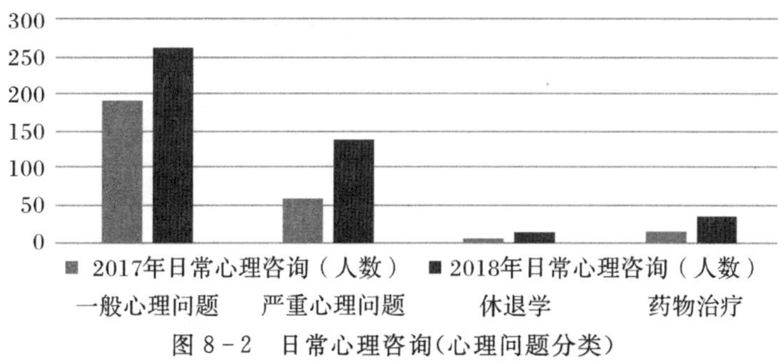

图 8-2　日常心理咨询(心理问题分类)

从图 8-2 我们发现，在仅 300 人进行日常心理咨询的学生中，就有相当一部分人需要心理疏导和矫正，需要药物治疗，还有个别学生不能坚持上学，选择休学或者退学。当然，凡参加心理日常咨询的学生，一般都存在某些身心不适，他们占在校生总数的比例毕竟是极少数。

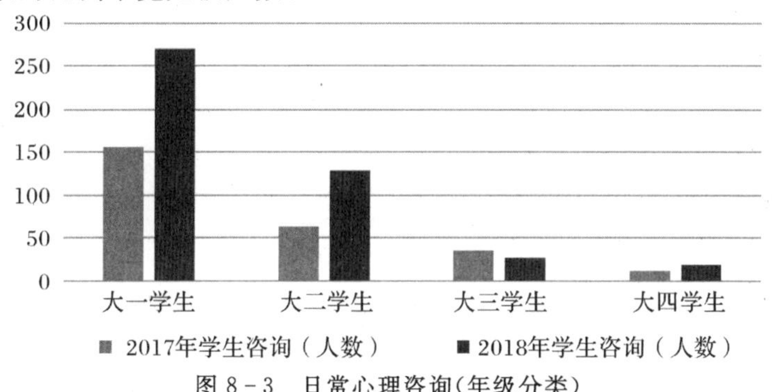

图 8-3　日常心理咨询(年级分类)

从图 8-3 按照年级分类进行日常心理咨询发现，大学生随着年龄和年级的升高，心理疾病越来越少，到大学四年级就基本回归于正常状态。从学校管理的经验材料分析，学校的人性化管理、心理健康教育、社团活动及随着学生年龄的增长，大部分学生的心理健康疾病完全可以自愈。当然这从一个侧面反映学生在大一心理健康问题普遍严重，原因一是高考的压力尚未舒缓；二是新生适应环境的压力；三是大学学习压力。这就进一步说明“00 后”一代人的受挫能力和抗压能力比较低。学校需要在入学教育、大学生学业规划、心理咨询等方面合理安排，加强疏导。

从表 8-3 的某民办本科高校 2016—2018 三年的体质测试分析可以看出，平均达标率不到75%，女生比男生高出近15个百分点。从学校体育课教学管理经验看，大部分学生不愿意上体育课，即使上课，学生也不愿意投入体力，有些学生几乎不愿意出汗，个别女同学竟然穿着高跟鞋上体育课。体育老师怕承担事故责任，也不敢增加课程难度、增强训练力度。例如，某高校男生能够完成“引体向上”测试的不到15%。

表8-3　2016—2018年某民办本科院校体质测试及格率统计表

	2016年	2017年	2018年
男生及格率	4556人，60%	4952人，62%	5794人，63%
女生及格率	15252人，76%	14717人，77%	14131人，73%
总及格率	19808人，72%	19669人，74%	19925人，71%

按说，民办本科高校招生分数线普遍偏低，学生参加文体活动应该比较积极，性格应当开朗，身心应当健康，但事实并非如此。首先，上民办本科高校的学生压力更大。民办本科高校招生分数线低，并不是这些学生“笨”或者不想学习，大部分学生是因为学习基础薄弱，教学条件差，缺少优质教育资源，因此他们要成才、成功就需要比条件好的孩子付出更大的努力、承受更大的压力。第二，经济条件决定他们的生活压力更大。出生于贫困家庭的孩子，既要承受学习压力，还需要承担经济压力，在繁重的学习压力下，心理疏导如果得不到保障，就必然会影响身心健康。第三，对现实生活不平等的反映导致心理不平衡，生活反差更大。同是“00后”青年，主体意识同时觉醒，现实生活的两极分化也给少数学生带来巨大的心理不平衡，他们追求平等、自由、向上，一旦受到挫折，就会给他们带来巨大的打击。第四，缺少必要的体育锻炼和心理健康教育。民办本科高校的学生，虽然生源质量不尽如人意，但作为地方民办本科高校承担的教育责任是一样的，国家经济社会发展需要最多的是普通劳动者和技术技能人才，这类人才几乎占据就业岗位的90%以上，如果地方民办本科高校人才培养不合格就是对国家和人民群众的不负责任。

2. 生活方式的变化

信息技术的发展已经深入影响到中国整个社会的生产方式、交往方式、生活方式等各个角落，对“00后”在校大学生而言，信息技术深刻影响着他们的学习、娱乐、消费、交友与恋爱等，甚至影响到他们的心灵和思维方式等各个方面。最明显的特征是他们希望不受任何干扰、自由自在地独处，古有“足不出户”的大家闺秀，今有被称之为“宅男”“宅女”的年轻大学生。

许多大学生基本上愿意待在宿舍，吃喝叫外卖，学习在网上，购物在网上，娱乐在网上。过去“80后”“90后”所积极参加的班级、院系组织的丰富多彩的各种文艺、体育活动，如今除非是有这方面爱好的同学，其他同学一般都不愿意参加。过去在节、假日同学之间组织的爬山、参观等活动，如今参加这类户外活动的同学越来越少，昔日同学之间结伴一起购物、逛公园、吃夜市的场景同样被日益发达的网络所取代，甚至一些同学交友、谈恋爱也在网上进行。

每年的寒暑假，应该是大学生接触社会、开展社会调查、参加志愿者服务、勤工俭学的极好机会，但相当一部分大学生选择“宅”在家里。根据部分家长反映，一些学生放假以后，以累为借口，基本上不出门。晚上不休息，白天不起床，饭时不吃饭，问话不吭声，吃喝消费在网上，基本上生活在网络虚拟世界里。对学校布置的社会调查、实习实训根本不闻不问，到开学时则从网上下载或者胡编乱造，应付了事。

虽然大学生在网络上通过慕课等在线方式也能学习，姑且不说这样的学习方式是否真的有效率，关键在于“宅”在屋子里能否有一个好的身体，整天依靠“外卖食品”是否有利于身体健康，不和父母交流，不接触社会，沉溺于网络虚拟世界是否能够形成正常的心理素质，这些都值得探讨，但长期如此，在现实生活中的调查研究能力、组织管理能力、实践生活能力和创新创业能力等都会丧失殆尽，如果政府、大学、社会、家庭不去从根本上重视、改变学生的这种学习和生活状态，对部分大学生来说悲剧可能会继续上演。总结人类个体发展史，在和平环境下，一个人的成功取决于踏实勤奋的学习能力，认真负责的工作态度，较强的工作能力，高度自律的自我管理能力等。相反，一个人的失败同样源于自身不健康、懒散无序的生活状态，既没有学习能力也没有工作能力，又没有创新创业能力，“宅男”“宅女”们就面临这样的境况，也急需彻底改变。

3. 价值观选择

大学“立德树人”的基础是培养学生正确的世界观、人生观、价值观。世界观是人对世界的根本看法和观点。人生观是人们对人生的目的、生命的意义、人生追求和过程的清晰认识。价值观是人对自身和周围世界关系的判断，即自身存在的社会有用性和他人、社会及其自然界对自身存在意义的肯定，包含对真与假、善与恶、美与丑等关系的判断。传统哲学观点主张世界观决定人生观和价值观，人生观和价值观对世界观的形成具有反作用。但在现实生活中，价值观往往对人的存在起主导作用。马克思主义哲学认为：人们首先关心的是衣、食、穿、住、行，然后才会关注文学、艺术等上层建筑。作为现实生活中的每一个人，遇到任何事物首先关心它是什么，对自己有什么用。人总是从“有没有用”开始由近及远地判断事物，一般不去关心对自己没有价值的东西。因为房屋可以用来居住或办公，所以人们才会建造高楼大厦；因为粮食蔬菜可以提供营养、维持生命，所以人们才会进行农业生产；因为人们始终离不开空气，所以人们才要治理环境污染。所以，世界观、人生观的形成是在价值判断和追求中产生、形成的，并且随着价值追求的变化而变化。

“00后”大学生的三观已经基本形成，特别是在高等教育国际化、信息化、普及化、多元化、两极化的形势下，大学生的价值观及其价值选择也已经多元化。我们从表 8-4 中不难发现，很难用“好与不好”两极思维来对当代大学生的价值观做出科学判断。

表 8-4　某民办本科高校在校大学生价值观统计表　　（单位：人数）

年级	户籍地		所学专业喜欢程度			学校、班级管理方式			学习态度		
	城市	农村	喜欢	一般	不喜欢	严格	比较严格	一般	努力	一般	无所谓(玩)
2015	86	104	102	67	20	108	56	26	123	49	18
2016	130	121	158	86	7	179	67	5	161	91	0
2017	115	106	139	71	12	107	90	23	138	77	6
2018	127	126	183	69	3	176	69	10	151	103	1
每项汇总	458	457	582	293	42	570	282	64	573	320	25

年级	学习目标			婚姻及爱情看法			未来就业目标			汇总
	成为专业人才	基本能毕业	另选专业	志同道合	美丽善良	有钱有权	政府单位	民营企业	自主创业	
2015	108	56	7	97	78	39	60	95	44	1343
2016	189	49	13	187	57	12	159	52	45	1768
2017	174	40	7	158	68	16	118	71	60	1750
2018	215	57	1	201	44	14	145	61	53	1809
每项汇总	686	202	28	643	247	81	482	279	202	6670

(1)对所学专业的态度大部分学生表示“喜欢”，有相当一部分学生表示“一般”或者“不喜欢”。兴趣是成功的先导，对所学专业的价值判断不喜欢或者一般，就缺少学习动力，同时意味着没有牢固的专业思想，将来就不愿意或者不可能从事这方面职业。因此学生高考时家长或者老师一定要尊重学生的意愿，否则会直接影响学生的成才。

(2)对于学校管理，少部分学生表示能够适应，大部分学生认为管理“严格”或者“比较严格”。民办本科高校基于学生素质、安全、人才培养等要素，一般都管理严格，有些高校甚至采取“准军事化管理”。这对“00后”学生来说就是考验，他们大多数喜欢自由、开放，不喜欢被约束，个别学生还会为外出请假与辅导员、门卫发生摩擦甚至冲突。

(3)对待学习态度，大部分学生选择努力学习，但也有一部分学生采取“一般”和“无所谓”的态度。部分学生缺少学习兴趣与动力，缺少职业生涯规划和目标，浑浑噩噩混日子。

(4)对于学习目标，大约三分之二的学生希望毕业后成为专业人才，约三分之一的学生希望毕业后能够就业即可。除少数学生希望另选专业外，大多数学生并没有考虑通过自身的刻苦努力和不断进取，在本专业或者其他方面成为卓越人才。

(5)对婚姻爱情观，大部分学生选择“志同道合”，一部分学生选择“美丽善良”，极少部分学生选择“有钱有权”。这说明大部分学生婚姻爱情价值选择是积极的，但少部分学生的价值选择说明“00后”学生更现实、更直接。

(6)从就业看，大部分学生选择政府部门，一部分学生选择民营企业或自主创业，还有一部分学生根本就不愿就业。

4. 大学生活的大数据分析

在民办学校读书的本科学生，无论是智商还是情商都没有问题，他们有理想、有信念、有爱好，他们也希望成人、成才、成功，报答父母、报效国家。但他们最缺少的是成才意志和自我约束能力。从陕西管理非常严格的某高校一日学情分析(见表8-5、图8-4)，我们发现学生一天在教室5～6个小时，在宿舍8～11个小时，上网娱乐2个多小时，在图书馆和网上学习约2个小时，体育活动约1个多小时，用餐2个多小时。男女学生侧重点各有不同，如男学生在宿舍滞留时间高于女学生2个小时。从表8-5分析，作为新时代大学生，一日的活动基本合理，除体育活动不足以外，没有什么可以挑剔的问题。

表8-5　某高校一日学情分析

性别	图书馆	体育场	教室	宿舍	餐厅	网络学习	上网娱乐	休息(睡眠)
男	1.2	1.5	5.2	1.2	2	0.8	2	10.1
女	2.2	0.9	6.3	1.6	2.3	1.2	2.3	7.2

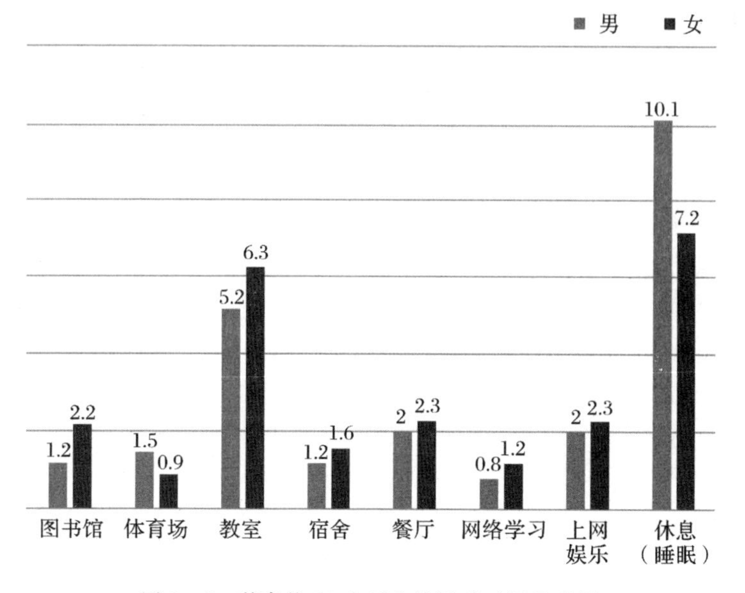

图8-4　某高校24小时人均活动时间示意图

辩证法认为现象虽然反映本质，但现象又可以划分为真像和假象，学生学习及其活动时间和空间的分配，并不等于在相应的时间和空间里学生在学习。从日常管理经验分析，包括通过课堂督查、值周检查、听课及校园观察等发现，学生网上娱乐的时间至少是统计时间的1～2倍。宿舍、食堂、走廊等各个角落都是“低头族”，在教室图书馆等专门学习的场所，许多同学都在“看手机”。因此无论是一日还是一时，新时代大学生对手机的依赖已经达到“成瘾”的地步。

大学生用手机上网主要在做什么，根据某高校学生上网行为分析(见图8－5)，网络学习、看新闻等占比极低，社交、游戏、购物、刷视频等占比10％以上，网络电话也占到8.47％。

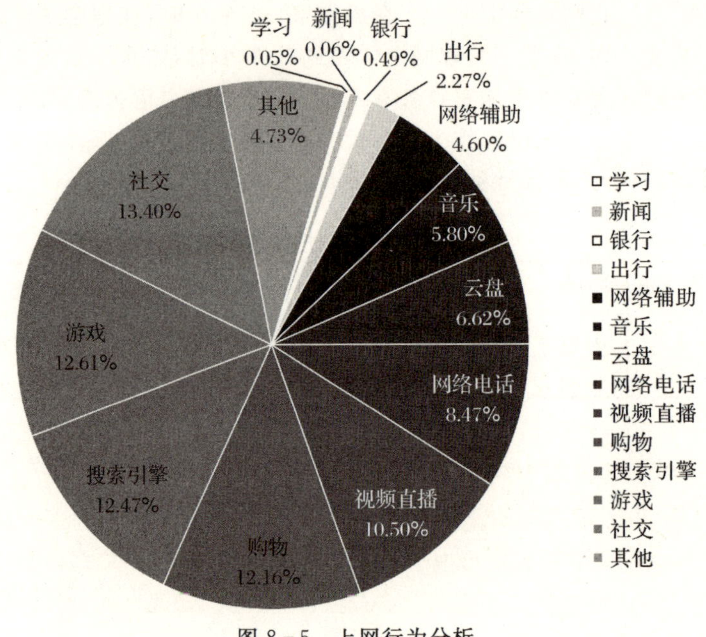

图8－5　上网行为分析

我们从某些民办本科高校学生的救助、心理健康、体质测试、价值选择、一日行为大数据分析等要素发现，他们既有鲜明的发展优势，也存在一些不可忽视的“短板”。我们从某民办高校学生综合能力评估(见图8－6)得出的数据分析看，首先最需要加强的是“纪律素质”和“自我管理”；其次是强化“学习能力”。表现较好的是“社交能力”和“健康素质”，“社交能力”集中表现为组织各种社团活动的积极性。

民办本科高校“00后”学生的一项最大优势，就是组织活动能力和实践能力，部分学生课堂上死气沉沉，下课后生龙活虎，理论课学习兴趣不足，组织课内外活动积极踊跃，所以，如何开发他们的学习潜力、培养他们的学习能力，显然机遇远远大于挑战。

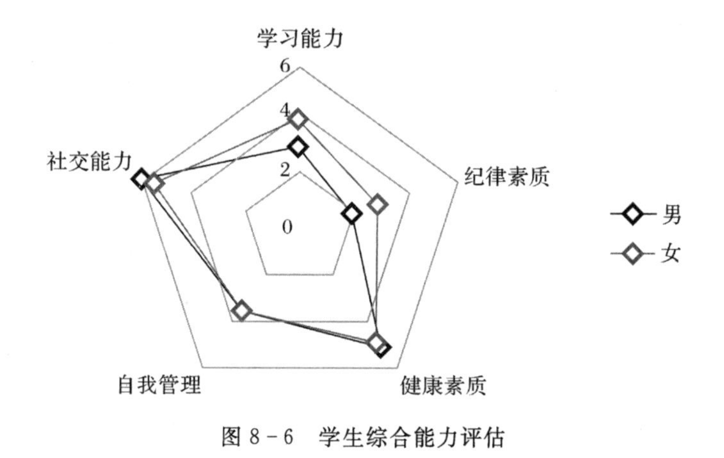

图 8-6　学生综合能力评估

三、科学世界观与人生道路选择

1. 主观世界与客观世界的统一

新时代大学生面临的客观世界日新月异，拥有的主观世界无限精彩。客观世界是独立于人们的主观意识之外、不依赖于人的主观意识并能被人的主观意识所反映的客观存在。客观世界从层次上可以划分为宇观世界、宏观世界、微观世界三个层次，这仅仅是理论划分，事实上三者互相包含，宇观中有宏观，宏观中有微观，从人类认识世界、改造世界的过程看，微观世界也包含着宇观世界和宏观世界。客观世界从要素分析，包含物质、能量、信息三种形式，客观世界是在物质、能量、信息的有规律的循环运动中生生不息的。从人的认识与实践活动看，客观世界包括自在的自然界和属于人的自然界。人在客观世界中虽然十分渺小，但人又是世界的主体，彰显了世界价值源的作用，客观世界是无限的，是每个人世界观形成的基础，是人类生存的条件和认识的源泉。

所谓主观世界，它与客观世界相对应，是指人的意识和观念世界，也是人的头脑反映和把握客观世界的精神活动以及心理活动的总和。它既包括意识活动的过程，又包括意识活动过程所创造的观念，即意识活动的结果。这些意识、观念形成一个由物质世界派生的主观世界。人的欲望、愿望、情感、意志、观念、信念、思维等，都是主观世界的不同表现。显然主观世界是人所具有的知、情、意的统一表征。人与人不同，人与人的主观世界更不一样，它是社会历史、环境的产物，同样是客观存在。人的主观世界是对客观世界的反映，即对客观世界的认识也是无限的，认识外部世界的能力会随着改造世界的水平不断提升。

能够把客观世界与主观世界统一起来的“桥梁”就是人的社会实践。人类通过改造世界的物质活动把自在的自然界变成“属人世界”，通过改造世界的物质活动把外部世界的一切现象、本质、规律反映到人的头脑中来，变成人的主观世界，人类本身及其生产方式虽然是客观存在的，但它们同样是人类改造世界的客观结果。

新时代大学生面临的客观世界无论从广度还是深度，同过去以往任何时候相比，其变化都是不可想象的。生物材料、转基因工程、纳米技术、5G 技术等已经进入人类生活领域，能量转换、人工智能等正在改变人类的生活方式。这些人类创新、创造的结果，变成了人类的外部客观存在，反过来左右人类的生活，比如信息技术、智能手机、互联网、云计算等。人类面临的生产方式不再是自然经济或者工业经济时代的生产方式，而是自动化、生物化、信息化等生产方式，人类通过劳动实践在获取物质生活资料、享受精神生活的同时迅速颠覆着过去的生活方式。依靠体力从事农业生产被淘汰了，依靠手工操作机器的工业生产被取代了，以自行车为主的交通方式被淘汰了，实体商店被网络店铺大面积替代了。

客观世界的表现形式不仅包括物质、信息，也包括人类本身。“00 后”大学生也是客观的物质存在。单就民办本科高校“00 后”大学生分析，由于信息技术的飞速发展，他们对客观世界的认识视野远远超过过去任何时代的人。他们对科学、文化、知识的碎片化学习几乎在有些方面超过他们的师长。他们每一个人的头脑充满着无限的信息和知、情、意等想象空间。他们缺少的是社会实践和亲身体验，缺少对各种信息的逻辑归纳和合理判断，缺少对客观世界与主观世界的科学、有效把握。他们不是“头脑简单、四肢发达”，而是头脑“复杂”、认识超前，要实现主观世界和客观世界的统一，掌握生命的主体，就需要在客观世界中摸爬滚打，获取更多的直接经验。但现实中的大学，无论制定多么完善的人才培养体系都与他们的需要存在较大的差距，因而使学生产生一系列厌学、心理不健康、价值判断偏离等问题。特别是他们超前的精神生活和自我意识凸显，往往体现在过多关注自我感受，精神生活无限发展，这也必然导致他们“眼高手低”和实践能力的缺失。多元发展、分层次培养、多元价值选择已经成为客观必然，对“00 后”的大学教育或者本科人才的培养，必须从“做人”即立德树人开始，坚持以学生为中心、以兴趣为导向、以能力为目标，真正做到因材施教。

民办本科高校的人才培养就是不断寻求主观世界和客观世界的统一，寻求行业、产业的发展与学科专业建设的统一，寻求课程体系与毕业要求的统一，寻求学生身心发展与智慧、技能的统一，即德、智、体、美、劳全面发展，最后实现就业愿望与社会需求的统一，推动学生形成终身学习、终身发展的能力。

2. 人生道路的多元选择

在民办本科高校读书的学生，每到就业季，学生们会无奈地感叹“心比天高，命比纸薄”。我们从调研统计中发现，学生对未来就业的愿望主要表现在：希望到政府机关或者事业单位就业的比例高达50%；希望到民营企业就业的占比30%；希望未来创新创业的占比20%。事实上，毕业生到政府或者事业单位就业的机会非常渺茫。表8－6、表8－7、表8－8是某民办本科高校2016、2017、2018三年在一些省份(市)就业情况统计，虽然仅仅是某一高校的就业情况分析，但反应的基本就业趋势完全符合实际。

表8－6　某本科高校2016届就业状况分析

毕业生主要去向	就业人数	占比	主要就业单位性质	就业人数	占比
陕西省	3500	63.12%	民营企业	3131	74.5%
河南省	153	2.76%	教育单位	364	6.58%
浙江省	129	2.34%	国有企业	180	3.24%
北京市	129	2.34%	事业单位	106	1.91%
甘肃省	116	2.1%	政府机关	58	1.04%
			三资企业	28	0.5%

表8－7　某民办本科高校2017届就业状况分析

毕业生主要去向	就业人数	占比	主要就业单位性质	就业人数	占比
陕西省	3384	74.86%	民营企业	3170	70.14%
广东省	147	3.26%	教育单位	437	9.66%
浙江省	96	2.12%	国有企业	126	2.79%
河南省	66	1.46%	事业单位	114	2.53%
上海市	66	1.46%	三资企业	80	1.78%
			政府机关	45	0.99%

表8－8　某民办本科高校2018届就业状况分析

毕业生主要去向	就业人数	占比	主要就业单位性质	就业人数	占比
陕西省	3267	72.24%	民营企业	3147	69.58%
广东省	159	3.53%	教育单位	360	7.97%
浙江省	121	2.69%	国有企业	175	3.86%
江苏省	113	2.51%	事业单位	83	1.83%
北京市	110	2.44%	三资企业	81	1.79%
			政府机关	50	1.11%

以上几个典型省份(市)的就业情况包含本、专科毕业生在内，不包含专升本、考取研究生、出国留学等学生，我们从三年毕业生主要就业单位性质分析，平均

70%的学生都在民营企业就业，10%左右的学生在教育单位就业，但也基本上是民办学校或教育培训机构，能够到政府或者事业单位就业的学生的仅占2%～3%。为什么民办高校的就业如此窘困，不外乎这样几个原因：①高等教育大众化，就业必然大众化，理想的就业岗位僧多粥少，民办高校的毕业生大部分只能去民营企业；②民办本科高校多属于新建高校，资金、师资、社会资源等决定了学科专业基本以文科为主，就业对口率差，企业需要最多的岗位是技能人才，不需要管理人才，特别是家族企业，文管类就业岗位少；③政府机关或者事业单位进人基本上要考试，这是民办本科高校毕业生的短板；④社会对民办高校存在认识上的偏差，导致民办高校毕业生就业渠道、就业机会、就业待遇不平等，由此造成部分学生选择不就业；⑤民办高校在人才培养方面存在一些问题。

3. 民办本科高校发展路径的必然选择

国家要求新建地方普通本科高校“转型”与“发展”。事实上民办本科高校模仿重点大学的办学模式、人才培养模式，走专业、师资、学生“同质化”道路，只能是死路一条。转型发展无论对民办本科高校自身发展，还是对教师和学生都会出现新的质变。根据《教育部关于加快建设高水平本科教育全面提高人才培养能力的意见》，我们必须坚持以“以学生为中心”，即以“00后”这些新时代的特殊人才为中心，全面推进转型发展，积极实施“学历证书＋若干职业技能证书”制度，树立正确的指导思想，确立符合社会发展规律、高等教育规律和人才成长及培养规律的办学模式，制定转型发展实施方案，夯实改革措施，努力培养具有终身学习能力的复合型、应用型高级专门人才。

四、学校转型与学生的出路

民办本科高校学生的出路就是学校的出路，学校的出路就是转型发展，只有认清形势，做好顶层设计，牢牢把握发展方向，才能成功走上应用型民办高校的康庄大道。

1. 坚持实事求是，做到胸中有数

精准分析学科专业是否能与区域经济社会发展对接，坚持优化专业结构，建立应用型专业链群，坚持推进创新创业，坚持“课堂革命”，建立适用于应用型人才培养的课程体系、实践教学体系，培养富有特色的应用型人才。针对民办本科高校招生分数与公办高校相差较大、高职学生综合评价招生的现状，实事求是地分析学生的学习基础、学习动力、学习意志、学习兴趣等，分析学生的情商与智商状况，分析学生的爱好与特长，做到“胸中有数”，系统归纳，精准施策。民办高校的教务管理

部门要对每届新生的各科成绩和总成绩，进行梳理并及时提供给二级学院，各二级学院要积极进行动态观察，尽快掌握每位学生的思想和学习状况。

民办本科高校人才培养必须克服唯分数、唯升学、唯文凭、唯论文的顽瘴痼疾，坚持德、智、体、美、劳全面发展。根据教育评价《深化新时代教育评价改革总体方案》，坚持以德为先、能力为重、全面发展，坚持面向人人、学以致用、因材施教、知行合一，坚决改变用分数给学生贴标签的做法。特别要注意做好以下几方面：一是德育评价。根据民办高校学生身心特点引导学生形成良好的思想品德、心理素质和行为习惯。二是强化体育教育。针对民办高校学生身体素质状况，引导学生养成良好的锻炼习惯和健康生活方式，锤炼学生意志，培养学生团队合作精神。三是强化美育教育。针对民办本科高校学生兴趣广泛的特点，通过艺术课程和艺术实践，增强学生艺术素养，全面提高学生感受美、鉴赏美、创造美的能力。四是加强劳动教育和实践。培养学生劳动观念、劳动精神、劳动技能，把劳动教育贯彻到专业、课程、实践教学、志愿者服务、日常行为之中，引导学生崇尚劳动、尊重劳动人民，使他们成为善于劳动并且具有劳动精神和劳动技能、受用人单位欢迎的人。

2. 坚持以学生为中心，因材施教

在摸清学生实际情况的基础上，坚持“以学生为中心”，尊重学生具体差异，实行分类分级培养。在坚持督促学生完成学业的前提下，加强人文关怀，对学生进行分类教育、分层教学、分科发展。民办本科高校教务管理部门要深入各二级学院，指导各专业根据就业岗位需求，积极开展专业建设，适时修订专业人才培养方案。各二级学院要根据学生实际水平，全面开展教师、教材、教法“三教改革”。特别是针对不同情况的“学困生”，在学习上，要积极对他们进行帮助和引导，使他们掌握正确的学习方法，做到有效学习；在纪律上，严格要求他们遵守学校管理规定，养成良好的学习习惯。对学习成绩优异并有技术技能特长的学生，颁发优秀毕业生荣誉证书。

民办本科高校大学生学习学业制度改革是新时代高等教育改革的必然趋势。根据《教育部、国家发展改革委、财政部关于引导部分普通本科高校向应用型转变的指导意见》(教发〔2015〕7号)、国务院《国家职业教育改革实施方案》等要求，我国高等教育必然走分类、分层次培养不同类型的高级专门人才之路。因此学业制度改革是针对民办高校所有专业的本、专科学生，针对所有教师的教育教学改革，民办本科高校应当以二级学院为主体，“全方位指导、全过程跟进、全员参与”，加强服务与引导，调动优秀学生、辅导员、任课教师和学生家长全员参与学业引导和学业帮扶，强化互助学习，构建学业精准指导模式。

大学生学业制度改革是贯彻“新时代高教40条”的创新之举，是根据国家引导地方部分新建本科高校向应用型转变和高职教育改革的具体实施路径。牵扯到专

业建设、课程建设、实践教学等应用型人才的主要环节，需要极大的勇气和细致的工作才能稳妥推进、干出成效。因此，民办本科高校的教务管理部门和各学院要坚持从实际出发，不急于求成，成熟一项，推广一项，保证使学校教育教学工作有条不紊地进行，使教育者愿意积极参与并创造性工作，使受教育者切实受益。

建立"专业人才培养方案的动态调整机制""教师教育教学改革成效考核机制""学生学习状态监督、学习效果反馈"等三大机制。以班级为单位，按照学生的学习状态、学习效果和行为规范等状况排查分类，根据不同学科、专业，不同类型、层次建立个人档案，实行跟踪调查反馈制度，对"学困生"建立学习转化情况记录册，对其在家庭、社会、学校的成长过程进行跟踪调查，及时鼓励、引导"学困生"扬长避短、追赶超越。民办本科高校要根据学生兴趣爱好、学习基础、技能特长，在坚持应用型人才培养方案相对稳定的基础上，大胆改革，建立现代产业学院、未来学院，建立各种卓越班、特长班、特色班，多渠道、多项式发现人才、培养人才。依据以上"三大机制"，民办本科高校的二级学院应当定期召开交流研讨会，及时掌握各专业、各班级学生动态，研究对策，切实提高教育质量。坚持对毕业生跟踪调查，这是民办本科高校提高应用型人才培养质量的重要环节，一是根据毕业生就业质量和数量及时调整学校学科专业结构；二是根据学生就业岗位适应能力，及时调整课程体系；三是根据毕业生的综合素质及时调整培养方法和路径，推动教育教学改革。

3. 把学习的权利还给学生

德国著名哲学家康德认为："教育最复杂的任务之一，就是把服从法律的强制性向教育孩子善于使用自己的自由权利结合起来。孩子只要不做有害于自己和他人的事，就应当让他们有行动自由，不要硬改变孩子的意愿。要让孩子懂得，他们只有为别人提供达到目的的可能性，才能达到自己的目的。"

(1)扩大学生学习的自主权和选择权。根据"新时代高教 40 条"中关于"扩大学生学习自主权、选择权，鼓励学生跨学科、跨专业学习，允许学生自主选择专业和课程"的规定，民办本科高校教务管理部门要指导各二级学院，针对家庭贫困、学习困难和课程考试补考不及格的学生，制订跨学科、跨专业选课学习方案。商科类专业、管理类专业要制订大类招生与培养计划，方便学生跨专业学习，力争让每一位学生学有所收获、顺利毕业。

在严格执行教育部《普通高等学校学生管理规定》的前提下，制定和完善大学生学业预警制度。民办本科高校的二级学院要建立"提前预警制度"，根据学生不及格、学分绩点情况提前提醒预警，建立学生帮扶、教师帮扶、辅导员帮扶、家庭与社会帮扶机制。要求学生制订学业规划，认真准备补考、重修，帮助学生建立学习兴趣和自信心。

根据民办高校课程辅修和自修的相关规定，对尚未毕业的在校学生，允许按照规定在线上自修、线上考核获得学分，允许学生通过参加教师科研或者独立发表论文获得学分，允许学生在学有余力的情况下跟班学习获得学分等。对已经毕业未获得毕业证和学位证的学生要“完善学分制，推动健全学分制收费管理制度”，修订和完善公平、科学的学分互认办法，方便为学生提供服务。

根据民办高校国际合作的相关规定，允许学生出国交流学习获得相关专业课程学分；根据学校相关规定，允许学生通过在国内其他高校相关专业学习获得学分；根据国家相关政策，允许学生通过参加相关专业的函授、成人教育、自学考试、网络开放课程考试等获得学分。学校教务管理部门要认真学习国家职业教育和本科教育的相关政策，进一步修订和完善学分互认的相关规定和认定程序。

(2)鼓励学生通过社会实践获得学分。根据“新时代高教40条”中关于“鼓励学生通过参加社会实践、科学研究、创新创业、竞赛活动等获得学分”的相关规定，民办本科高校教务处要分类、分层次制定社会实践学分认定办法，细化认定范围和程序，做到操作方便，易于学生理解执行。

一是针对本科生。社会实践可以认定素质拓展学分，政府组织的地市级以上社会实践优秀项目或者先进个人，可以认定相关课程学分；在实习实训活动中表现突出，在某一方面有创造性成果并获得实习单位表彰的学生，可以认定毕业论文为优秀；学生通过创新创业获得省部级以上的项目，通过答辩可替代毕业论文；学生参与老师科研立项或者科学研究发表论文，根据学校相关规定可以认定学分；学生参加政府及官方协会组织的学科竞赛获得省部级以上奖励的项目，可以认定相关课程学分。民办本科高校教务管理部门应当制定相关实施办法。

二是针对高职生。民办本科高校的各二级学院要根据综合评价招生形势，修订高职人才培养方案。压缩必修课，加大选修课；压缩理论课，加大实践操作技能型训练课；压缩闭卷考试，加大过程考试和实践性考试。学生参加院校级以上社会实践、科学研究、创新创业、各种竞赛活动，均可以获得相关专业课程学分，获得校级三等奖以上的实践项目，均可以代替毕业论文。学校教务管理部门要制定指导意见，各二级学院制定实施办法。

民办本科高校要指导各二级学院根据招生状况，按照学校分类、分层次的教学思路，在严格管理的前提下，创造性地开展高职学生的教育教学改革，力争做到“一院一模式”。积极开展校企深度融合，开展“2＋1”或者“1.5＋1.5”人才培养模式探索；创新专业建设和课程教学，推动理实一体化，讨论式案例式教学，现场教学现场考试；以学生为中心，根据学生兴趣与爱好，特别是对特殊情况的“学困生”等，开设专业兴趣课程，发挥学生潜能，促使学生健康成长、顺利毕业。

(3)鼓励学生通过考级考证获得学分。按照国务院转型发展的“五个对接”精神，根据教育部、发改委、财政部、市场监管总局《关于在院校实施“学历证书＋若干职业证书”的通知》，对本、专科学生考级考证的相关专业与课程进行学分互认。

一是制定认定标准。根据应用型本科高校学历证书与职业资格证书对接的要求，民办本科高校学校教务处指导各二级学院，按照不同学科专业的公共课程、专业课程、第二课堂实践等三大类，聚焦人社部承认的技术技能等级证书，制定标准与学分认定细则，力争每个专业至少有2～3个技能证书可以对接考取。

二是制定本、专科证书认定范围。根据学科专业特色，本科认定范围为：公共基础课包括计算机等级证，外语四、六级，办公自动化，体育各类裁判等；专业课包括外国语言类专业等级证、教育类教师证、播音与主持及艺术表演证、信息技术与工程技术证书、医学类证书、艺术类证书、管理类证书和“1＋X”规定的证书等。第二课堂及社会考试类证书包括汽车驾驶、计算机维修、导游、会计、康复治疗、美容美体等技能证书。

三是制定认定办法。属于公共基础课能力证书，本、专科每个证书可认定为一门次考试合格，如英语四、六级可以认证非外语专业英语一门次考试；与专业课对应的专业能力证书，本、专科每个证书认定为两门次考试合格，如英语专业四级、八级可以认定为两门次课程考试；第二课堂及社会考试技能证书，本科可认证为素质拓展学分，专科可认证为2～3门课程合格。以上所有技术技能证考试可以与课程考试合二为一进行。

四是坚持循序渐进。民办本科高校教务管理部门要认真研究人社部、教育部相关政策，密切关注国家相关技术技能证书考试的相关情况，本科相关证书必须按照人社部、教育部规定的职业证书认定。专科必须是省级以上行业、学会、协会认可的证书才能认定，力争做到成熟一批，认证一批，稳妥推进。

4.转型发展的条件保障

(1)高度重视是前提。振兴本科教育，促进转型发展，打通职业教育的“立交桥”，积极培养高素质、复合型、应用型专门人才势在必行。每一所民办本科高校的教学指导委员会，要全面思考，深入调研，才能够制定出切实可行的大学生学业改革指导意见。所有学校要建立领导小组，改革方案应当经过学校党政联席会议通过。各二级学院要成立相关机构，在教务管理部门的指导下，做好分类分层次教学管理，专业选修、辅修、课程自修，制订学分互认及证书考取等具体实施方案。做到一年一小步，三年一大步，逐年推进抓出成效。

(2)完善制度是保障。教务处要依据学校整体发展规划和学校以往制定的管理制度，逐步清理和修订已经过时的相关文件，做到制度与政策严密，简便易行，保持教育教学改革政策的延续性和一致性。相关职能部门、各学院应根据本学院的具体情况，制定和完善相关教学、管理制度，细化实施细则，为学生获取学分，使其顺利毕业，特别是对“学困生”帮扶工作提供制度保障。

(3)坚持以学生为中心不动摇。民办本科高校要始终坚持“应用型复合型人才培养”，坚持“严格管理和个性化培养相结合”，坚持不断强化以赛促教、以赛促学和创新创业的人才培养措施，同时要清醒认识高等教育普及化带来的挑战，高度重视技术技能型人才培养。特别是针对民办高校大面积存在的“学困生”，建立“全方位指导、全过程跟进、全员参与”的精准帮扶体系。民办本科高校的各学院要全员参与，针对不同专业、不同课程、不同学生，制订个性化实施方案，因材施教，做到教师人尽其才，实验实训设备物尽其用。

(4)营造氛围是抓手。民办本科高校要始终坚持宽严相济的原则，老师要真心爱护学生，充分尊重学生，与学生“心连心”、交朋友，切忌抱有歧视、厌恶、放弃学生的不负责任态度。念好立足于“鼓”、着眼于“拉”、着手于“帮”的“三字经”，建立融洽、民主的帮扶关系，消除“学困生”的恐惧心理或逆反心理。在“因材施教”个性化帮扶中，要注重“以文化人、以德育人”，营造良好的班集体、和谐的学习环境，努力形成学生之间亲密无间、取长补短，师生之间相互信任、教学相长的良好氛围，真正实现建设一流民办高校、培养一流应用型人才的办学目标。

5. 世界一定是他们的

“新时代高教 40 条”明确要求“坚持德才兼修。把立德树人的成效作为检验学校一切工作的根本标准，加强理想信念教育，厚植爱国主义情怀，把社会主义核心价值观融入教育教学的全程各环节，全面落实到质量标准、课堂教学、实践活动和文化育人中，帮助学生正确认识历史规律，准确把握基本国情，掌握科学世界观、方法论。深入开展道德教育和社会责任教育，引导学生养成良好的道德品质和行为习惯，崇德向善、诚实守信、热爱集体，关心社会”。这些针对当前大学生教育问题的要求表明，所有民办本科高校必须树立为国家、为社会、为家庭、为孩子高度负责的理念，细化实施细则，做到专业育人、课程育人、活动育人。

学习知识和提高能力本身就是大学生的职责或者使命，大学生的综合素质不仅体现一所大学的育人水平，也决定一个国家的未来发展。根据新时代大学生特别是民办大学学生的特征，必须把学生的身心健康培育放在和品德、知识、能力培养同等重要的地位，实现“野蛮其身体，强大其心志”的目的。身心健康的意义不用赘述，关键是民办高校在推动教学改革时要改变体育教学观念，不仅是把课堂教学变成兴趣和技能培训的一个环节，还要真正要把身体锻炼、心理健康疏导纳入日常晨练、各类体育社团活动、体育比赛、越野、爬山等过程管理之中，通过“互联网＋”技术考核，把身心健康训炼落实到教育教学的各个环节，把国家体质测试与毕业证挂钩。特别是素质教育环节，“新时代高教 40 条”指出“提升学生综合素质。发展素质教育，深入推进体育、美育教学改革，加强劳动教育，促进学生身心健康，提高学生审美和人文素养，在学生中弘扬劳动精神，引导学生崇尚劳动、尊重劳动。把国家安全教育融入教育教学，提升学生国家安全意识，提高学生维护国家安全的能力。把生态文明教育融入课程教学、校园文化、社会实践,增强学生生态文明意识。广泛开展社会调查、生产劳动、志愿者服务、科技发明、勤工俭学等社会实践活动,增强学生表达沟通、团队合作、组织协调、实践操作、敢闯会创的能力”。我们可以把文件中素质教育的劳动环节、国家安全教育中军事训练环节、校内外生态文明建设与观赏环节、勤工俭学环节及各种社会实践活动全部纳入体育教育和心理健康教育的顶层设计和大学生素质拓展考核中,让“00后”大学生德、智、体、美、劳真正得到全面发展。

未来中国的建设及其产业分工必然是“金字塔”式的,研究型人才、高端制造、战略策划等必然是少数人从事的职业,大部分人都是普通的劳动者。随着生产力的提高、科学技术的进步、老龄化的到来,国家鼓励“二胎”“三胎”生育政策,大健康、大商务、大教育及广泛的国际交流需要越来越多的服务性高级专门人才,而这些领域正是民办本科高校的优势和特色所在。所以,民办本科高校只要与区域经济社会发展紧密对接,坚持“以生为本”,坚持“因材施教”,针对民办本科高校学生存在的优势和短板,“实事求是”“扬长避短”,积极推进“四新”教育和“六卓越一拔尖”计划,我们有理由相信,只要我们找准路径,坚守定力,瞄准目标,本着为中华民族的伟大复兴负责的态度,就一定会为社会培养出更多、更优秀的建设人才。

第九章　民办本科高校的质量监控

先其未然谓之防，发而止之谓之救，行而责之谓之戒，防为上，救次之，戒为下。

——［东汉］荀悦

“质量第一”“以质量求生存”“质量是办学的灵魂”“质量关系高等教育的生命”“提高质量是永恒的主题”等，这些本来是企业管理的核心命题，却运用于高等学校人才培养中，由此说明高等教育也面临质量的挑战。进入21世纪以来，国内大部分高校都制定了“教学质量保证与监控体系”，然而随着高等教育由大众化向普及化发展，高等教育的质量并没有得到根本好转。这是客观形势变化的原因还是质量保证监控体系本身的原因，值得每一位高等教育管理者深思。

一、“教学质量”监控的再认识

高等教育质量问题已经成为全世界高等教育领域高度关注的重大问题。特别是我国，生产力的提高，社会的和谐稳定，老百姓生活的繁荣富足，独生子女的普遍化，高等教育的普及化，生活及教育的信息化等因素带来了大学管理的变化、老师的变化、学生的变化，这已经非常清楚了。这些变化要求高等教育管理者给予准确的回应，从招生、人才培养、创业就业的大循环分析，大学的人才培养质量保障与监控需要内、外部“全面质量监控”，而不是仅仅考虑大学内部“教学质量监控”，尽管我们研究发现，许多大学在建立“教学质量保证与监控体系”时也包含了人才培养的其他方面，但与我国高等教育的方针政策和当前高等教育面临的对象、战略任务存在巨大差距。

在人类实践和认识能够达到的极限内，人总是处于中心地位，人的存在首先是以一个完整的个体出现，其次才有族群、社区、组织或者社会。人是一个能够意识到自我并能够预见其行动结果的、能动的、完整的有机体，人的存在是这样，人的发展与培养也一定是这样。教育必须与生产劳动相结合，教育必须为社会主义建设服务，使学生德、智、体、美、劳全面发展。这充分说明，大学对人才培养质量的监控是全面的人才培养质量监控，而不仅仅是教学质量监控。

教育部颁布的《普通高等学校学生管理规定》第四条指出：“学生应当拥护中国共产党，努力学习马列主义、毛泽东思想、中国特色社会主义理论体系，深入学习习近平总书记系列讲话精神和治国理政理念新思想、新战略，坚定中国特色社会主义道路自信、理论自信、制度自信、文化自信，树立中国特色社会主义共同理想；应当树立爱国主义思想，具有团结统一、爱好和平、勤劳勇敢、自强不息的精神；应当增强法制观念、遵守宪法、法律、法规，遵守公民道德规范，遵守学校管理制度，具有良好的道德品质和行为习惯；应当刻苦学习、勇于探索、积极实践，努力掌握科学文化知识和专业技能；应当积极锻炼身体，增进身心健康，提高个人修养，培养审美情趣。”这是对大学生最全面的质量要求，包括政治素质、思想素质、科学文化素质和身心健康素质等，我们仅仅用“教”与“学”的质量监控来涵盖大学人才培养质量，既不全面也不科学。

习近平总书记在2018年9月10日全国教育大会发表的重要讲话中指出：“在党的坚强领导下，全面贯彻党的教育方针，坚持马克思主义指导地位，坚持中国特色社会主义教育发展道路，坚持社会主义办学方向，立足基本国情，遵循教育规律，坚持改革创新，以凝聚人心、完善人格、开发人力、培育人才、造福人民为工作目标，培养德智体美劳全面发展的社会主义建设者和接班人，加快推进教育现代化，建设教育强国，办好人民满意的教育。”同时指出：“教师是人类灵魂的工程师，是人类文明的传承者，承载着传播知识、传播思想、传播真理、塑造灵魂、塑造生命、塑造新人的时代重任。”这说明大学教师的教学质量不仅仅体现在课堂上的“教”，还应当体现在“言传身教”上，要引导学生德、智、体、美、劳全面发展。

我国高等教育面临的质量问题，要求我们不仅仅着眼于“教”与“学”的质量监控。“新时代高教40条”对此指出：“进入新时代以来，高等教育发展取得了历史性成就，高等教育综合改革全面推进，高校办学更加聚焦人才培养，立德树人成效显著。但人才培养的中心地位和本科教学的基础地位还不够巩固，一些学校领导精力、教师精力、学生精力、资源投入仍不到位，教育理念相对滞后，评价标准和政策机制导向仍不够聚焦。”要求高等学校以“回归常识、回归本分、回归初心、回归梦想”为基本遵循，激励学生刻苦学习，引导教师潜心教书育人。因此，质量监控的内涵不仅包含教师、学生及“教”与“学”，更应该包含对高校领导的监控，在民办高校还应该包含对举办者资源投入的监控等。

传统的“教学质量保证与监控体系”在概念上容易以偏概全，在实践上必然会出现“单打一”的现象，把学校教学质量监控体系建立在对教师的教学监控上。从教学管理实践上看，教学质量监控关注的焦点基本上是课堂教学，这样必然导致以教师、课堂、教材为中心，最重要的监控目标——学生几乎在监控视野之外，学生只要上课“听教材”、考试背教材就可以毕业，作为人才必须具备的德、智、体、美、劳全面发展就难以兼顾。至于质量监控的其他主要环节，最多能够涉及教务管理部门和主管教学的校领导。因此必须彻底改变观念，把学校“教学质量监控体系”转变为“学校人才培养监控体系”或者“教育教学质量监控体系”，建立健全围绕本科人才培养目标的全过程、全要素、全面性大监控。

全面质量管理是新的质量管理理念，源于西方企业管理。在20世纪80年代，世界高等教育步入以提高质量为中心目标的时代，全面质量管理迅速波及高等教育领域。全面质量监控关系到政府及中介机构监控、校内监控、社会监控三个方面。人才培养质量监控体系的功能包括：进行人才培养质量管理的指挥、执行功能；人才培养质量基本信息的采集功能；人才培养质量状态和质量的评估功能；人才培养质量的反馈、调节功能。

“新时代高教40条”第九方面专门强调“加强大学质量文化建设”，其中：

第32条提出：“完善质量评价保障体系。进一步转变政府职能，推进管办评分离，构建以高等学校内部质量保障为基础，教育行政部门为引导，学术组织、行业部门和社会机构共同参与的高等教育质量保障体系。把人才培养和质量作为评价大学的首要指标，突出学生中心、产出导向、持续跟进，激发高等学校追求卓越，将建设质量文化作为全校师生的共同价值追求和自觉行为，形成以提高人才培养水平为核心的质量文化。”本条建议明确质量文化建设要“突出学生中心，产出导向”，按照管、办、评相分离，以校内质保为中心，政府、学校、社会共同参与的质量保障体系，目标是构建以提高人才培养水平为核心的质量文化。对于民办本科高校质量保障监控体系建设，一定要从生源实际出发，根据转型发展要求，坚持“五个对接”和协同育人理念，建立“全人教育”的质量保障监控体系。

第33条提出：“强化高校质量保障主体意识。完善高校自我评估制度，健全内部质量保障体系。要按照《普通高等学校本科专业类教学质量国家标准》及有关行业标准，根据学校自身办学实际和发展目标，构建教育教学基本标准，确立人才培养要求，并对照要求建立本科教学自我评估制度。要将评估结果作为校务公开的重要内容向社会公开。”本条强调高校是人才培养的主体，质量保障主要依靠“主体”，构建教育教学基本标准既要按照《普通高等学校本科专业类教学质量国家标准》，又要依据学校自身实际和发展目标。特别是民办本科高校，如果不考虑客观实际和主观需要，照抄照搬《普通高等学校本科专业类教学质量国家标准》一定培养不出高质量人才。

第34条提出：“强化质量监督评估。通过督导评估，引导高等学校合理定位、办出水平、办出特色，推进教学改革，提高人才培养质量。完善督导评估机制，形成动态监测、定期评估和专项督导的新型评估体系。建设好高等教育质量检测国家数据平台，利用互联网和大数据技术，形成覆盖高等教育全流程、全领域的质量检测网络体系。规范本科教学工作审核评估和合格评估，开展本科专业评估。推进高等学校本科专业认证，开展保合格、上水平、追卓越的三级认证。针对突出质量问题开展专项督导检查。强化评估认证结果的应用，建立评估认证结果公示和约谈、整改复查机制。”本条高度概括了政府主导层面的质量监控体系。一是强化各级督导评估的作用，合理定位，办出特色，提高质量，建立动态监测机制。二是充分利用国家大数据平台开展全领域网络监测。民办本科高校智慧校园的建设,也可以建立全覆盖、全天候网络监测。三是注重三大评估和专业认证,充分利用评估结果,约束、推进、激励高等学校人才培养质量的提升。

第35条提出:“发挥专家组织和社会机构在质量评价中的作用。充分发挥高等学校教学指导委员会、高等学校本科教学工作评估专家委员会等学术组织在标准制定、评估监测及学风建设方面的重要作用。充分发挥行业部门在人才培养、需求分析、标准制定和专业认证等方面的作用。通过政府购买服务方式,支持社会专业评估机构开展高等教育质量评估。”本条再次强调,新时代高等教育不能“闭门造车”,必须接受高等教育专业机构、学会的评估,接受行业、产业和企业等社会组织的评价,必须坚持“产教融合”“校企合作”“协同育人”。高等学校在招生—培养—就业的大循环中,既要尊重学科专业建设规律和人才培养规律,又要尊重产业发展规律,办学定位、人才培养体系、人才培养过程都必须受到行业、产业、就业需求的有效反馈,除此之外,对毕业生的就业跟踪调查也是保证人才培养质量的重要一环。

综上所述,大学人才培养质量监控包括人才培养质量标准、质量保障条件、过程质量监管、结果质量反馈及其整改和修正,是一个循环闭合的过程。质量监控的实质就是评价,既包括外部评价也包括内部评价,既包括结果评价也包括过程评价,是一个全面、动态、系统的评价监控过程。我们平常讲的“教学质量监控体系”最多只是校内人才培养质量监控的“子系统”,当然也是一个关键系统。

二、质量监控体系的指导思想、原则与结构

在管理实践中我们会遇到有处事态度主动积极的人,有行事稳妥不急不躁的人,有耍奸溜滑投机取巧的人,等等。世界上没有不经过严格管理和质量控制就能生产出一流产品的著名企业,也少有无须对其进行规范管理和技术分工就能够主动工作、出色完成任务的优秀职工。大部分人在工作中需要对其进行合理分工、技术培训、政策激励、监督反馈等,人才培养质量是学校生存和发展的生命线,也是受教育者希望之所在。建立并不断完善高等学校内部人才培养质量监控体系,是学校加强内部自我约束、增强自我发展能力、稳定正常教学秩序、提高人才培养质量的有效保证之一。为有效对人才培养主要环节进行实时、动态监控,充分调动教、学、管和人、财、物等多方积极因素,确保本科人才培养工作有章可循,使民办本科高校人才培养质量持续稳步提高,必须科学确立质量保障监控体系的指导思想、坚持原则和监控架构。

1. 质量监控的指导思想

(1)“坚持立德树人,德育为先,把立德树人内化到民办本科高校建设和管理的各领域、各环节。坚持以文化育人、以德育人,不断提高学生思想水平、政治觉悟、道

德品质、文化素养，教育学生明达德、守公德、严私德。”（“新时代高教40条”第5条）

（2）“坚持学生中心，全面发展。以促进学生全面发展为中心，既要重‘教得好’更要重‘学得好’，激发学生学习兴趣和潜能，激励学生爱国、励志、求真、力行，增强学生的社会责任感、创新精神和实践能力。”（“新时代高教40条”第5条）

（3）坚持“质量意识和特色发展”。人才培养质量是学校的生命线，教学是主渠道，要牢固确立教学中心地位。质量监控体系的设计与运作，始终围绕培养高质量人才来进行。要勇于破除学科专业建设同质化、人才培养同质化现象，坚持人无我有、人有我强、人强我特的人才培养路径，发展比较优势，分类分层次推进，培养“六卓越一拔尖”高级专门人才。

（4）坚持转型发展。依据区域经济社会发展实际需要，推进专业与行业、产业对接，教学过程与生产过程对接，课程与岗位对接，毕业证与职业资格证对接，教育与终身学习对接，培养创新创业型、复合型、应用型、技能型高级专门人才。

（5）坚持全员参与、全程管理、全面质量监控理念。对影响人才培养的各个因素进行全面控制，形成一整套科学性、系统性、可操作性、自查自纠能够循环闭合的教学质量保障与监控体系。

人才培养质量由办学定位、学科专业定位、人才培养体系、教师业务水平、教学态度、教学方法、学生基础、智力水平、学习态度、学校教育教学环境、教学条件、管理水平、实践教学与社会实践等因素综合决定。人才培养质量保障监控体系就是高等学校在内外力量支持下，根据人才培养质量相关标准，通过对检查、评价手段经常化、结构化的反复应用，促进高校举办者、校领导、教师、学生不断学习、不断进步，促进人才培养活动不断满足社会需要的系统方法。人才培养质量监控就是调动学校内外一切积极因素，将对质量的追求内化为全校师生的共同价值追求和自觉行为，形成以提高人才培养质量为核心的质量文化，实现人才培养目标的达成度和社会需求的切合度。民办本科高校要实现高素质应用型人才培养目标，必须坚持正确的人才培养质量监控原则，充分发挥导向作用、鉴定作用、督促作用、激励作用和自律作用，以此达到质量监控的目的。

2. 质量监控的基本原则

（1）全面与重点相结合和以学生为中心的监控原则。学校内部人才培养质量监控必须坚持德、智、体、美、劳整体设计、全面推进。我国高等教育当下面临的许多问题，诸如人才培养质量不高，学生存在身心健康问题、品德问题、实践能力问题等都与我们对人才培养质量结构、要素设计、评价与质量控制不全面有关，“智育第一”思想根深蒂固，因此只有全面监控才能全面发展。但全面不是没有重点，我们是“两点论者”，也是“重点论者”，教学工作是学校的中心工作，也是重点工作，在解决“教”与“学”的矛盾中，突出学生中心，说明教学质量监控的重点是学生的学习。

(2)评价与调控相结合,坚持全程控制、目标管理的原则。人才培养质量主要是在人才培养方案实施过程中形成的,是以培养目标和各类相关标准进行评价的,质量监控系统应能对人才培养的全过程及其主要环节进行评价、监控。将监控的评价结果反馈于各个环节,各个环节进行不断整改和调整,因此,对人才培养运行及管理过程中影响教学质量的关键环节,进行有针对性的评价、监控,确保人才培养目标、规格任务与教学目标的最终全面实现。

(3)干预与自律相协调,标准约束与制度规范相结合的原则。通过定期和不定期的检查督导,对影响人才培养质量的问题进行必要的干预,是大学人才培养质量提升的基本做法,也是常态,但质量监控对象是人,是有高度自觉性的举办者、大学领导、大学老师、大学生,因此他们有一定的自我规范、自我约束的自律能力,所以,质量监控对监控对象的人性化管理、弹性约束和承诺应当被给予充分考虑。特别是大学的规章制度,对被监控对象具有非常重要的作用。制定和完善人才培养质量标准,完善教学管理规章制度并严格执行,是提高人才培养质量的有力保证。

(4)激励与鞭策相结合,信息畅通与高效快速反馈的原则。榜样的力量是无穷的,"反面教员"更能起警示作用。在人才培养质量监控过程中,典型案例最能教育师生。所以质量监控既要培育和树立先进典型,又要敢于下"硬手",特别是对学生实施的学籍预警,对突发性事件的处置、教学事故的认定、非常规教学状态的分析鉴定与处理,都要快速做出处理,只有如此,才能激发正能量、抑制负能量,因此,学校必须完善体制机制,确保信息畅通,建立快速、高效的人才培养信息反馈运行制度。

3. 质量监控体系的内容

根据新时代本科高等教育面临的学校领导、教师、学生、资源投入不足的问题,质量监控应当聚焦"回归常识、回归本分、回归初心、回归梦想"四大主题,构建本科高校人才培养质量保障与监控体系的架构。本科高校的质量监控体系由人才培养质量目标系统、人才培养质量保障系统、人才培养质量监控系统、人才培养质量反馈与修正系统等四方面组成。

(1)人才培养质量目标系统。这主要包括学校办学指导思想及定位,即办什么样的大学,为谁办大学,培养应用型人才还是研究型人才等;人才培养目标或者规格,即培养德、智、体、美、劳的建设者和接班人;师资队伍建设目标,即师资队伍的质量、数量、结构、教书育人的能力;专业及课程建设目标,即专业建设定位、特色、质量及其课程与岗位对接的程度以及教学改革目标、学风建设目标、教学管理目标和学生管理目标等。

(2)人才培养质量保障系统。人才培养质量保障是质量监控的前提,没有保障,监控就是"无本之木,无源之水"。人才培养质量保障系统包括:①组织保障,即组织是否健全，是否团结协作，是否把主要精力放在学校人才培养质量提升上，特别是学校教学工作上，保障是否有力。②条件保障，即人才培养所必须具备的所有硬件和软件。新时代高等教育，特别是民办本科高校"以学养学"，仅仅依靠学费收入支撑学校发展，加之新专业、新技术、新设备等的不断更新换代，因此举办者只有加大投入，才能保证人才培养质量的提高。③制度保障，即规章制度的建设和有效执行。人才培养质量保障与监控首先要建立健全科学合理的管理制度，其次要通过科学的运行机制，让制度发挥作用。质量监控的关键点就是评价制度在人才培养过程中发挥的效果。除此之外，还应当包括政府与社会保障，生源与就业保障等政策支持。

（3）人才培养质量监控系统。这主要由人才培养过程，特别是教师教学过程、教学建设、教学流程以及学生学习过程监控等部分组成。首先，需要监控的重点是"四个投入不足"的问题，要科学设计过程监测与评价点，政府、社会、行业、企业、学校几个方面监控同时跟进。其次，瞄准德、智、体、美、劳五个环节，设计人才培养质量的全面、全程评价与监控点，任何一个监控的关键环节、一个关键点、一个关键监控时间都不能放过，保证学生全面发展；最后，抓住教学中心任务，特别是课堂教学及其实践育人进行全程监控不放松。

（4）人才培养质量反馈与修正系统。这是人才培养质量保证的关键枢纽或者"集控中心"，人才培养质量能否形成质量保障的"循环闭合"机制，一是看监控信息反馈是否真实、迅速；二是看是否能够迅速接受与整改。反馈与修正系统由立德树人、教学检查、教学评价、教学评估、身心发展、体育教育、美育教育、劳动教育、素质拓展、毕业生跟踪调查和用人单位信息反馈等部分组成。形成政府—学校—社会反馈与修正大循环、招生—培养—就业反馈与修正中循环、教学—管理—效果反馈与修正小循环的人才培养质量保障与监控体系。特别在教学质量监控方面要坚持教师自测自评、学生网上评教、教师互评、领导与督导听课评价、督导和教师评学、师生评管等时间与空间相结合的"六位一体"教学质量监控体系。

三、人才培养的质量监控

1. 内部质量保障

民办本科高校党政一把手是学校人才培养质量的第一责任人，负责制定学校办学定位、专业定位、人才培养目标定位，根据"三全育人""十育人"等要求，制定立德树人的相关标准和实施办法；分管教学工作的副校长全面负责本科教学质量的实施、保障与运行；教务处负责教学质量保障标准的制定、实施与管理；学校质量督导办公室（处）是本科人才培养质量保障工作的监控、评价机构，是保障体系运行的职能部门，直接对校长负责；学生处、人事处、财务处、网络信息管理处、总务处等部门是进行人才培养质量保障的主要机构。各二级学院(部)是进行本院(部)人才培养质量实施的直接保证单位。民办本科高校各二级学院(部)院长(主任)是本二级学(部)人才培养质量保证的第一责任人,系、教研室、实验室是负责所承担教学任务教学质量的基层机构。教师和辅导员是教育、教学任务教学质量保证的直接责任人。

民办本科高校质量督导办公室(处)在人才培养质量保障体系运作中主要行使以下职责:

(1)根据教育部及省教育厅评估工作总体安排,按照"一个坚持,两个突出,三个强化"和"以评促建,以评促改,以评促管,评建结合,重在建设"的方针,组织制订学校合格评估或审核性评估总体工作要求,制订方案并组织实施。根据民办本科高校的专业建设质量,按照"以学生为中心,以成果为导向,形成持续改进机制"的理念,按规定组织专业认证。

(2)组织制定校内专业、课程等各类评估指标体系及评估方案、实施办法及相关文件,负责校内专业建设、课堂教学的动态检查评估及反馈。

(3)负责制订教学质量监控年度计划,组织实施教学质量检查及各项教学评估工作,发布评估信息及评估结果,提交年度工作总结,上交质量报告。

民办本科高校教务处、各二级学院(部)负责学校及各专业人才培养目标、专业及课程建设目标、体育教育目标、劳动教育目标、美育教育目标、教学改革目标的制定,人事处负责师资队伍建设目标的制定,财务处、总务处等部门负责经费、教学条件保障目标的制定,学生处负责学风建设目标的制定。

人才培养质量保障规章制度由学校教务处、学生处、人事处、财务处、总务处等部门及二级学院(部)按照"以学生为中心"和本部门服务定位制定。学校质量督导办公室定期检查各项管理规章制度的健全及执行情况,并将检查结果反馈给相关部门。各相关部门及二级学院(部)须根据反馈信息进行整改。

学校教务处负责指导各二级学院(部)人才培养管理、专业建设管理、课程建设管理、教材建设管理、教学改革管理、信息化教学管理、实践育人管理、素质拓展管理、学籍与考试管理、学历学位授予管理等相关制度及工作流程的制定;人事处负责教师选聘、人才培养、人事管理等相关制度、工作流程的制定;学生处负责学生管理、学风建设、学生奖惩等相关制度、工作流程的制定。

2. 人才培养质量监控措施

民办本科高校学术委员会根据"新时代高教 40 条"和学校"振兴本科教育计划",制定学校发展规划,端正社会主义办学方向,确定办学定位,指导教学工作委员会制定并通过"本科人才培养方案指导意见",接受教育主管部门及上级评估专家监控。

民办本科高校人力资源处等部门在校委会、学校党委的领导下,根据《中共中

央 国务院关于全面深化新时代教师队伍建设改革意见》、新时代“教师行为十条准则”制定落实“四个自信”“四有好老师”“四个引路人”“四个统一”等师德师风考核实施细则，接受政府、学校、教师、学生、家长、社会“六位一体”的监督评价。

民办本科高校教务处、各二级学院根据“新时代高教40条”和本校人才培养方案指导意见认真落实“立德树人”和“全面发展”工作任务。①教务处会同马克思主义学院制定“专业思政”“思政课程”“课程思政”“活动思政”实施细则，保证思政教育的有效性；教务处会同创新创业学院制订“学生素质拓展”“创新创业”等工作实施方案，推进学生能力提升；教务处协助学生工作部制定“三全育人”和“十育人”工作细则，推动学生思想文化教育。②教务处会同体育部、学生处、心理咨询室等部门，制订学校体育工作计划与实施方案，落实体育教学、阳光体育运动、体质体能测试办法；心理咨询室根据中共教育部党组关于《高等学校学生心理健康教育指导纲要》建立健全学生心理健康教育档案，制定心理健康教育、活动、咨询、矫正细则，提高学生心理健康合格率。③教务处根据《教育部关于切实加强新时代高等学校美育工作的意见》要求，会同学艺术中心制订美育课程选修计划和美育活动实施方案，全面提高学生审美情趣和审美能力。④教务处会同学校武装部根据《中华人民共和国国防教育法》制订军事理论课教学计划及军事训练计划，促进爱国主义教育和国家安全教育。⑤教务处、二级学院要按照教育部《大中小学劳动教育指导纲要（通知）》的通知，把劳动教育合理安排到人才培养方案之中，制订符合新时代大学生实际的劳动实践实施方案，培养学生劳动精神。以上“全面发展”“立德树人”等实施方案、办法、细则，除接受上级主管部门的检查监控以外，也接受各级各类评估专家的评估和教育部大数据采集，学校党政领导、质量督导办公室采取全面检查、随机抽查、重点检查等方式对人才培养进行监控。

民办本科高校教务处、质量督导办公室依据本校“本科人才培养方案制订的原则意见”“关于制定（修订）教学大纲的若干规定”对各学院、部人才培养方案的制订、教学计划的执行、教学大纲的编写等方面进行质量监控。

学校教务处、质量督导办公室依据各“主要教学环节质量标准”“本科教学工作规范”等，对课堂教学从课前准备、教学过程、教案、课外作业与辅导、实验实训、成绩考评等方面实施全程监控。

学校教务处、质量督导办公室依据“一流本科专业建设标准”“新增本科专业管理规定”“品牌及特色专业评选办法”“精品资源共享课程建设管理办法”“慕课、微课、翻转课堂评估标准”等对专业建设、课程建设从建设目标、实施计划、师资梯队、特色建设等方面进行监控。

学校质量督导办公室、教务处依据“学年论文、课程设计管理规定”“本科毕业论文（设计）管理规定”“创新创业项目计划”等从选题、指导教师配备、开题、中期检查、答辩等方面进行监控。

学校教务处、质量督导办公室制定教学检查制度。根据学校“教学质量检查与监督办法”“学期初、中、末教学质量检查实施办法”，每学期初、期中、期末由教务处、学校质量督导办公室和各二级学院(部)、督导组、有关领导干部深入教学一线，采取一定方式对各教学环节运行状态、教风、学风及教学管理等方面进行集中检查及监控。

学校教务处、质量督导办公室制定不定期教学质量检查制度。根据学校“教学质量检查与监督办法”，除期初、期中、期末教学检查外，学校两办、教务处、学生处、质量督导办及有关部门采取一定方式对教师上课、学生出勤等教学秩序情况进行临时抽查。

3. 人才培养质量监控的关键环节

(1)人才培养质量督导制度。根据学校教学督导工作条例，学校质量督导办公室应当每学期深入本科人才培养第一线，深入学院、书院、课堂进行听课，对各二级学院(部)各主要教学环节的实施、教学管理文件的执行、教师教学内容的组织、教学方法的改革、教风师德及学风的建设、各二级学院(部)教学质量、教学管理、教学秩序和教学状况等进行全面督查。

(2)领导干部听课制度。根据“领导干部听课实施办法”，领导干部深入本科教学第一线，对教风、学风、教学质量和教学条件等情况进行监控。根据“教师、学生评管制度”，通过召开座谈会、问卷调查、师生信箱等方式，监控学校领导对人才培养及教学工作的投入情况。

(3)评教评学制度。根据“学生评教工作实施细则”“教学督导组工作条例”“领导干部听课实施办法”“书院制、导师制管理制度”“创新创业管理细则”等办法，采取学生评教、督导专家评教、领导干部评教相结合的方式对教师人才培养质量进行监控，对评价结果进行分析，并将结果及时反馈给教师；同时，根据“教师、督导评学暂行办法”通过教师、督导评学，获取学生学习情况的第一手资料，从而对学生的学习过程进行有效监控，评价结果由二级学院(部)进行汇总分析，并针对存在的问题进行反馈和整改。

(4)学生教学信息员制度。根据“学生教学信息员工作条例”，聘请学生担任人才培养信息员，了解学生德、智、体、美、劳发展及有关教风和学风状况，将学校教育教学、教学管理等方面存在的各类问题，以适当的方式及时向学校、教务处、学生处及相关处室、二级学院(部)反馈并提出有关建议。

(5)教师自评、自律承诺制度。根据学校“关于师德师风建设相关规定”，每学期开学发放专兼职教师承诺书，期末发放专兼职教师人才培养自我总结评价表，鼓励教师总结经验、提高认识，全面提高人才培养的责任意识和工作能力，并以此作为年终考核和质量监控的重要依据。

(6)教学事故责任追究。根据学校“教学事故认定及处理办法”“关于后勤保障影响教学秩序事故认定及处理暂行办法”等相关规定，坚持教学事故责任追究制度。加强政策宣传，严明教学纪律，增强教职员工的责任意识和学风管理责任，维护教学工作的正常秩序。

(7)学生学籍预警制度。根据《教育部关于狠抓新时代全国各地学校本科教育工作会议精神落实的通知》和“新时代高教40条”，坚决落实“以学生为中心”、从“教得好”向“学得好”转变的要求，把质量监控的重点放在学生及毕业生质量上。民办本科学校要结合学生实际，根据“合理提升学业挑战度、增加课程难度、拓展课程深度、切实提高课堂教学质量”，制定“学校学籍预警制度”“学位授予制度”“毕业证发放制度”等，适度提高课程水平和学位、毕业授予门槛，提前做出预警，接受政府、学校、社会监控。

(8)教学工作会议和教学例会制度。学校每年定期召开1～2次教学工作会议，学校党政领导班子全员参加，并要求举办者指导工作，重点研究人才培养工作的重大问题。分管教学工作的副校长每学期至少召开2～3次教学例会。教务处等相关处室、二级学院(部)主管教学和学生工作的领导、系主任、教学督导、相关部门领导参加，总结阶段性工作，集中通报并反馈人才培养的日常管理情况，研究和布置下一阶段人才培养工作。

(9)毕业生跟踪调查和用人单位信息反馈制度。每学年，由招生就业办、学工部牵头，教务处和各二级学院(部)参与，根据毕业生分布情况，有选择地在不同类型和不同层次的用人单位建立毕业生质量信息监测站，建立毕业生信息档案；采取问卷调查、座谈交流、组织调研、重点跟踪等方式，收集毕业生的工作状况、思想状况、生活状况及学习状况相关信息，收集用人单位对毕业生质量的反馈意见，收集用人单位对学校办学指导思想、人才培养目标定位、人才培养模式、专业和课程设置及教学管理工作的意见和建议，并根据这些有益的建议及时调整人才培养体系，为提高教学质量提供保证。

4. 质量监控结果的使用

对学校的合格评估、审核性评估、一流民办高校建设检查评估以及省级、国家级一流专业评估、专业认证等结果，学校质量督导办公室牵头，学校两办、人事处、教务处、学工部等部门制订整改方案，迅速进行整改并随时接受上级相关部门验收与复查。

对教学质量督导办、各二级学院(部)、各职能部门日常人才培养质量监控中发现的问题，教务处、质量督导办公室及时将信息反馈给相关部门，并对其整改情况进行监督落实。

对各种专项评估中发现的问题进行及时反馈并要求有关单位进行整改，对成绩突出的单位进行表彰并给予适当奖励。

学院实行教学质量监控信息共享制度。有关人才培养质量监控信息在教学、人事、学生管理、后勤服务等部门共享。

民办本科高校要始终坚持“质量就是生命”的原则,制定学校领导、部门、教师、职工、学生等年终考核细则及奖惩办法,对质量监控的结果严格兑现,实行奖勤罚懒、优胜劣汰,最终形成民办本科高校的质量文化。各职能部门、各二级学院(部)应根据学校有关管理规定制定相应的实施办法。

四、一流专业建设的质量监控

1.“双一流建设”与“一流专业建设”

推行振兴本科教育是一项提高本科人才培养质量的国家战略,需要全面调研,精准认识和施策,打好“组合拳”,才能够产生实效。为了全面提高人才培养质量,教育部、财政部、国家发展改革委印发了《统筹推进世界一流大学和一流学科建设实施办法(暂行)》,其目的是全面提高我国大学的综合实力和人才培养水平。我国幅员辽阔、人口众多,全国大学又划分为不同类型、不同层次,各高校办学条件、办学特色、所处环境和人才培养质量存在很大差别,所以许多地区围绕培养“一流人才”又提出“三个一流”或者“四个一流”。中共陕西省委办公厅、陕西省人民政府就制定了《关于建设“一流大学、一流学科,一流学院、一流专业”的实施意见》(陕办发〔2016〕33号),陕西省教育厅颁布了《关于建设“一流大学、一流学科,一流学院、一流专业”的实施方案》(陕教〔2017〕171号)等有关文件。这是针对不同地区、不同学校、不同生源提出的非常符合实际、非常接地气的创新之举。

作为民办本科高校,要建设世界一流大学、一流学科,没有几十年的努力是不可能实现的。事实上,民办本科高校作为地方性高校,服务的主要对象是与区域经济社会发展需求对接,培养高素质、复合型、应用型专门人才。学科建设固然重要,但人才培养的抓手是专业,学校办学特色、人才培养质量、人才培养评价及监控也是专业,没有“王牌特色专业”就办不出一流大学,就培养不出一流人才。所以对于民办本科高校而言,创办一流大学是举办者的梦想,办好一流专业是民办本科高校的使命,培养出一流人才是民办本科高校的根本任务。人才培养质量及体系应该立足于一流应用型人才目标,着眼于“一流应用型专业建设”。

民办本科高校应以创建“一流学院、一流专业”为目标,以“立德树人”为根本,以转型发展为路径,按照“强化内涵、扶强扶优、突出特色、打造品牌”的总体思路,依据《国标》,根据自身学科专业类型、结构、特色,依据《国标》,但不照搬《国标》,根据行业、产业、就业需求,结合学生实际,凝练学科专业方向和研究领域,重点建设应用型优势专业,全面实施内涵发展、特色发展、品牌发展和融合发展战略,将学校的优势特色专业建设成符合地方经济社会发展需要、能够彰显学校特色、人才培养质量过硬、社会影响较大的一流应用型专业链群,为建设一流民办高校提供有力的支撑。

民办本科高校一流专业建设范围与目标可以划为五类:国家级双万计划“一流专业”;省级一流建设专业;省级一流培育专业;校级一流建设专业;校级一流培育专业。民办本科高校“一流专业”建设方法是选择优势与特色专业,分类分层推进,全面培育,重点建设,重点突破。

(1)坚持全面发展。大学的专业都归属于一定学科。专业会随着社会的发展而逐渐被替代或者淘汰,一流专业建设必须坚持学生德、智、体、美、劳及综合素质全面发展的原则。即在一流专业人才培养方案制订中,坚持“全人教育”和“终身学习能力”教育,即每一个要素都应该是“一流的”。

(2)坚持一流标准。民办本科高校需要不断整合优质资源,加大投入,对接国家一流专业建设标准,通过重点建设,打造一流品牌专业,形成品牌特色专业链群,加快高水平一流民办大学建设步伐。

(3)对接重大需求。围绕国家尤其是区域经济社会和行业发展的重大需求,强化国家发展战略预测判断,研究和解决区域性、行业性急需的战略性问题和前瞻性问题,依据国家专业建设标准,对接岗位需求,调整专业课程体系,开展应用型、复合型人才培养,提高一流专业社会服务水平。

(4)强化目标管理。准确定位一流专业项目近、中、长期建设目标,突出项目的年度建设计划和建设内容,注重年度建设任务的落实、评价与考核,强化信息反馈与整改,实现一流专业的质量监控与近、中、长远目标建设同步、协调统一推进。

(5)实施动态调整。一是根据飞速发展的产业变化需求对一流专业建设内容进行调整;二是根据专业建设质量监控获得的信息,持续跟踪项目建设绩效,不定期或定期开展专业建设目标和任务完成情况评价考核,实施绩效管理,强化激励、约束与问责措施的落实。

2. 一流专业建设的目标

(1)积极打造省内领先、国内具有较大社会影响的品牌专业。突出重点,加大投入,按照略高于国标建设标准划拨建设经费,通过5年左右的时间,建设和培育一批在区域内同层次、同类专业中具有领先优势,在全国范围内具有较大社会影响的本科品牌专业,力争有5~8个国家级“一流专业”。

(2)培养适应地方经济社会发展需求的高素质应用型人才。毕业生专业基础理论扎实,基本技能熟练,能够尽快适应环境和岗位职责,外语沟通能力强,具有较强的实践动手能力和创新创业精神,在省级以上学科竞赛中成绩优异,职业资格证书获取率明显高于区域内同类专业平均水平，毕业生就业竞争力处于区域内领先水平，就业单位、学生、家长及社会信息反馈评价高于其他同类、同专业学校毕业生，能充分适应区域经济社会发展需要。

(3)不断深化人才培养模式改革，形成富有弹性、充满活力的人才培养体系。不断深化专业知识、技术技能和外语教学，强化知识、能力、素质培养，推进国际化、复合型、应用型人才培养模式改革。全面坚持立德树人，推行导师制、学分制，深化工学结合、产教融合、产学研联动等协同式人才培养改革，完善创新创业教育体系，健全人才培养质量保障监控体系。

(4)专业综合实力明显提升，优秀教学成果突出，优质教学资源丰富。建设一支教学水平与学术造诣较高、结构优化、充满活力的师资队伍，培育和产出一批省级以上优秀的教学、科研成果，打造一批省级以上教学名师和教学团队，信息技术全面融合于人才培养，形成一批高于同类民办本科高校的优质教育资源。

3.一流专业建设的主要任务

(1)科学制定一流专业建设规划。民办本科高校一流专业建设规划，要根据“双一流”建设、转型发展相关文件精神，对接地方经济社会发展需要，行业、产业、企业对应用型人才知识、能力、素质结构的要求；对接国标内涵，结合民办本科高校办学定位、人才培养优势和特色；对接学科专业发展最新趋势和未来发展；对接民办本科高校学生德、智、体、美、劳发展实际，科学制定。准确定位专业人才培养目标和培养规格，做好专业建设顶层设计。

(2)建设一流的应用型人才标准。人才培养标准要突出“立德树人”，突出培养具有高度社会责任感、勇于探索的创新意识、创新精神和创业能力，突出解决实际问题的实践能力。紧密结合应用型人才培养的“五个对接”，实现应用型人才培养专业的“切合度”、用人单位的“满意度”、毕业生对工作的“适应度”。根据以上提出“三个突出”“五个对接”“三个度”，建立质量监控体系的监控关节点，实现有效监控、有效运行、有效培养。

(3)深化人才培养模式改革。结合一流专业特点和专业已有发展水平，试点开展人才培养模式改革，建立“卓越班”“国际班”“订单班”“实验班”，探索实施多样化的高素质应用型专业人才培养模式，实施“六卓越一拔尖”计划。

(4)加强课程建设与改革。积极开展“课堂革命”，建立一流专业课程(群)负责人制度，每门课程(群)有明确的负责人，组建课程教学团队，开展课程建设、教学研究和改革等相关活动。加大课程改革力度，优化课程体系，更新课程内容，改革教学方法与手段，提高课程建设质量。充分利用现代信息化技术，加强精品资源共享课和在线开放课程建设，建设一批覆盖一流专业的省级、国家级一流课程。创新教学模式，推进“小班上课”，丰富课堂教学手段，采取线上线下混合式教学、案例式教学全覆盖。推进学生自主学习，开展探索式、启发式教学。围绕应用型人才培养编写校本系列教材，形成在全国有较大影响力的应用型专业教材建设成果。

(5)夯实实验实践教学建设与改革，建设一流的实践教学平台。健全“四合作，五共同”合作教育机制，开展多层次校企合作，邀请企业深度参与教育教学全过程；加强实践教学条件平台建设与整合，文管类高校要全面打造体验式教学平台，改革创新实验教学内容和实验教学方法；坚持“以赛促学，以赛促教，赛教结合”“一院一品”的原则，鼓励学生参加学科技能竞赛活动；进一步加强创新创业教育，要把创新创业教育融入人才培养全过程。

(6)努力提高师资队伍建设水平，建设一流双师型教师队伍。以“双师型”教师培养为重点，加强专业教学团队建设，培养高水平专业带头人，优化教师队伍结构，建立教师培训、交流和深造的有效机制，鼓励专任教师到国内、外高校和相关产业或领域一线学习提高，形成一支了解社会需求、教学经验丰富、教学技能精湛，具有相关专业技能和创新创业意识，热爱教学工作的高水平专兼结合的教师队伍。

4. 一流专业建设的质量监控

(1)围绕一流人才培养，做好质量监控顶层设计。按照“差异管理，分类建设”原则，各专业依据学科专业建设情况确定建设内容、主要监控环节，制定一流专业建设主要环节质量标准，签订立项建设任务书，各立项专业制订一流专业项目任务书实施方案时要注重统筹规划、易于操作、便于检查、整体推进，项目任务不得低于《国标》规定的专业建设标准。

(2)检查和验收。学校依据立项建设任务书，对一流专业建设实行不定期专项检查评估、年度检查和终期验收制度。不定期检查主要针对一流专业建设的薄弱环节，学校期初、期中、期末检查发现的影响一流人才培养质量的问题，进行信息反馈。年度考核及其评价情况作为下一年度经费资助的重要依据，对建设绩效突出的项目予以奖励；对年度考核不合格的项目将限期整改，整改仍不达标的中止项目建设，并取消专业所在学院同类项目的申报资格。

(3)实行院长负责制。一流专业所在二级学院院长为一流专业项目建设第一责任人，同时明确专业负责人，原则上应具有副高以上职称，具有较强的组织管理协调能力。二级学院可根据工作需要充实专业负责人队伍，确保一流专业项目建设顺利完成和经费合理使用。

(4)坚持实施招生—培养—就业联动机制。跟踪一流专业毕业生就业情况调查，包括就业率、就业对口率、就业质量、毕业生适应能力、职业水平、品德修养等，为一流专业建设反馈提供建设性意见。

5. 一流专业建设的组织与保障监控

(1)成立“一流专业”建设领导机构。为进一步统筹和加强学校一流专业项目建设,民办本科高校必须在校内成立一流专业项目建设领导小组,负责学校一流专业项目建设的规划指导、协调、督促、检查和验收等工作。学校领导小组组长应当是学校校长,副组长应当是主管教学和科研的副校长和主管学生的副书记或者副校长。其成员包括学校办公室、教务处(实验实训中心)、科研处、人事处、发展规划处、学工部、财务处、资产处、招生就业中心、信息管理中心、教学质量督导办公室、国际交流中心、图书馆等职能处室主要负责人和各二级学院院长。组织保障监督包括经费、师资、资源三大保障。

(2)加强经费保障与监督。民办本科高校要加大一流专业项目建设就必须投入一流的经费。校内教学经费投入必须高于日常经费投入的一倍以上,并设立一流专业项目建设专项经费账户,政府专项资金要向一流专业项目建设倾斜。各专业制定经费使用细则,专款专用,重点确保一流专业项目建设所需的师资队伍、课程建设、教材建设、实验实习实训基地、智慧教室、图书资料、教学科研仪器设备等方面的建设投入。

(3)有效整合资源。一流专业项目建设按照“扶优、扶强、扶特”的原则,整合全校优质资源,重点予以倾斜。特别是搭建校内一流实践教学平台和虚拟仿真实验中心,培养学生的动手能力。积极推进校企合作,建立深度校企合作基地,实现“四合作”,确保应用型人才培养质量。要敢于加大资金投入,引进和培养高水专家型、双师型师资队伍,做到待遇留人、环境留人、感情留人、工作留人。

(4)强化责任监督,注重建设实效。一流专业项目建设应整体规划,分步实施,要强化工作落实,建立目标责任制,注重建设实效,必须出成果、见效益。学校校长负有一流专业建设的领导责任,主管教学科研的副校长是第一责任人,接受上级部门和学校学术委员会的评价、监督。二级学院院长是一流专业项目建设的直接责任人。一流专业项目建设成效将作为考核二级学院和二级学院院长的重要指标,接受学校领导、质量督导办、教学工作委员会等的评价、检查、监控。因此,各“一流专业”建设项目,必须明确目标任务、落实责任人,做到责任清晰、措施有力。学校对一流专业项目建设实施动态管理,对专业建设成绩良好的专业加大支持力度,对建设进展缓慢、建设成效欠佳的专业限期整改,整改不合格的予以撤销,并追回项目建设经费。表 9 - 1 为某民办高校“一流专业”建设、监控路径。

表9-1 “一流专业”建设、监控路径图

一级指标	二级指标	建设标准	保证监控环节
1.目标、思路与培养方案	1.1建设目标与思路	坚持“立德树人”,加强专业思政和课程思政建设,把思想政治教育贯穿人才培养全过程;坚持以学生为中心,着力深化教育教学改革,制定规划;加大与国家和地方政策衔接、配套和执行力度;推进“四新”、完善实践育人机制,培育以人才培养为中心的质量文化;一流专业教育教学理念先进,建设目标明确,改革思路清晰,达到省内领先,具有较强的示范作用和特色的一流专业	保证:学校党政主要领导、学术委员会、教学工作委员会 监控环节:通过“立德树人”及“三全育人细则”;通过“一流专业建设规划”等,接受上级教育部门检查
	1.2人才培养方案与人才培养模式	一流专业人才培养目标符合时代要求,培养规格定位准确;专业定位符合一流学院办学方向,服务面向符合社会发展需要;培养方案具有一定的创新性和科学性,并适应转型发展要求;全面推进“四合作”人才培养模式改革,突出复合型、应用型、创新创业能力培养与职业素质培养,注重知识、能力、素质协调发展,可操作性强,实施效果良好,建成省级人才培养模式创新实验区	保证:教学工作委员会,学校质量督导办公室,行业、企业专家参与 监控环节:有行业、企业专家参与,制订人才培养方案;教学工作委员会通过人才培养方案;质量督导办公室定期开展专业评估等
2.学习成果和学风建设	2.1学习成果支撑点	“立德树人”先进等各种表彰;课程教学优秀率;专业实践开出率;体能测试过关率;素质拓展、劳动、美育及第二课堂参与率与合格率;科学研究与创新创业立项;岗位执业资格证考取情况;毕业与学位授予;就业率与就业质量;跟踪毕业生调查满意等	保证:教务处、各二级学院部 保证环节:建立完整的学生学习成果申报、鉴定与软件登记系统,按照学年完整记录
2.学习成果和学风建设	2.2学习成果评价	建立健全以上支撑点的详细评价标准与体系;各项目在专业人才培养过程中的达成度及完成比率;鼓励与处罚措施,学分互认标准,专业与学习成果达成评价体系,能够对本专业学习成果的达成情况进行评价	保证:学校质量办公室、教务处、各二级学院 保证环节:按照有关分工,制定一流专业学习质量成果支撑点的详细评价标准和体系,并实施动态评价、监控与适时反馈
	2.3学风建设	建立完全学分制度、学生学习预警制度、升留级制度等,严把出口关;采取各种表彰、荣誉制度等,调动学生学习积极性;切实夯实导师制,指导学生学习,开展行之有效的学风建设活动 优化图书馆设施,大量引进慕课等优质数字学习资源,建立移动学习平台,鼓励学生线上线下学习相结合,营造良好的学习氛围;惩处学术不端、考试作弊等不良行为,要求学生学习主动、奋发向上,自觉遵守校纪校规,考风考纪良好 积极开展校园德、智、体、美、劳等文化活动,指导学生社团建设与发展;搭建学生课外科技及文体美活动平台,措施具体,学生参与面广泛,对提高学生综合素质起到了积极作用,学生评价较好	保证:教务处、质量督导办公室、学工部、资产处、图书馆、团委、各二级学院部 监考环节:通过学分制、学习信息预警制、升留级制度、毕业资格等制度;建立德、智、体、美、劳考评细则并实施动态监控与信息反馈

续表

一级指标	二级指标	建设标准	保证监控环节
3.师资队伍	3.1 队伍结构	专业教学团队结构合理,有50%以上高级职称教师组成的专业教学团队,整体水平高;专业带头人具有教授职称,且最高学历专业与本专业一致,熟悉本学科专业领域发展态势,具有较高学术造诣和学术水平,每年有高水平成果发布或者发表,具有较高知名度;有核心课程教学团队,核心团队成员由副教授以上职称教师和中青年"双师型"骨干教师组成,熟悉高等教育改革前沿动态,熟悉本学科专业领域发展态势 有省级以上教学名师、教学团队、科研团队和实践教学创新创业团队;教授给本科生上课率达到90%以上;教师参加指导各级各类教学竞赛的参与率≥70%	保证:学校人力资源处、教务处、各二级学院部 监考环节:一流专业师资引培计划、团队建设实施方案、"名师""名课""名团队"建设成果及奖罚措施
3.师资队伍	3.2 科学研究与教学研究情况	承担省部级以上教学和科学研究项目多项,有获省部级以上教学或科研成果项目;基层教学科研组织健全,广泛开展教育教学研究活动;新增横向科研项目占比50%以上,有学生参与科学研究机制;未出现重大师德师风建设失范和学术不端行为	保证:人力资源处、科研处、教务处 监控环节:科研、教改立项办法;科研、教改激励措施、师德师风建设意见、教学事故认定及处理办法及其实施机制
	3.3 师资培养	围绕"四个不足",坚持以"立德树人""四有好老师""四个统一"为目标,以提高教师育人能力为根本,制订教师能力提升、国内外进修、企业挂职锻炼等计划,并严格组织实施,建立老中青传、帮、带岗位能力培养机制,提高中青年教师教书育人的能力;建立教师人才培养水平评价标准及考评反馈机制,确保教师本科教学精力的高投入	保证:党委组织部、人力资源处、教务处、各二级学院部 监控环节:人力资源处制订一流专业详细的教师培养计划并组织实施;教务处、各二级学院部积极参与落实教师人才培养水平评价标准和考评机反馈制
4.教学条件	4.1 专项经费投入	用于专业师资队伍建设、实验室建设、课程建设、教材建设、教学方法及现代信息教育技术等专项的建设经费充足,高于其他普通专业建设50%,并保证持续增长	保证:董事会、纪检委、学校财务处、教务处质量办公室等 监控环节:教务处、各二级学院部、各专业按年度细化建设项目及专项经费的使用情况,董事会、纪检财务处监控经费使用效益
	4.2 教学设施建设	制定一流专业实验室建设规划。实验室、实习实训基地、定点班校企合作基地和图书资料等能满足培养高素质应用型一流人才的需求;加大智慧校园建设,在云、大、物、移、智方面加大投入;立项或者建成省级以上实验教学示范中心、虚拟仿真实验中心等质量工程项目;实验室实行开放管理,实验室开放率达到80%以上	保证:董事会资产处、学校财务处、教务处、各二级学院部 监控环节:资产处等监控实验室建设的数量与质量;教务处监控实验室使用与开放管理,并建立有效的实验室及其使用的评价标准,检查运行反馈机制

续表

一级指标	二级指标	建设标准	保证监控环节
5.专业建设水平	5.1 专业综合改革教学内容与课程体系改革	一流专业推进深化综合改革措施得力，成效显著；教育理念先进，以新理念、新形态、新方法推进“新工科、新医科、新农科、新文科”建设；加强专业课和教材建设，及时更新教学内容，努力打造“金课”；推动课堂革命，教学方法手段随着信息技术不断升级而不断创新；加强人才培养过程管理，激发学生学习潜能；加强实践教学平台水平建设，推动学生创新创业能力提升和全面发展，积极推进专业认证 参与课堂教学改革的教师达到 100%，课程思政、思政课程全覆盖并建成省级以上项目；参与案例、情景或项目等启发式教学的教师在课堂教学改革中达到 90%以上；参与过程考试改革门数不低于 40%；应用慕课、翻转课堂等线上线下教学方式教学的门数（次）比例大于 50% 立项或者建成省级以上精品（资源共享）课程≥3～5 门，打造“金课”占本专业课程 25%以上；在线开放课程 30%，减少验证型、演示型等类型的实验项目，适当增加创新型、综合型等类型的实验项目，建成省级以上实验教学示范中心和虚拟仿真实验中心。在实践中毕业论文选题、完成不低于 80%	保证：教学指导委员会、质量办、教务处、各二级学院部 监控环节：在省级以上思政课程建设、精品资共享课程、“金课”建设、实验示范中心、虚拟仿真实验教学中心建设等项目具有标志性成果。建立了动态监控及奖惩机制
	5.2 教材建设	使用马克思主义重点规划教材 100%，新版规划统编教材所占比例≥50%；根据应用型人才培养要求主编应用型教材、实践教学指导教材 5 部以上，有主编或参编的省级优秀教材或国家规划教材项目；实践指导书完备	保证：教务处、质量办、各二级学院 监控环节：有专业教材建设规划；每年有教材建设立项；有省级以上教材建设成果，并建立教材建设奖惩机制
	5.3 质量保障体系	教育教学管理制度健全；专业质量保障体系科学有效，各主要教学环节质量标准要求清晰明确、科学合理；教学质量保证、监控与评价体系运行良好；实现对各主要教学环节质量全程监控与常态化评价；注重校内外的评价结果进行综合分析，合理使用；毕业生持续跟踪调查反馈机制健全，人才培养质量持续改进和提高，形成了追求卓越的质量文化	保证：教学工作委员会、质量办、校友会、就业办、教务处、各二级学院部 监控环节：教学管理制度、各主要教学环节标准、运行与监控标准与机制良好等

续表

一级指标	二级指标	建设标准	保证监控环节
5.专业建设水平	5.4 产学研合作	建立吸收用人单位参与人才培养方案研究制订(修订)的有效机制,发挥产学研在人才培养中的协同作用;有与国内3家以上大型企业签署的战略合作协议或产学研合作协议,3+1顶岗实习或者订单班培养计划;积极与社会、行业以及企事业单位共建实习实训教学基地,并有深度校企合作基地,开展人才培养、教材建设、科学研究等活动,且数量呈增长趋势,积极探索本专业与社会联合培养教师的新途径 参加生产、顶岗实习人数工、医、艺等专业达到本专业总人数的80%,文、管、外等专业达到本专业总人数的40%	保证:教学工作委员会、校企合作委员会、教务处、二级学院部 监控环节:人才培养方案制订(修订)、校企战略合作、实习实训协议等有效运行及监控情况
6.人才培养质量和社会声誉	6.1 基础理论与综合素质	思政课程优良率95%以上,思想品德优秀,无品德不良的学生;通识课建设科学合理,学生选课率在良好以上;学生基础理论扎实,基本技能熟练;课程初次考试过关率和优秀率、外语和计算机能力等级考试过关率、职业证书获取率、学士学位授予率、考研率、学生第二课堂活动参与率、学生美育成绩、体质健康达标率、入党学生比率等在全校各专业中名列前前茅,在全校具有示范作用	保证:学校党委、教务处、学工部、网络信息管理处、图书馆、各二级学院部 监控环节:教务处制订一流专业人才培养方案指导意见、一流专业建设标准等;各学院根据学生德、智、体、美、劳全面发展要求,细化建设标准,并进行量化评价监控
	6.2 创新精神及实践能力	完善创新创业课程全覆盖,努力培养学生创新精神和实践能力;一流专业学生在校期间应参加省级及以上各类竞赛并有一定数量高水平获奖,参加创新创业项目训练应当达到一流专业学生的100%,并有一定数量的省级以上项目;参与各级各类竞赛的比例不得低于85%,并均能顺利结题;优秀实践报告比例达到15%;进行创新创业项目、社会实践等制度健全、成效显著;学生有10%参与论文发表、专利获取等	保证:教务处、创新创业学院、学生处、团委、各二级学院部 监控环节:双创课程建设标准及评价办法;素质拓展计划及执行情况;学科竞赛激励办法;各专业根据本专业具体情况,进行量化考核和过程监控
	6.3 学生指导制度与措施	建立“书院制”与“导师制”,制定书院制与学院相结合的人才培养制度;建立导师工作职责,推行扎实、有效持续跟进学生在整个学业过程中的“三观”教育;能在学生做人、学习、劳动、职业规划、就业创业、身心健康等方面发挥积极指导作用	保证:教务处、二级学院部 监控环节:建立“学院制”“导师制”管理办法及其评价、考核、反馈、激励等运行机制

续表

一级指标	二级指标	建设标准	保证监控环节
6.人才培养质量和社会声誉	6.4人才培养质量、社会声誉	一流专业学生在省部级及以上各类重要学科竞赛中表现突出；毕业生的创新精神、实践能力和社会责任感强；一流专业毕业生就业率、境内外升学率高，招生考试第一志愿上线率≥150%，新生报到率98%以上，毕业生一次就业率80%以上，累计就业率超过95%，受到用人单位广泛欢迎，社会声誉高，毕业生对用人单位的满意率不低于93%	保证：学术委员会、教学工作委员会、校友会、招生就业办公室、校企合作指导委员会 监控环节：专业评估、招生就业质量评估、毕业生跟踪评估、社会满意度评估常态化
	6.5示范辐射作用	一流专业建设成效显著，示范辐射作用明显，在省内同类专业中具有领先优势，在全国范围内具有较大的社会影响，能够争取通过专业认证，具有一定竞争实力	保证：党委宣传部、办公室、网络信息管理处、教务处及各二级学院部等 监控环节：舆论宣传到位，受到省级以上主流媒体报道，网络舆情良好；专业认证有序推进
7.特色	7.1专业建设水平、所具备的特色	专业人才培养方案科学合理，及时落实本科专业国家标准，构建了应用型人才培养课程体系；专业负责人教学能力强、学术水平高，在区域内有一定影响；本专业教授给本科生上课高于其他专业；有省部级以上标志性教学成果奖。在长期办学过程中积淀形成，与国内、省内其他学校同类专业相比，具有鲜明的优势与特色： (1)体现在专业办学过程中的办学方向、理念、办学思路； (2)体现在专业教育上的特色——人才培养模式、人才培养特色； (3)体现在专业教学上的特色——课程体系、教学方法以及解决教改中的重点问题等； (4)体现在专业教学管理上的特色——科学先进的教学管理制度、运行机制等； (5)体现在学科专业建设上的特色	保证：上级政府组织的评估验收机构、高等教育社会评价组织、专业认真评估机制、“麦可思研究”等中介机构 监控环节：定期邀请社会评价组织进行评价反馈；按时完成一流专业验收评估；按照计划完成专业认证等

五、教学质量监控体系构建

1.人才培养方案与大纲监控

(1)人才培养以学生为中心，以立德树人为根本。大学教育以教学为中心，以提高人才培养质量为目标。人才培养质量监控体系包括人才培养各主要环节质量标准子系统、质量保障子系统、质量监控子系统、质量运行及信息反馈子系统。本节仅仅从传统教学质量监控子系统论述教学过程的质量控制。侧重于对课堂教学、围绕课堂教学的主要环节、教师授课、学生学习的质量控制，而非大学人才培养的全程、全要素控制。主要依据“学校各主要教学环节质量标准”“学校本科教学工作规范”等，对课堂教学从人才培养方案的制订、课前准备、教学过程、教案、课外作业与辅导、成绩考评等方面实施的教学过程主要环节监控。

(2)人才培养方案、课程教学大纲制订(修订)及执行监控。各二级学院依据《关于制订(修订)本科人才培养方案的原则意见》《关于制订(修订)教学大纲的若干规定》，按照学生中心、成果导向、企业参与、反向设计的路径，对人才培养方案的制订(修订)、培养方案执行、教学大纲编写、执行等方面进行质量监控。

监控点：学校领导班子对学校人才培养方案指导意见制订的办学定位、社会调查、科学论证等精力投入情况；教学工作委员会的科学论证情况；二级学院制订人才培养方案与大纲参与社会调查、行业企业参与论证情况，是否全员参与、全员认可、符合应用型人才培养目标；人才培养方案与大纲制订后在执行过程中是否严格，课程内容调整是否执行严格审批程序；是否有每年一微调、三年一小调、五年一大调的相关依据和制度。

2. 任课教师的选用监控

能否做到“四有好老师”“四个统一”的要求，在入职或者任课时庄严承诺热爱民办高等教育事业，有强烈的事业心、高度的责任感和全身心投入、完全履行教师职责的职业精神。

能否严格遵守教育部《新时代高校教师执业行为十项准则》，严于律己，遵纪守法，遵守社会公德，品行端正；团结协作，治学严谨，为人师表，教书育人，关心爱护并严格要求学生，促进和帮助学生全面发展。

关心国家及区域经济社会发展，始终关注并了解国家高等教育方针政策，认真学习教育理论，熟悉高等教育教学规律，不断更新教育观念，积极参与教学改革，积极承担教学任务，在实践中不断总结、积累教学经验，不断提高教学水平。

能够坚持课程与职业岗位对接，教学过程与生产过程对接，系统掌握本学科的基本理论知识和基本技能，积极挂职锻炼，获取“双师双能”素质；跟踪学科发展和技术前沿，不断更新、完善知识结构，提高人才培养能力，至少能够承担三门以上专业课程教学或者指导学生学习；积极从事科学研究活动，承担“导师”任务，指导学生开展创新创业及第二课堂活动。注重实践，勇于创新，不断提高学术水平。

积极开展信息技术的学习和应用，能否将“互联网＋课堂＋课外”充分运用于人才培养的全过程，通过慕课、微课、翻转课堂、学生学习结合，提高课堂教学质量，并有相应成果。

首次授课的教师还应做到:是否积极开展听课评课活动,能够接受院系领导及老教师的指导,做好6个月到1年的辅助教学工作;主动要求到企业挂职锻炼1个月到2个月,提高双师素质,学习相关职业技能;提交即将讲授的较详尽的拟授课程的相关教学资料(包括教学大纲、教材或自编讲义、参考资料、教案、课件等);是否经过所在二级学院(部)统一组织的课程试讲,经所在院(系)评议并审核批准后方可开课并报教务处备案。

3. 授课前教学资料准备与监控

监控每一位老师授课前的教材、大纲、教案(含课件)、教学日历、课堂考勤考核册等准备情况。

(1)教材选用。各门课程应有符合教学大纲的教材或讲义,包括理论课程教材、实验教学教材、实验指导书等。应用型高校应当选用符合办学定位、人才培养定位、就业定位的国家标准的应用型教材或者讲义。教材选用要按照学校征订和专家论证程序进行,杜绝违规选用教材行为。

(2)教学大纲。监控的主要观测点是对接办学定位、应用型人才培养"课程要与岗位对接"的要求,并经过课程组与行业企业共同论证确定大纲制定,并经系主任、教学院长签字。

(3)教学日历。按照应用型教材内容、教学大纲、校历进行科学规划,合理安排教学进度表,并经系主任签字。

(4)教案与课件。应按教学大纲和学校教学日历的具体要求编写。教案也称为教学设计,主要内容一般包括:较详细的授课重点难点、以学生为中心的课堂设计,包括线上线下相结合的教学手段;案例式、互动式教学活动;教学的重点与难点、作业等过程考核;课后作业的设计与部署;课后笔记;等等。教师在每学期开学前应准备好该课程的三分之一或二分之一以上的教案。教师教案不一定每学期重写,但应不断更新、充实教案内容,并能够监控到更新的内容和痕迹。

(5)考勤与记分册。民办高校基于学生的学习态度,必须严格课堂管理,认真考勤,同时为了提高课堂教学质量,任课教师应在每学期开学前按照学校教务处相关规定,认真设计过程考核方案,达到学生全员参与,把学习动力、压力、成果传导到每一节课和每一位学生。

4. 对教学过程监控

(1)备课监控。

第一,教材变成课程关键是讲义编写及课堂设计。监控的首要环节是"课程思政",要把教书育人统一起来,课堂教学的每一个环节都应当贯彻"立德树人"的宗旨,把"专业思政"落实到"课程思政"中,培养德才兼备的高素质专业人才。

第二，监控教师备课时照搬教材还是结合学生实际备学生、备教材、备方法，把创新意识和创新思维贯穿其中。

第三，监控教师对所讲课程的定位把控。教师是否认真研究人才培养方案，明确本课程在整个教学计划中的地位和作用，处理好本课程与先修课程、平行课程和后续课程的衔接关系。

第四，教师是否掌握教材的内在逻辑关系、结构体系，准确理解和掌握有关理论、概念，明确各章节的重点、难点，设计好练习题和思考题等；是否广泛阅读有关文献和教学参考书，了解有关社会实际、科学技术和本学科的发展情况，并结合自己的科研成果，创造性地进行教学。

第五，监控是否是“水课”。教师能否将自己的课程建设成或者部分建成在线开放课程，采取案例式教学，充分运用多媒体技术，开展课堂互动，力求做到教学内容与方法的优化组合。

第六，对多名教师同时讲授的课程，是否开展集体备课制度并形成课程教学团队，以求集思广益、取长补短，统一基本教学要求和教学进度，打造“金课”。

(2)课堂教学过程监控。

教师是否能够坚持“四个自信”；是否存在课堂教学及其他教学活动中散布违背《新时代高校教师执业行为十条准则》的行为；是否按时上、下课；是否保持服饰整洁，讲究文明礼貌；是否能够做到不在教室内吸烟，是否能够做到“为人师表”。

新学期开课时，教师客观自我介绍、公布联系方式，以增进师生间的了解。教师除了简要介绍本课程的讲授计划外，还应说明本课程的考核方式及考核各环节(作业、测验、实验、期中和期末考试等)在成绩评定中所占比例。

课堂讲授要力争做到“两性一度”，即创新性、高阶性、挑战度。讲课思路清晰、概念准确、论证严密、逻辑性强；重点、难点突出，深广度适宜；反映本学科和相近学科的新成果、新进展，让学生了解学科中的问题和争议；理论联系实际，提高学生解决实际问题的思路、方法和能力，特别是创造性思维能力的培养；力求语言新颖、流畅、生动，板书清楚规范。线上线下结合紧密，切忌照本宣科，平铺直叙，脱离实际。

坚持以学生为中心，教学相长，推进教学过程与生产过程对接，提高学生应用能力；重视学生对讲课效果的信息反馈，经常了解学生对教学的意见、建议，及时进行教学方法、手段的调整，力求教与学的协调一致；教师应注意维持课堂秩序，教育和督促学生遵守课堂纪律，发现问题及时处理，并于课后向学生所在二级学院(部)反映。

推进“课堂革命”，注重课堂讨论：监控教师是否对课堂讨论精心设计。对于单独设置的讨论课，教师应编写好讨论提纲和实施步骤，并将讨论主题事先通知学生，使学生在课前有充分的准备。对于附设在理论课中的课堂讨论，也要明确教学要求，纳入授课计划。课堂讨论中，教师是否应发挥主导作用，把握好讨论的方向，积极启发、引导学生，使讨论始终围绕论题中心深入开展，学生参与率高，教学效果好。在讨论中，要注意培养学生的辩证思维、论辩能力，鼓励学生的创新性见解并做好课堂讨论小结。

5. 课后监控

作业和训练：课后作业是帮助学生巩固、消化和深入理解理论知识，扩大知识面，培养学生分析问题和解决问题能力的重要环节。对应用型本科而言，课后实训及实验是提高应用型人才能力的主要渠道。任课教师应根据课程要求，将作业、习题、实验、实训等列入教案、教学日历。

教师在作业布置、课后实践等方面要以问题为导向，着眼于学生能力培养，精心设计，反对只顾数量、不管质量，作业与课后辅导要达到培养学生应用能力和创新意识的目的。课后作业与训练应当至少达到课程的 1∶1 以上。

教师应按照学校要求开放实验实训室并指导实验，要指导学生完成并收取全部学生作业，指导与批改要及时、认真、细致、严格，并做出记录。对作业中出现的问题，要有专门的记载，对带有普遍性的问题，应在课堂上予以纠正。教师要通过作业和课后辅导训练，指导学生提炼创新创业项目，参加学科竞赛，提高创新能力。

学生平时的作业、训练项目等应作为对学生考核成绩的依据之一。对不按时完成作业或实验实训项目的学生，教师应及时给予批评教育，可限期补做。

二级学院(部)应不定期抽查学生的作业和课后实训，以了解教师批改作业和指导实验实训的质量，教务处通过期中、期末两次大检查，提高监控力度，并作为考核院系、教师教学工作质量的依据之一。

辅导和答疑：辅导、答疑是课堂讲授的重要补充。教师可通过辅导、答疑检查教学效果，帮助学生解决学习中的疑难问题，指导学生自学、改进学习方法及思维方法，也是贯彻因材施教、提高教学质量的一个重要教学环节。这是监控书院制和导师制工作的重要一环。辅导、答疑应当包括线上答疑和现场辅导相结合。

监控点：任课教师是否做好辅导、答疑工作，建立 QQ 群，及时公布辅导、答疑的时间和地点；辅导、答疑采取什么方式？是以个别进行为主，还是对共性问题进行集体辅导？教师在指导学生辅导、答疑过程中，应注意了解学生的学习效果，不断改进辅导、答疑方法。

6. 实验实训教学监控

实验实训教学是应用型高校最重要的教学环节。实验实训教学的基本任务是：验证和加深理解、巩固所学的理论知识；培养学生的实际动手能力，使学生受到科学实验方法和技能的基本训练；培养学生的观察力、创造力、综合运用所学知识解决实际问题的能力以及严谨的科学态度、积极的探索精神和实事求是的工作作风，为将来就业打下良好的基础。实验实训教学应当按照学校“实验实训教学管理规定”进行严格监控。

7. 课程论文与课程设计监控

课程论文是培养文科学生综合运用课堂学到的知识和方法，解决实际问题能力训练的一个必经环节。课程设计是培养理工科学生运用本课程相关理论和技术进行综合设计，提高应用能力，掌握相关技能的重要途径。

课程论文或课程设计监控：一是教师是否根据教学计划及课程教学大纲要求，事先拟订论文或设计的题目和要求。二是课程设计或论文是否有创新性和创造性。三是在指导学生设计过程中，是否严格要求学生，并建立课程论文的查重制度和课程设计的检验机制：使学生能独立完成论文写作任务或设计任务，得到应用能力或设计能力的初步训练。鼓励学生在教师及所学课程的理论指导下，自主选择研究或设计的内容。四是教师应认真批阅学生的课程论文或课程设计，根据学生独立完成情况，方案的正确性、先进性和可行性及论文水平，论文或设计的规范化程度等，写出较详细的评语并评定成绩。对十分优秀的课程论文可以推荐发表，对有指导实践性、创新性的课程设计，教师可以推荐创新创业项目或者培育科技发明，申报专利。

8. 课程考核监控

课程考核是检验学生掌握所学课程的基本理论和基本技能的重要手段，是反映教师教学质量和学生学习效果的重要渠道。教师在课程考核的过程中按学校“本科生课程考核管理规定(试行)”执行。

9. 实习监控

应用型本科高校应该坚持“五个对接”和“四育人”的人才培养路径，学校要建立广泛的校企合作、校地合作、校政合作机制。建立严格的实习实训体系和实习实训质量监控体系。主要监控环节应当包括：一是建立深度合作的“订单班”顶岗实习制度；二是建立校企合作的实习(包括认知实习、教学实习、毕业实习等)机制，保证应用型人才培养实践教学时间不低于总学分的30%；三是建立“双导师制”指导实习制度，强化实践教学周的质量检查；四是建立学生实习实训质量考核评价机制，保证毕业生与就业岗位无缝对接，顺利上岗就业。对有条件、有要求的专业毕业生，推行“本科3+1”的毕业实习模式。

第十章　建设应用型民办本科高校的探索

由于你不可能做到你所希望做到的一切，因此，你就应当做到你能够做到的一切。

——[意大利]泰伦底乌斯

绝大多数民办本科高校，往往都有一个明确的办学目标、美丽的校园环境、明晰的校训和大学精神，但“前途是光明的，道路是曲折的”，未来谁才是民办本科高校的典范，不在于谁说得好，关键在于谁做得好，市场不相信弱者的眼泪，只有找准定位和发展路径，“扶强、扶优、扶特”才有出路。办大学“没有最好，只有更好”，民办本科高校只有“做自己能够做到的一切”才能最终摆脱困境。

一、建设应用型民办本科高校的思考

1. 社会的新需求

扎根中国办大学，必须从中国国情出发，服务于中华民族的伟大复兴，坚持为人民服务，为中国共产党治国理政服务，为巩固和发展中国特色社会主义制度服务，为改革开放和社会主义现代化建设服务。进入新时代，国家的核心任务是现代化建设，而现代化建设最需要的是人才。人才可以按照行业、产业、职业等划分为不同类型、不同层次、不同方面。早在 20 世纪中叶，人们曾经把“城乡之间、工农之间、脑力劳动与体力劳动之间”称之为“三大差别”，这种差别当时就意味着社会分工不同，意味着职业的区别。随着 21 世纪中国科技进步、产业转型升级、现代服务业快速发展，社会生产高度发达，分工愈来愈细，科技日新月异，产业及职业岗位淘汰加速，第一、二产业比例迅速降低，中国越来越急需服务于一线的政治宣传、中小企业管理、社区服务、家庭住宅水电暖维修、公共防疫与卫生、健康护理、早教托育、教育培训、科技应用、电子商务、文化产业创新、三农服务等应用型、复合型、技能型高素质专门人才。国家高等教育普及化以后，急需建立现代高等教育新体系。特别是以文管类为特色的新建民办本科高校，向应用型转型有着特殊的发展意义。进入新时代以来，我国三大产业结构发生了根本性变化，第一产业、第二产业、第三产业比重分别已达到 11%、48.5%、40.5%。按照美、日等发达国家三大产业的发展态势，在未来的就业需求中，社会服务、社会管理、文化产业等比重会越来越高，特别是一些大中小城市，交通服务、商贸服务、健康服务、家政服务、教育服务、文化服务等现代服务业就业需求会更加旺盛。同时，我国是一个人口大国，吃饭问题始终是首要问题。农村的振兴、农业的现代化发展、农民的富裕，保持我国18亿亩耕地，牢牢守住“粮袋子”和“菜篮子”，培育三农人才，振兴农村服务关系着我国的安全稳定和未来发展。所以，作为文科类民办本科高校，按照积极为区域经济社会发展服务，主动探索转型发展之路，是实现民办本科高校内涵发展、特色发展和可持续发展的内在需要。据统计，新建本科院校文学、管理学专业在校生规模几乎占到总人数一半，有的院校甚至超过70%。这类院校主动进行转型发展试点探索，具有重要的现实意义，能够为民办高等学校和应用型文、管类院校转型发展提供宝贵经验。

2. 世界的新变化

建设世界高等教育强国，是“中国梦”的重要内容，关系着中国的崛起和中华民族的伟大复兴，同时关系着新时代以国内经济循环为主、国际国内双循环的人才需求。一个国家高等教育实力和竞争力不仅仅在于几个顶尖大学的发展水平，关键在于这个国家高等教育发展的整体实力。中国“双一流”大学占比很小，服务国家和世界交流与合作同样离不开新建应用型地方普通高校。国家需要外交家、战略家、军事家、科学家和尖端工程技术专家，也同样需要大量复合型、应用型、技术型普通的劳动者。

3. 未来的新态势

大学既要适应经济社会发展要求，又要引领社会发展。信息技术的发展导致人类“第四次工业革命”，人类面临行业、产业大分化、大融合，职业岗位专业化、精细化、自动化，就业需要高素质、复合型、高技术人才。科学技术的不断发明与应用，推动产业的转型升级和产品的升级换代，职业岗位的交叉融合、淘汰升级已经常态化，特别是云计算、大数据、物联网、移动技术、人工智能等，突破了人类经验的限制，不仅在体育、娱乐行业而且在人工智能图像识别、语音识别、机器翻译、无人驾驶、人机交互等领域发生了颠覆性变化，特别是在学习领域发生了革命性突破，所产生的后果至今难以预料。传统的就业岗位、普通的劳动者需求越来越少，要求掌握信息技术、自动化生产的新农科、新医科、新工科、新文科的新型人才供不应求。新建地方高等学校特别是文管类民办高校按照专业人才培养模式面临越来越大的挑战。新的技术市场、产业市场、就业市场面临观念的改变、思维方式的改变、知识的更新和技术的再学习，因此，一流应用型大学的建设、人才的培养要求对科学技术的发展、产业的转型升级、就业岗位的变化做出科学预测，在应用型人才培养体制机制建设、人才培养模式改革、人才培养重点等相关领域，需要进一步预见未来发展对人才培养规格的新要求。

4. 高等教育的新分化

我国高等教育“放管服”改革具有必然趋势，高校分类建设、分层管理也是必然的。小部分研究型高校、大部分应用型高校已经轮廓清晰，从 2019 年开始，大部分省份高考二、三本合并招生，在国家新建 15 所本科高校的命名中统一添加“职业大学”的标识，打通了中等专业学校、高等职业学校、本科层次的职业大学通道，连同应用型本科高校一起形成了应用技术型人才培养的巨大方阵。随着我国高等教育大众化向普及化过度，在人才供给能力进一步提高的同时，人才供求总体上会存在总量短缺与结构性短缺、供给性短缺与需求性短缺并存的状况。因此，民办本科高校转型发展是经济社会转型升级的必然要求。

我国职业技术教育滞后有目共睹，特别是高等职业教育远远落后于西方发达国家。导致高等教育结构与社会人才需求不相匹配，产业发展出现比较严重的应用技术型人才短缺。据统计，当前我国获得国家职业资格证书及具有相当水平的技能劳动者仅占所有城镇从业人员的 33%左右，包括高级技师、技师、高级工在内的高技能人才则仅占技能劳动者的 21%左右，而发达国家的这两个比例分别是 50%以上和 30%。国务院《关于加快发展现代职业教育的决定》提出：要适应技术进步和生产方式变革以及社会公共服务的需要，积极推进高等教育结构调整，加快现代职业教育体系建设，引导地方高校转型发展，培养高素质劳动者和技术技能人才。地方本科院校转型发展是高等教育结构调整的内在必然。社会需要大批掌握新知识和新技术并具有创新意识、创业能力和动手能力的高素质劳动者和创新型、复合型、管理型人才。国家只有引导地方民办本科高校转型发展，鼓励民办本科高校的举办者、校长创办应用型大学，才能避免高等教育的同质化，把市场和人民需要的大学做优、做强、做特。

5. 学生的新状态

民办本科高校的学生普遍存在分数比较低、基础比较差、学习意志不够坚定、自我约束力不强的现象；他们多为家庭经济条件不好的弱势群体；他们品德善良、有正义感、身体健康、性格活泼、兴趣广泛、智力良好。特别在信息技术方面，他们对信息技术具有“无师自通”的应用能力。进入大学后智慧校园、智慧教室、国家精品资源在线课程使他们完全有可能实现自我超越。据相关资料分析：“人工智能+教育大数据”可以使教学效率平均提升 30%，教师备课重复性工作显著减少，学生无效学习时间减少 40%，知识点学习时间显著减少。只有坚持以生为本、因材施教，一流应用型高校、一流应用型人才培养才能实现。坚持以生为本（或以学生为中心）就是要从学生的角度，在一流本科教育的建设过程中充分考虑学生的兴趣爱好、心理需求、个性特征、动机潜能和全面发展，将学生从一流本科教育成果的接受者转变为一流本科教育的建设者。在人才培养过程中,除要培养学生的学习兴趣、挖掘学生的学习潜能、满足学生的个性化需求、将学生转变为积极主动的学习者、注重以德树人和学生的全面发展等外,还要重视和鼓励学生参与课堂教学方式、教育教学评价、教育教学组织、人才培养模式改革,设身处地地考虑学生的兴趣、接受程度,只有这样才能使各种教育教学改革成效更好地体现在学生日后的学习效果上。应用型民办本科高校的举办者和校领导,一定要沉下心,聚焦民办本科高校的生源质量,做好办学定位、学科专业定位、人才培养目标定位等顶层设计,做一流应用型民办本科高校建设的拓荒者。

二、民办本科高校转型发展经验

所谓新建地方本科高校,就是2000年以来一批中专、高专、高职学校合并升格的本科高校。从当前地方本科高校发展状态看,可以划分为应用型和职业技术型,引导新建地方本科高校转型发展,主要指这些本科高校它既包括公办高校也包括民办高校。职业技术型本科不存在转型问题,因为从升格之初办学定位就是职业技术型人才培养。为进一步做好民办本科高校转型发展,指导新建地方本科高校向应用型转型,陕西省教育厅委托省高等教育学会早在2016年初就组织相关专家对本省的转型试点高校进行检查与调研,检查调研的对象有地方公办本科高校、民办本科高校和部分省内重点大学的某些转型试点专业。检查、调研的内容有办学定位、治理结构、转型路径和特色转型目标、学科专业调整思路、“双师双能型”师资队伍建设、应用型人才培养模式改革、校企合作与创新创业教育、服务区域经济和社会发展等,被检查、调研的高校,都进行了积极探索,取得了较好效果,获得了一些发展共识和经验。这里我们就民办本科高校的转型发展试点案例总结如下。

1. 共同做法和经验

各试点民办本科高校在转型过程中,指导思想明确,注重顶层设计,把办学思路真正转到服务区域地方经济社会发展,深化产教融合、校企合作,积极培养应用型、技能型人才,学生创新创业上来。围绕和贯穿“合作办学,合作育人,合作发展,合作就业”主线,明确应用型办学定位、调整专业设置、重构应用型课程体系、强化应用型科学研究、提升师资队伍水平、优化学科建设,全面提高办学水平和应用型人才培养质量。

2. 明确类型定位和转型路径,全面启动试点工作

各试点民办本科高校均高度重视转型发展工作,普遍成立了以校长或董(理)事长为组长的转型发展试点工作领导小组,集中统一领导本校转型发展试点工作,

组织开展了转型发展思想大讨论，确立了应用型的类型定位和培养应用型人才的使命。各高校均制订了转型发展试点实施方案和实施时间表、路线图。转型发展的顶层设计和实施方案已经初步形成，运行良好。尤其是各高校“地方性、应用型”的办学定位日益明确，开始注重创新创业人才培养，注重转型发展试点工作的制度设计，注重建立行业、企业合作发展平台，注重捕捉新产业、新业态、新技术，注重转型经费投入，紧密结合学校实际，采取务实扎实的举措，推进试点工作有序、有效发展。

3. 加快融入区域经济社会发展，逐步明晰办学思路

试点民办本科高校都在积极建立学校、地方、行业、企业参与的合作办学、合作治理机制，将应用型专业调整作为学校办学的依托和主体。各高校根据产业链的发展方向、行业企业合作伙伴的需求积极调整专业设置，建立专业与产业对接的专业链，普遍建立了专业动态调整机制，加大了专业调整力度。各试点民办本科高校结合本校专业设置特点和地方经济社会发展需求，积极改造传统专业，申办新专业，积极打造应用型专业集群。据统计，试点民办本科高校共组建专业集群68个，全面对接产业链、创新链、人才链。同时，围绕大学章程建设，试点高校在产教融合、校企合作方面积极探索，行业企业和用人单位参与理事会(董事会)、专业指导委员会的体制进一步健全和完善。通过专业设置和调整，更好地体现了地方性、应用型的办学定位，体现了错位发展、特色发展，学校服务区域经济社会发展的能力进一步增强。

4. 以课程教学改革为抓手，创新人才培养模式

试点民办本科高校普遍认识到，课程教学改革是决定大学应用型人才培养质量的最基本单元，在某种程度上决定了民办本科高校人才培养的质量。因此，试点高校开展了一系列课堂教学改革的有益探索，一是探索教学内容与岗位职责对接。各校在制订人才培养方案时，比较注重从岗位能力倒推培养方案，并且充分估计技术进步对岗位能力的未来要求，提前进行课程设计。二是关注课堂教学质量提高，积极开展课堂教学方法改革，探索教学过程与生产过程对接。各试点民办本科院校均积极探索和采用了一系列新的教学方法，摒弃满堂灌，积极采用案例式、讨论式、项目式等方式教学，充分利用信息技术和多媒体课程资源，开展网上学习，精讲精练，活动育人，教学效果显著提高。积极改革考核方式，变终结性考试为过程考试，充分提高学生应用能力。三是重视建立基于应用型人才培养的教学质量保障体系。试点高校普遍建立了质量办、督导室，根据学校转型发展的要求，积极调研，全面开展对质量保证体系的修订，积极跟进应用型人才培养的质量保证。四是围绕应用型人才培养目标，启动或完成了人才培养方案修订工作，通过调整课程体系、加大实践教学比重，大部分试点高校人才培养方案的实践教学学分比重接近或超过30%。

5. 以问题为导向，积极开展应用型科学研究

试点民办本科高校的领导和广大教师对于应用型科学研究的重要性有比较深刻的认识。一致认为，应用型大学一定要有面向实际应用的科研，应用型科学研究是培养应用型高级专门人才的必然要求，也是融入并服务区域经济社会发展、提高办学声誉的必要条件。在开展应用型科研方面，试点高校坚持立足地方，立足行业、企业，从实际问题出发，突出应用，满足地方、行业和企业需求。在科研定位方面，一些工科类民办本科院校提出以应用技术研究、技术集成、技术创新为主要落脚点，以解决企业、行业的实际问题为出发点，坚持学术性与职业性的统一。各高校均结合学校实际，投入了一定资金开展应用型研究。试点以来，各校设立应用型科研课题 100 余项，这些以问题为导向的应用型科研课题，有力地回应了地方、企业、行业的关注点，并为地方、行业和企业发展提供有力的智力支撑。同时，试点高校主动承接地方继续教育任务，加强与行业和领先企业合作，使转型高校成为地方政府、行业和企业依赖的继续教育基地，成为适应技术加速进步的“加油站”、顺应传统产业变革的“换乘站”、促进新兴产业发展的人才培养高地，服务区域经济社会发展能力再度提升。

6. 加强“双师双能型”教师队伍建设，探索教师转型路径

高校转型是一项综合改革，然而转到深处是教学，转到难处是教师。各试点民办本科高校在“双师双能型”教师队伍建设方面，均加大了工作力度。一是组建了教师发展中心，出台了学校“双师双能型”教师队伍建设规划。二是积极开展“双师双能型”教师队伍考核评价探索，鼓励和引导教师积极转型。三是探索“引育并举”策略，探索“双师双能型”师资队伍建设的新途径。学校一方面为地方、企业、行业高级专业技术人员参与学校人才培养搭建了平台，积极引进行业公认的专才，聘请企业优秀专业技术人才、管理人才和高技能人才作为专业建设带头人，担任专兼职教师。另一方面，学校有计划地选送教师指导学生创新创业、下企业挂职锻炼等，不断激励教师提高自身实践能力的主动性、积极性。

7. 以创新创业教育为突破口，提高人才培养质量

试点民办本科高校认真贯彻落实国务院办公厅印发的《关于深化高等学校创新创业教育改革的实施意见》精神，全面贯彻党的教育方针，落实立德树人的根本任务，坚持创新引领创业、创业带动就业，主动适应经济发展新常态，以推进素质教育为主题，以提高人才培养质量为核心，以构建创新人才培养机制为重点，以完善条件和政策保障为支撑。根据民办学校办学实际，一是大部分试点高校制定了创新创业实施意见，在人才培养方案修订中，将创新创业教育课程贯穿人才培养全过程。二是大部分学校成立了创新创业学院或创新创业中心，组建了大学生创业孵

化园，一批创业孵化项目入驻园区，产生了初步的社会效益。三是通过举办创业讲座、创业培训、成立创业社团等形式，鼓励学生参与创业孵化实践，对提升学生创业能力起到了积极作用。四是创业教育指导教师队伍建设、创业课程体系建设有了新的进展，创业实践教学条件和创业教育体系不断得到完善。

三、民办本科高校转型试点亮点案例

案例1：坚持完善转型发展的顶层设计，积极开展综合改革

试点高校建立了"一章八制"和行业、企业参与的治理结构，参加了"应用技术大学（学院）联盟"。为推进整体转型，学校实施董事会领导、党委监督、院长负责及以二级学院为中心、以系为主体的三级管理机制，培养年轻管理人才，发挥专家学者的传帮带作用，实行精细化管理，构建了本科院校转型发展的体制。明确民办本科高校类型定位和转型路径，加快应用型人才培养模式改革，学校围绕"大众创业，万众创新""互联网＋"和"一带一路"等，按照应用型、地方性、国际化的办学定位，积极调整专业结构，在强化外语特色的同时，报批了学前教育、养老护理、社会工作等应用型专业，专业结构日趋合理。实行了"外语＋专业＋创新创业技能"和"专业＋外语＋创新创业技能"的应用型、复合型人才培养模式改革。转型发展措施系统给力，积极主动为西安国际化大都市服务。全面实施理论教学与实践教学并重的"一主体双引擎"人才培养计划，全面实施读书、做人、变革、奋进的导师制，把立德树人落到实处。积极开展国际合作，与加拿大菲莎河谷大学、韩国大真大学等建立社会工作合作班，着力培养应用型、国际化人才，并发挥学校外语专业优势，在西安高新区建立韩语培训中心，为三星公司培训了600多名管理干部，积极为西安国际化大都市发展服务。制定了转型专业建设与发展规划，下发了《关于制订应用型人才培养方案的指导意见》，全面启动新一版人才培养方案修订工作。加强"双师双能型"教师队伍建设，创新创业教育初见成效。学校制定了《关于双师双能型教师认定办法》，充分发挥教师发展中心的作用，投入近百万元选送骨干教师出国出境培训和企业挂职锻炼。学校划拨700万元启动经费，成立了创新创业学院，实现了机构、人员、地点、经费四到位，双创学院下设创新创业教研室、大学生创新创业项目孵化中心，已经有一批孵化项目入驻。学校就业培训中心获批陕西省人社厅创新创业培训定点机构，实现了所有专业创新创业课程全覆盖。学校投入5.6亿人民币重点打造西安高新区大学生创新创业园区，学科竞赛、大学生创新创业训练项目、创新创业孵化项目等均获得较大进步。

案例2：围绕转型发展试点工作，确立了应用型的类型定位和培养应用型、技能型人才的目标定位

试点高校根据转型发展的路线图，修订了《关于调整2015级本科专业人才培养方案的意见》，30个专业制订了《2015级本科专业人才培养方案》。学校紧紧围绕转型发展的历史机遇，注重由规模扩张向内涵建设转变，重视产教融合和校企合作。学校为适应转型发展，加强实验实训基地建设，以能力培养为中心，采取了相应的配套措施，推进教学过程与生产过程对接。扩大企业专家在学术委员会中的比例，加强双师型师资队伍建设，重视创新创业教育并取得实效，实践教学比重达到转型发展有关要求，注重办学特色的培育，坚持女性教育传统，注重女性适应就业的技能训练，提高女性应用能力并形成亮点。

案例3:积极推进转型发展的体制机制构建，注重“双创”教育

试点高校探索建立了“董事会决策、校长负责、党委监督、教授治学、民主管理、依法治校”的现代民办大学制度，成立了发展部、教学部、行政部、财审部，优化了内部权力结构和运行机制，实现了学校管理重心的下移。主动适应区域经济社会发展需求，调整学科专业结构，加强实践教学体系建设。逐步形成了以商、文、医为主，工、艺、农协调发展的应用型专业结构体系。学校积极深化教学改革，探索应用型人才培养体系、课程体系和“五位一体”的实践教学体系，建立了293个校外实验实训实习基地。探索建立了“3＋1”和“小学期”制人才培养模式，探索试行完全学分制，开展了教学内容、教学方法、课程体系、考核评价等全方位的教学改革。《产教融合模式下的国际陆港物流人才培养体系探索与实践》成果获得所在省高等教育教学成果二等奖。

注重人才培养模式改革，创新创业教育成效明显。建立了“区分三个层次，构建三个模块，注重三个结合”的创业孵化链创业人才培养模式，创办了四个校内大学生创业实践基地，建设了1.2万平方米的大学生创业孵化园区，建立“双元双师”制，形成了“创业教育＋创业帮助＋风险投资”的创业教育格局，编写出版了创业教育教材5部，承担了10多项创新创业教育研究课题，创业学院被评为省级大学生实践育人创新创业示范基地。全面加强应用型师资队伍建设，开发了30余门个性化培训课程，选派教职工600余人次参加培训。公派出国进修、挂职锻炼、国内外访问学者近30人，教师参加各类研讨会近200人次。学校聘请企业导师、创业导师54人；聘请客座教授、特聘教授(含副教授)55人。学校有双师型教师89人，具有工程、行业背景任职经历的教师132人。

案例4:对接产业需求，推进学院与企业一体化人才培养模式改革

试点高校抓住新产业、新业态和新技术，围绕现代服务业发展需求，深化学校综合改革，着力专业调整和管理创新，采取对接产业发展调整分院的方式，在专业链与产业链对接方面进行了探索，完成了分院设置与专业调整，形成以经济和管理为主，包括艺术、文学、教育和工学在内的多科性专业体系。

坚持按照“产教融合、校企合作”的原则，根据应用技术型人才培养需求，打造了教育空间环境，着力改善校内实习实训条件，形成了符合学生成长特点的沟通交流平台和实习实训平台。积极修订应用型人才培养方案，推动以能力为中心的课程进行改革，实践教学比例得到大幅度提高。

围绕转型发展试点任务，确定了总体发展目标和四个阶段任务，试点工作整体推进有序，在校企合作、师资队伍建设、专业动态调整、实验实习实训基地建设、创新创业教育体系等方面有所推进，积累了相关经验。

案例5:实施“三链对接”的专业结构调整，探索“一体多翼”的人才培养模式改革

试点高校建立紧密对接产业链、创新链，调整专业结构，形成了以机械设计及其自动化、土木工程等为代表的工科专业集群，以会计学、电子商务为代表的现代服务业专业集群，以工业设计、视觉传达为代表的艺术设计专业集群等“三大”专业群。新设置了3D打印、物联网等专业，并大力建设电子商务等支撑新兴产业发展的相关专业，专业布局结构不断优化。

探索形成了“一体多翼”人才培养模式，以“定向班”“订单班”为切入点，突出协作育人和实践育人，注重工学结合、产教融合、校企合作。与485家企业建立了合作关系，校企合作实践基地已达355个，获批省级大学生校外实践教育基地2个。学校重视创新创业教育，初步构建了创新创业教育体系。鼓励学生参与创业孵化实践，17个团队创业孵化基地入驻。积极开展师资队伍建设，通过“一师一优课”活动提升教师教育教学能力，注重引进优秀企业技术人员和管理人员担任专兼职教师，“双师型”教师占专职教师总数已达30.6%。

注重加强研究生教育工作，改革优化招生模式，推进课程内容与职业资格证对接，突出学生职业能力培养；加强课程体系建设，改革教学形式，加强研究生校内外实践基地建设，加强导师队伍建设，建立评估检查制度，研究生教育管理工作取得了一定成效。

案例6:加强转型发展理论研究，建立“企业制学院”，创新创业教育获得重要突破

试点高校根据国家、所在省教育厅转型发展文件精神，认真制定了“8418工程”转型试点方案，完善顶层设计。明晰了试点当年各项工作的路径图、时间列表和任务分工，在财务预算外投入1000万元，用于支持转型试点，转型试点工作稳步推进。

该高校十分注重适应转型发展的体制改革和专业建设，调整教学组织机构，将12个分院调整为9个，实施专本科教学剥离，建立了对接行业的4个专业集群，扩大行业人士在专业教学指导委员会中占比，建立“企业制学院”，促进行业企业参与人才培养全过程。

围绕转型发展方向，开展转型发展理论研究，在全校范围以转型发展课题立项、大讨论的方式，宣传贯彻转型发展定位和战略，立项 8 个转型研究课题，其中 6 个已转换为校内实施方案，出版转型理论专著 2 部，转型教改课题获省级立项 2 项。

该高校建有创新创业教育研究指导中心和创业训练展示中心，将“创新思维与能力”作为必修课纳入人才培养方案。“大学生创新教育实践研究”课题获省级高等教育教学成果一等奖，《大学生创新教育》教材获省级普通高等学校优秀教材，学校被所在省教育厅授予“创新创业人才培养模式创新实验区”、中国创造学会授予“高校创新能力实验基地”称号，在创新创业训练计划项目立项、学科竞赛、“互联网＋”等赛事中获得可喜成绩。

四、民办本科高校转型试点问题与建议

1. 存在的问题

(1)思想观念方面。思想不够开放，转型发展观念不够强烈。多数试点民办本科院校依然存在对应用型大学内涵理解不深入、转型发展思路不清楚、工作着力点不明确、推进措施有限等问题。把转型发展视为权宜之计，没有认识到国家高等教育改革的重大战略决策，转型发展是民办本科高校的必由之路。有些民办本科高校的领导思想观念保守，害怕转型影响招生、影响质量、影响办学声誉，顾虑重重；有些民办本科高校转型发展试点工作存在学校领导想转型，但二级院、系不给力，领导急教师不急；更有极少数民办本科高校希望由“学院”升格为“大学”，担心转型影响升格。

(2)法人治理方面。民办本科高校起源于私人办学，家族化管理是其普遍性特征，虽然国家颁布了民办高等教育的相关政策和法律，但民办本科高校的现代大学制度尚未建立，对民办本科高校举办者的利益分成、权益划分、资助奖励还在探索之中，举办者存有观望、谨慎，甚至消极应对的心态，而民办本科高校转型发展遇到的首要难题是加大投入，特别是应用型专业建设需要建立大量的实验、实训、实习基地，因此，转型发展意味着民办本科高校举办者的第二次创新创业。

(3)校企合作方面。校企合作深度不够，合作办学、合作育人、合作发展、合作就业仍然流于形式。校企合作存在学校主动性不够和企业参与动力不足的问题。由于地方国有企业较少，且面临转型升级、提质增效的压力，一般不愿意接纳过多的实习实训大学生；民营企业由于国家对其参与办学的政策不到位，没有参与办学的积极性；高等教育普及化带来大学同质化，大学生人数倍增，事实上企业也不可能有如此多的实习实训岗位。学校治理结构及育人工作中行业、企业实质性参与程度普遍偏低，转型发展试点院校尚未建立实质性行业、企业参与的法人治理结

构。大多数校企合作关系仅仅局限在学生实习领域，很少参与二级院、系的教学指导工作，能够参与学校董（理）事会办学决策者极为罕见。学校主动对接行业企业需求，企业参与人才培养方案制订、参与课程教学活动等不够深入。企业投资教育与教育服务企业的互动关系短时间内难以形成。

（4）人才培养方面。参与试点的民办本科高校人才培养模式创新不够，有个别高校实践教学学分比例尚没有达到应用型试点高校的要求。多数试点院校对应用型人才培养研究不够深入，人才培养体系改革缺少创新，对应用型人才培养方案修订不够及时，或者虽然修订过但人才培养方案对应用型特点体现不足，基本上依据区域公办高校或者重点大学课程体系执行。对信息技术融入教育教学重视不够、投入不足，信息技术还没有深度融入教学教育之中，与突飞猛进的“互联网＋”不相适应。

（5）专业建设方面。专业建设与办学定位和区域经济社会发展契合度不高，专业同质化倾向没有得到明显改善。具体表现在：专业建设缺乏对区域经济社会发展的研究，缺少人无我有、人有我强、人强我特的错位发展专业建设思路。对专业发展规划研究不足，在学校层面与二级院系层面对学校专业建设方向把握不够统一；人才培养目标定位过于宽泛笼统或者目标设定偏高；学科设置和专业设置太多，追求大而全，专业优化整合力度不足；整体发展方向不够明晰，优势特色专业建设力度有待加强；专业链与产业链、课程内容与职业标准、专业教育与创业教育、教学过程与生产过程的对接不够等。

（6）师资队伍建设方面。“双师双能型”师资队伍建设普遍存在瓶颈。各试点民办本科高校对“双师双能型”教师的内涵理解不够清晰，师资队伍建设规划不完善，教师实践应用能力有待提高。专业转型是教师转型的前提，专业如果不能与行业、产业对接，教学过程就不可能与生产过程对接，教师的教学方法也难以适应应用型人才培养，因此，转型发展试点关键是教师需要挂职锻炼，企业专家需要走进大学校园参与应用型人才培养。事实上有些试点院校存在教师的培养经费偏少、教师薪资投入不足、教师待遇偏低、高学历高职称“双师型”教师缺少等问题。也有些试点院校教师数量、结构不合理，教师有效教学能力偏低，教学方法落后，应用型、技能型教师发展与培训措施需要进一步加强。

（7）实践教学环境方面。与应用型人才所要求的实践教学有待强化。多数试点院校的实训实验条件需要进一步改善，实践教学经费投入力度还需进一步加大。具体表现在：实践教学体系建设方案不够清晰明确；有的试点高校实验室硬件投入充分但是利用率偏低；有的试点高校存在着学科专业领域、专业群发展目标思路与学校有限的资源不相匹配，资源整合不够；实践教学体系中基本没有涉及第二课堂；集中实训方案内容不清晰，缺乏考核方案；毕业论文或毕业设计大部分试点高校没有达到教育部规定的在实验实训、社会实践中选题完成的50％比例的要求。

2. 推进民办本科高校转型发展试点工作的建议

根据教育部、国家发改委和财政部《关于引导部分地方普通本科高校向应用型转变的指导意见》，提出“转型的主体是学校，转型的责任在地方”的要求。2021年1月22教育部印发的《本科层次职业教育专业建设管理办法(试行)》指出:“树立新发展理念，坚持需求导向，服务发展。顺应新一轮科技革命和产业革命，主动服务产业基础高级化、产业链现代化，服务建设现代化经济体系和实现高质量更充分就业需求，遵循职业教育规律和人才成长规律，适应学生全面可持续发展需要。建立职业教育纵向贯通、有机衔接，促进普通职教融通的体制机制。”通过调研，特别是最近几年民办高校的转型发展实践，检查评估专家认为，推进民办本科高校转型试点工作，需要同时发挥学校的主观能动性和政府的统筹指导作用。

(1)加大宣传力度，指导观念转型。地方民办本科院校的转型发展是基于生存发展需要，广泛涉及现代大学制度建设、学校内涵与特色建设、学科专业建设、体制改革及社会舆论导向等多方面价值取向问题。学术理论界对地方高校转型目前尚有争论，争论焦点主要集中在:民办本科高校转型发展是否会影响办学声誉与招生问题？转型能否实现缓解毕业生就业压力？地方民办本科高校究竟是应该“全面转型”还是做出“适度调整”？地方民办本科高校转型对高等职业教育格局可能产生哪些影响？等等。调研中也发现，社会、家长、考生由于受中国传统文化的影响，普遍存在着对地方本科院校转型发展和高等职业教育认识模糊等问题，认为职业大学不伦不类。因此，有必要继续加强对转型发展的政策宣传和务虚研讨。

具体对策:经常举办转型试点民办本科高校领导干部专题研修班和二级学院处级干部培训班，进行地方院校转型发展的政策宣传和思想引导，深入宣传党和政府新发展理念，建立高等教育分类发展、分类培养、分类评估的现代高等教育新体系，坚定信念转型发展;组织“地方高校转型发展论坛”，邀请政府部门、企业界代表、专家学者和用人单位就转型发展工作进行深入研讨;厘清应用型本科和职业大学的区别与联系，政府、业界、高校设立转型发展研究课题并给予资助，重点研究地方民办本科高校转型发展的问题与对策，为民办本科高校转型发展提供理论指导。

(2)建立民办本科高校的现代大学制度。民办本科高校的质量在教师，成败在举办者，能否顺利发展在管理，因此，民办本科高校能否持续、稳定、快速转型发展，必须建立现代大学制度。经过几十年的发展，有些老牌民办本科高校办学条件、办学定位、学校管理、人才培养等已经相当成熟，但仍然存在家族化管理，举办者方向不明、信心不足，办学经费困难，教师队伍数量不足，结构不合理，管理机制不健全等问题。

具体对策:国家应当进一步落实《中华人民共和国民办教育促进法》(以下简称《民促法》)，树立“无论公办还是民办都是党办”的高等教育理念，以更加开明、开放、让利于民的态度对待民办高等教育及其举办者，尽快贯彻执行《民促法》实施细则，明确对民办本科高校举办者的奖励政策，促进地方政府加大对民办本科高校的扶持力度；建立严格的民办本科高校内部治理体制，健全学校董事会决策、党委监督、校长负责、社会参与的管理机制，完善教职工代表大会制度，推进教职工在民办本科高校办学过程中的参与权、监督权、决策权，发挥好教职工的主人翁意识；完善法人治理制度，在办学收费、资金预决算、重大工程建设、重大资产采购、教职工待遇等方面坚持社会公开，接受政府、中介机构、司法等部门监督，以此推动学校向应用型转型发展。

(3)制定规划为高校转型发展提供行动指南。地方本科高校转型发展初期，国内普通高校转型主要以两种方式推进：一种是靠政府主导，另一种是高校结盟。许多省份试点工作主要采取政府主导的方式，分为“院校整体转型”和“部分专业集群转型”两种情形。从调研情况看，大部分本科高校采取了一种“同构”方式进行校内试点，实行二级院(系)层次上的转型试点或专业层次上的转型试点。个别院校也在尝试通过加入应用技术大学联盟来推动学校转型发展。但是，在肯定转型发展试点工作成绩的同时，尚需要关注“试点”结束后的长远发展，化解地方院校对转型后的“身份认同”“地位矮化”“跨类竞争”等问题的担忧。需要通过制定推进应用型大学建设的短、中、长期规划，明确民办本科高校转型发展的战略定位。

具体对策：把民办本科高校的转型发展纳入国家、省部级五年或者十年高等教育的总体格局与战略规划；政府需要认真确定不同层次高等职业教育，特别是本科职业教育与应用型本科教育的内涵和发展路径，让民办本科高校转型发展有动力、有信心；建立以地方政府主导产业对应用型学科、专业、人才培养的需求预测机制，通过政府搭桥，企业和高校联手推进对应用型人才的培养；建立转型发展中的抓优扶弱、示范引领与公平发展，推进措施和激励机制；建立既区别于职业大学又区别于研究型大学，适用于应用型转型发展高校和应用型人才培养的评估指标体系。

(4)改革职称评审办法，为教师转型发展提供动力支持。根据调研的经验分析，地方民办本科高校转型发展的关键要素可以总结为：思想观念是先导，产教融合是基础，师资队伍是关键，培养模式是重点，实践环境是保障。其中普遍存在但又最难解决的问题是“双师双能型”师资队伍建设。

具体对策：第一是推进原有教师转型；第二是从外部引进应用技术型人才。根据各校反映情况，外部引进应用技术型教师目前受到人才市场、薪酬待遇、稳定性、教师资格等多重制约，因此最可行的途径是立足校内，引导现有教师转型。而现有教师转型最大的障碍是个人转型意愿和评价激励机制之间的不相容问题。许多民办本科高校发展规划的目标还是升大、申硕。衡量教师的标准还是科研项目、核心论文，职称评审仍然沿用公办高校甚至重点大学的标准，没有思考和制定“双师型”教师职称晋升的标准。为此，需要教育行政部门会同人事行政部门协商制定应用型高校教师聘任标准；民办本科高校建立"双师双能"型教师发展计划；教师自身的挂职锻炼和考级考证计划，打破以往偏重学术论文、科研项目的学科导向评价体系，建立重视教师教学、技术技能考核、社会服务等以教学、技术指导和贡献为主要内容的新评价体系，通过职称评审政策进行引导解决。同时，也要坚持"引、培"并举，加大从行业、企业引进高级管理、工程技术人员，改善教师队伍结构，推进教师整体转型发展。

(5)加大教育教学改革，认真贯彻《国家关于新建地方本科高校转型发展的指导意见》。引导部分地方民办本科高校转型发展是一项系统工程，是国家高等教育发展的一项长期战略，而非短期行为。我们在调研检查中发现，有些民办本科高校把转型发展视为一个项目，或者应付一下检查，没有把国家职业教育放在中华民族伟大复兴的大背景下考虑。民办本科高校向应用型转型发展势在必行，但转型是一种新的办学理念和人才培养模式，需要建立以就业为导向、以应用能力为目标的人才培养课程体系、实践教学体系、创新创业与就业体系、双师型教师队伍体系以及校企合作体系。

应用型本科高校不同于职业大学，也不同于学术型大学。虽然民办本科高校转型发展没有现成的模式和现成的办学思路，但发展方向完全可以借鉴传统教学型高校和国家职业教育理念。根据《国家职业教育改革实施方案》(也称为职教 20 条)，具体对策为：在坚持应用型本科教育宽口径、厚基础、重能力、强素质的基础上，按照职业教育改革的总体要求和目标，执行"三个转变""六项指标"的相关规定；具体建设好"一个体系""三项制度""四项标准"和"四个机制"；实施"二项政策""四个试点"；开展"五项活动"，建成"一匹项目"。只有建立系统的转型发展观，民办本科高校才会克服困难，建设成为应用型大学。

(6)多元发展，多层次办学。民办本科高校区域性特征明显，招生分数较低、资金不足，高水平教师资源少，以本科教育为主，同时兼有高职教育和服务其他各种技术岗位培训等，这是其最主要表现。培养应用型人才，为区域经济社会发展服务，是民办本科高校最重要的使命。而区域经济社会发展急需的是不同类型、不同层次的应用型、技能型、实用型人才，因此具体对策为：努力创办地方性、示范性本科高校。这是民办本科高校的主体并且决定了民办本科高校的办学定位和性质。积极开展"双一流"建设，努力围绕新工科、新医科、新农科、新文科，培养应用型、复合型高级专门人才；努力办好高职教育。积极开展高等职业教育综合改革，深化课程体系、实践教学体系等改革，推进"1+X 证书"与教学改革对接，努力培养新型技术技能人才；努力办好继续教育和各类实用技术培训。开展社会化服务，做到区域经济社会发展需要什么人才，就培养什么人才，把民办本科高校真正办成当地人民信得过、愿意上、能成才、能高质量就业的大学。

第十一章　建设新时代应用型一流民办本科高校

让无助者有助，让有志者成才，让奋进者辉煌。

——丁祖诒

一流大学不仅指综合大学，还包括民办高校、职业高校，也包括中外合作办学。在新时代高等教育的新发展理念下，建立现代高等教育新体系，就是要坚持分类型、多层次、开放性、包容性的“双一流”建设机制。民办本科高校必须精准应用型办学定位，遵循高等教育规律，以一流应用型人才培养为目标。

一、做好应用型一流民办本科高校的顶层设计

从中国高等教育改革的趋势分析，大学本科教育将会划分为研究型、应用型和职业技术型三大类。作为民办本科既可以是应用型也可以是职业技术型，这两者从概念和事实本身有明显的差别，但培养的人才可以统称为应用型人才。民办本科高校的建设目标，就是要向全国一流应用型高校迈进，只有如此才能产生比较优势，才有可能同公办高校并驾齐驱，甚至弯道超车。因此民办本科高校必须坚定转型发展信念，瞄准应用型人才培养目标，既要有创新创业能力，又要有守成的定力，按照观念更新引领转型、健全组织保障转型、制度建设规范转型、资源整合支持转型、信息服务促进转型、质量监控跟进转型、精细管理服务转型、舆论宣传推动转型的逻辑，环环相扣，步步紧逼，这样才能实现一流应用型民办本科高校的建设任务。

1. 指导思想

坚持社会主义办学方向，全面贯彻落实全国教育大会精神，以“新时代高教 40 条”为统领，紧紧围绕以全面提高人才培养能力为核心，主动适应区域经济社会发展，以国务院《关于加快发展现代职业教育的决定》《教育部 国家发展改革委 财政部关于引导部分地方普通本科高校向应用型转变的指导意见》和《国家职业教育改革实施方案》(“职教 20 条”)等文件精神为依托，坚持以学生为中心，以立德树人为根本，以服务发展为宗旨，以促进就业为导向，以培养科技进步、产业转型升级和现

代服务业发展需要的复合型、应用型一流人才为目标，不断强化人才培养的中心地位，加快人才培养模式改革，建设一流的应用型教育教学资源，打造一流的“双师双能型”师资队伍，营造一流的育人环境，培育一流的质量文化，形成一流的应用型人才培养体系，激励学生刻苦学习，学以致用，引导教师立德树人，潜心教书育人，以实践育人为主线，以“五个对接”为主要路径，推进机制创新，注重内涵提升，实现学校学科与专业、规模与结构、质量与效益、创新与特色协调发展，努力建成一流应用型民办本科高校。

2. 总体目标

经过两到三个五年计划的努力，民办本科高校在“一流学院”、“一流专业”、“一流课程”建设、“1＋X证书制度试点”、“培养一流复合型、应用型人才”、建设“具有地方示范作用一流民办大学”等方面，完成既定目标。学校专业结构明显优化，专业特色鲜明；应用型人才培养体系更加完善，育人机制更加健全；教学改革取得突破性进展，复合型人才培养模式更加优化；“金课”、网络资源共享课程建设成效显著，现代信息技术与教育教学深度融合，智慧校园基本实现；双师双能教师队伍结构、水平进一步提升，教育教学能力显著增强，桎梏本科高校的“四个投入不足”彻底改变；民办本科高校的现代大学治理制度健全，教学过程管理服务能力稳步提升，应用型教育教学质量保障体系更加完善，质量文化建设深入人心；学生学习获得感显著增强，应用型“办学特色”得到充分体现；国际交流与合作进一步加强，社会认可和美誉度不断提升，应用型研究生教育稳步推进。经过不懈努力，产生一批国家级转型试点本科高校和具有全国示范作用的应用型一流民办本科高校。

(1)完善顶层设计。民办本科高校要依据我国科技进步、先进制造业转型升级、生产方式变革、新时代经济发展“双循环”格局的形成、社会服务变化和高等教育结构调整的要求等，围绕转型发展，瞄准建设特色鲜明的应用型一流本科高校目标，进一步明确办学定位等顶层设计，积极规划学校建设一流应用型民办本科高校的路径。

办学类型定位：坚持创建地方性应用型民办本科普通高校。

办学层次定位：以应用型本科教育为主，兼顾高职教育，适度发展继续教育，适应区域经济社会发展的各种职业培训和“1＋X证书”考试服务，适时开展专业硕士教育。

办学规模定位：彻底纠正民办本科高校贪大求多、以追求经济效益为目标的行为，坚持以提高应用型人才培养质量和培养能力为目标，全日制在校生保持与国家评估规定的办学条件、师生比、就业率相适应，积极开展继续教育和职业培训。

学科专业定位：以应用型学科为主，坚持专业与产业需求对接，与新技术革命对接，与“一代一路”国际化发展对接，积极扶持已经建立的有竞争力的特色专业，培育现代农业、先进制造业、现代服务业、战略性新兴产业等一流应用技术性专业连群。

人才培养目标定位：坚持培养一流应用型人才目标定位。坚持“学以致用”“因材施教”，力争达到学术型与职业型统一，充分体现就业有实力、创新创业有能力、未来发展有潜力的特点，培养德、智、体、美、劳全面发展，具有“学、用、创”终生学习能力，具备相应岗位任职资格和较强实践能力的高素质应用型高级专门人才。

服务面向定位：立足地方，服务区域，辐射周边，面向世界，服务基层。

发展目标定位：通过新一个五年计划，将省内试点民办本科高校建成区域内特色鲜明的应用型示范校，为区域经济、社会、文化、技术发展提供基础性、高质量就业人才，通过两到三个五年计划建成一批全国性应用型一流民办本科高校。

(2)制定应用型本科高校建设“十四五”规划。成立编制领导小组，聘请企业、行业专家参与规划制定，深入开展社会调研，细化学校转型发展五年规划和改革时间表。制定学校《一流应用型学科专业建设规划》《一流双师双能教师队伍建设规划》《一流智慧校园建设和信息化建设方案》等，确保学校一流建设的可持续发展。

3. 完全建立现代大学制度

(1)加强章程建设，完善治理结构。积极加快现代大学制度建设，党在民办本科高校组织建设完善，办学方向正确，思想政治教育和立德树人宗旨深入人心。举办者具有法定资质，依法办学，董事会决策机构、监督机构、校长及行政管理机构健全，职责明晰，并能够依法履职，实现民主管理。学校安全稳定、财务管理、招生就业等合法合规，法人财产完整，教师、学生权益保障充分。办学条件优越，人才培养管理优质规范。去家族化基本完成，建立完善的具有中国特色的民办本科高校法人治理和行业企业参与的大学治理体系。

进一步完善民办本科高校“董事会章程”，为依法治校和进一步推进体制改革和管理制度创新奠定基础。以技术积累创新与服务生产实际为价值标准，举办者或者民办本科高校法人，应当具备广阔的视野、高度的战略眼光和成熟的办学理念、办学思想，积极支持学校与企业互利共赢，共建专业和二级学院，将“产教融合、校企合作”作为学院章程的核心内容。联合相关行业协会和企业，成立应用型一流大学发展咨询专家委员会、校企合作委员会，强化行业企业及社会对民办本科高校办学活动的参与和监督。形成就业需求和人才培养互通联动的预测机制。坚持和完善企业家进入董事会，参与董事会决策，从根本上解决校企深度融合，实现合作办学、合作招生、合作培养、合作就业的应用型办学体制。

(2)探索行业企业参与治学的有效途径。建立由行业、企业和用人单位参与的学院董事会、学术委员会、专业建设工作委员会、教学工作委员会等成员中来自地方政府、行业、企事业等用人单位的比例不低于50%。建立“合作招生，合作育人，合作发展,合作就业”的“订单式培养”产业学院、未来学院等,全面提高人才培养质量。充分发挥学术委员会在学科专业建设、教学管理、学术评价、校企合作中的重要作用,理顺学术权力和行政权力之间的关系,大力营造崇尚学术自由的宽松环境,加强应用型技术攻关,促进专业与产业需求对接、课程与职业需求对接、质量标准与资质认证对接。

4. 建设基本思路

(1)坚持“立德树人”和“三全育人”。坚持“思政课程、课程思政、专业思政”及其第二课堂活动育人思政的高度统一。全面落实立德树人根本任务,遵循教师必须具备的“四个统一”,将“四个自信”和社会主义核心价值观融入教育教学全过程,培养德、智、体、美、劳全面发展的社会主义建设者和接班人。进一步有效协调和发挥课堂教学、社会实践、校园文化、校园网络、学生资助、心理健康教育等在大学生思想政治教育中的积极作用,逐步形成校院两级负责、党政群齐抓共管、专兼职队伍紧密结合、全校教职员工通力合作的“全员、全过程、全方位”育人的大学生思想政治教育长效机制。使应用型民办本科高校培养出来的大学生,成为诚实守信、忠诚可靠、技能高超、受用人单位喜欢、家长放心、党和政府满意的一代新人。

(2)整体推进,分步实施,重点突破。应用型民办本科高校应当积极采取分步实施和重点突破的策略,计划用第一个五年时间成功实现整体向应用型大学转型。学校应针对自身办学特色及专业结构特点,结合区域经济社会发展重点领域,如现代农业、制造与物流、金融保险、房地产业、文化旅游产业、信息技术服务、基础教育、大健康服务、轨道交通服务、社会公共管理服务等领域,确定专业建设增量,对现有专业建设应把转型专业和一流建设专业同步推进统一发力,争取民办本科高校在体现自身特色和应用型重点专业建设取得突破。

(3)优化结构,注重创新,抓住重点。民办本科高校要以应用型一流大学建设为目标,以培养应用型人才观念转变为先导,以应用型课程改革为核心,以双师双能型师资队伍建设为重点,以校企合作、产教融合为途径。善于从应用型、复合型、跨界交叉融合和产业发展前沿发现专业建设的新领域,培育新专业,构建人才培养新模式,培育创新创业双师双能型教师队伍,培育适应信息技术高速发展状态下的育人新理念、新教法和对应用型人才评价和考核的新办法,立足“四新”教育,优化民办本科高校的专业结构、人才培养结构、师资队伍结构,始终站在区域经济社会发展的前沿、应用型高等教育改革的前沿。

(4)强化素质,注重内涵,突出特色。一流应用型民办本科高校要按照“五个对接”,即专业设置与产业需求对接、课程内容与职业标准对接、教学过程与生产过程对接、学历证书与职业资格证书对接、职业教育与终身学习对接的精神,继承和发扬自身发展积累起来的特色,不拘泥于《国标》的课程体系,应当以此为基础，在人工智能环境下，勇于突破文科、理科、工科非此即彼的专业人才培养界限，大胆创新应用型、复合型和技术型课程体系，加大通识教育比例、加大选修课程比例，加大实践教学比例，配合政府和相关机构，发现和培育职业资格证书培训新岗位、新方法、新标准，实行双证对接，推进民办本科高校向内涵发展、向特色发展。

(5)分类、分层次培养，扩大学生学习自主权。坚持“以生为本”，以学生为中心，认真研判民办本科高校学生的基础、兴趣、心态、发展潜能，允许学生自主选择专业，选择发展方向。学校可以通过对新生进行摸底考核，根据学生自愿按照专业方向和学习基础，进行卓越班、特色班、特长班等分类、分层次教育教学和管理。打通本科、高职、成人继续教育等壁垒，实行完全学分制和学分互认，学生可以跨境、跨学校、跨学院、跨专业学习，按照相关规定可以通过实验实训、顶岗实习、创新创业、科学研究发表论文等换取学分。民办本科高校在一流应用技术型大学建设中，必须以本科教育教学为主体，兼有统筹兼顾现有的高职教育、继续教育和各类考级考证培训，推动不同层次、不同形式的教育转型发展，积极申报专业硕士研究生教育，制订不同层次、不同形式的人才培养方案，对不同层次、不同阶段发展情况进行科学动态管理，努力提高应用型民办本科高校的整体办学实力。

在高等教育普及化大趋势下，大学教育高质量发展成为必然要求。民办本科高校必须抓住机遇，迎难而上，力争通过持之以恒的努力，建成一批区域一流、特色鲜明的高水平应用型民办本科高校，争取创建国家级转型示范院校。形成产教融合、校企合作的办学机制，本科教育、高职教育、继续教育和专业硕士教育协调发展的办学模式，成为区域培养高层次、高素质应用型人才的重要基地。在教育质量、师资水平、管理水平、就业质量和办学效益等方面有显著提高。学校服务面向、专业设置、培养方案能够更好地对接职业岗位要求和职业发展需求。毕业生技术应用能力显著提高，创新创业人才培养有重大突破，初次就业率、专业对口率、毕业生起薪水平、就业稳定性达到较高水平。

二、应用型一流民办本科高校的内涵建设机制

(一)构建一流的人才培养机制

坚持“立德树人”的根本任务，全面贯彻党的教育方针，实施转型发展和素质教育，培养应用型人才，全面提高教育教学质量，进一步探索民办高等教育学科专业建设的针对性和实效性，以学生为中心，坚持成果导向，因材施教，最大限度地发挥每一个学生的潜能，使每位学生学有所获，实现高质量满意就业。

1. 坚持问题导向,精准分析原因

应用型民办本科高校基本以本科人才培养为主,存在少量高职教育和继续教育。随着职业教育和本科教育需求的增加,未来民办本科生源包括通过全国高考招收的普通本科学生、专升本招收的学生和职业高中招收的“三校生”。高职学生的比例越来越低,有些准备申请专业硕士点的民办本科高校会逐步撤销高职招生,但即使如此,民办本科高校生源质量也会越来越不尽如人意。针对民办本科招生分数与公办本科招生分数相差较大,高职学生综合评价招生和不断扩招的政策与现状,实事求是地分析学生的学习基础、学习动力、学习意志、学习兴趣等,分析学生的情商与智商状况,分析学生的爱好与特长,做到“胸中有数”,系统归纳,精准施策。

首先,以学生为中心,扩大通识教育课程和专业基础课选修课程,强化素质教育。要充分认识到民办本科高校学生的基础知识普遍薄弱,而未来学生就业需要宽广的基础知识、终身学习的能力和对就业市场的适应能力,民办本科高校教务管理部门在人才培养方案制订时,必须扩大通识教育覆盖面,为学生奠定宽广坚实的基础及多元发展路径。阅读与写作、演讲与沟通、基本的社会科学、人文科学、自然科学知识,是提高认识、形成逻辑思维的必要条件,民办本科高校在课程体系设置时必须对症下药、全面考虑。

其次,探索大类招生、大类培养,推动新文科建设。要认识到民办本科高校专业多为文管类,学生就业不可能遇到多少与所学专业对口的就业岗位,所以对于有文管类特色的民办本科高校,大类招生、大类培养是必然趋势。学科专业带头人需要不断调查研究学科专业划分规律,深入分析行业、产业、服务业对就业人才规格的要求,课程设置要敢于打破传统专业限制,多学科交叉融合,多维度、多方向发展。课程设置既不能太泛也不能重复,给学生留足充分自由的选择课程发展空间。

再次,实行完全学分制和学生弹性学制。打破传统按照院系管理,按照年级、班级授课,一起进校、一起毕业的大学学业传统管理模式。学生只要选修够毕业规定的相应学分,可以同班不同学、同学不同班,根据自己的学习基础、效率、兴趣选择学习课程,选择毕业时间。

2. 坚持因材施教,分类分级指导

坚持“学以致用”“因材施教”,尊重学生的具体差异,实行分类分级培养。民办本科高校教务处要对每届新生的各科成绩和总成绩进行梳理并及时提供给二级学院,各二级学院要积极进行动态观察,尽快掌握每位学生的思想和学习状况。在坚持督促学生完成学业的前提下,加强人文关怀,尊重学生个性,分类教育,分层教学,培养特长,分方向发展。民办高校教务处要深入各二级学院,指导各专业根据

就业岗位需求，积极开展专业建设，适时修订专业人才培养方案。民办本科高校的各二级学院要根据学生实际水平，全面开展教师、教材、教法“三教改革”。针对不同情况的“学困生”，在学习上，要积极帮助和引导，使其掌握正确的学习方法，做到有效学习；在纪律上，要使其严格遵守管理规定，养成良好的学习习惯。对学习成绩优异并有技能特长的学生，颁发优秀毕业生荣誉证书。对于基础比较差、对专业课程学习不感兴趣、考试成绩不过关、在某一方面有特长的学生，要坚持“一个也不能丢”的人才培养理念。建立体育、音乐、书法、文秘、写作、沟通与演讲、跨境电子商务等各类“特长班”，动员全体师生“全方位指导、全过程跟进、全员参与”加强服务与引导，调动优秀学生、辅导员、任课教师和学生家长全员参与“学困生”的学业引导和学业帮扶，强化互助学习。聘请行业、企业导师或者创新创业导师，为进入特长班的学生授课，指导其实习实训、学习某一方面特长和技能，构建学业精准指导模式，力争使他们成才、成功。

3. 扩大学生自主选择专业权

(1)强化专业教育。针对新生对所学专业不了解，大部分学生按照家长的意见盲目选择专业的状况，新生进校后，各二级学院必须认真组织学生进行专业教育。专业带头人要让每一位新生明确该专业人才培养目标、毕业要求、开设的主要课程、实习实训、社会实践及未来就业方向，给学生学习本专业还是转专业留下充足的思考时间。

(2)调整转专业时间。学生虽然选择了自己喜欢的专业，但进入大学通过一段学习后发现自己对所学专业兴趣不浓、不想学、学习效果差等，学校可根据《普通高等学校学生管理规定》，完善“学生转专业管理办法”，对符合转专业条件的学生，可以根据学生爱好与特长自由调换专业。

(3)实行专业辅修制度。对于身体好、学习基础好，除学好专业课程以外学有余力的学生，鼓励其辅修第二专业，修满学习规定的学分后按照国家相关规定发给辅修专业证书。民办本科高校应当制定“大学生辅修专业管理办法”，经过学生、家长申请，院校同意，在签订相关修读协议后，允许学生根据特长、兴趣、爱好，跨专业、跨学科辅修相关专业课程，激励学生全面发展，按照学生特长就业。

4. 分类、分层次管理与教学

强化新生学情分析，制订完善学校分类、分层教学管理办法，探索分类、分层教学改革试点。各院完善分类分层次教学实施细则，完善分类、分层次人才培养方案和相关管理办法。针对民办高校生源状况，学生进校后教务处组织相关学院，按照专业学习要求，对本、专科学生进行初步分析，按照学生自愿和学习基础进行分班。对学习基础好、学习兴趣浓，本科具有考研意向，专科具有升本意向的学生进入卓越班学习，对于其他学生进入特色班学习，并实行动态管理。具体分班时间由二级学院确定。

民办本科高校的卓越班学生，培养目标为应用型研究生、双学位或为"一带一路"建设提供应用型人才。除完成本专业课程以外，坚持外语不断线，严格实施"外语＋专业＋技能"和"专业＋外语＋技能"人才培养模式，全员开设辅修专业，学生毕业考试合格可获得毕业证、学位证、辅修专业证。

民办本科高校的特色班学生，其培养目标为为基层服务的技术技能型人才。相关学院要积极推行本科"3＋1"专科"2＋1"或"1.5＋1.5"理实一体化培养路径，根据学生的学习基础和兴趣，坚持专业理论知识够用，重在能力培养和技术技能训练的原则，推进学分互认，建立学分银行，扩大学生学习的自主权和选择权。

（二）完善科学的专业建设机制

1. 建立动态专业调整机制

坚持专业设置与产业需求对接原则，拓展学科专业服务面向，调整优化和设置区域经济社会发展急需的新专业，打造具有行业背景和办学特色的专业集群，推动学科专业建设内涵提升。

(1)增强专业与经济社会发展和行业企业要求的匹配度。主动适应区域经济"创新发展模式、转变经济增长方式、调整产业结构层次"等的现实需要，按照"按需设置、合理布局、优化结构、突出应用、特色发展、注重效益"的原则，紧扣地方主导产业、现代服务业和战略新兴产业发展，使专业结构与行业企业要求相适应、与经济社会发展进程相匹配。

(2)不断优化专业结构，注重专业集群建设。优化专业结构，对现有就业率低的专业进行调整、改造。邀请行业和企事业单位专家参与专业设置论证，按照产业链对接专业链、人才链和就业链原则，对照技能型人才的需求和国家职业资格的要求，适度自主设置新专业。建设具有行业背景和良好发展前景的专业集群，实现民办本科高校的专业集群与地方行业产业集群的紧密对接，提升民办本科高校专业集群服务区域经济社会发展的能力。

2. 对标"双万计划"，加强专业内涵建设

依照《国标》和国家的专业认证、专业评估和一流专业建设的新要求，瞄准国家"双万计划"，按照学校、省、国家三级"一流专业"建设规划，积极培育，重点建设，条件好的民办本科高校力争每一个五年计划建成一定数量校级、省级、国家级一流专业。深入落实学生中心、产出导向和持续改进的工程教育认证理念，结合专业特色和优势，研究制定一流专业教学质量标准，定位应用型人才培养目标，修订人才培

养方案，优化课程设置，更新教学大纲，丰富教学内容，强化实践教学，推动本科教学从“教得好”向“学得好”转变。继续开展专业的校内评估工作，按照分期、分批、分类的原则，开展专业建设和专业评估。以新工科、新医科、新文科、新农科建设为指导，加快师范类专业、文科类专业、工程类专业、商科类专业等专业质量认证体系建设，树立专业质量认证意识，形成专业质量认证的制度框架。加强专业内涵建设和特色培育，着力提升专业综合竞争力。民办本科高校教务处应当组织开展应用型、技能型一流专业和特色专业立项试点计划，引导各专业主动对接地方经济社会发展需求，课程体系对接岗位职责需求，教学过程对接工作过程需求，切实提高人才培养质量。增强专业培养目标与培养效果的达成度，专业定位与社会需求的适应度，教师及教学资源的支撑度，质量保障体系运行的有效度，学生和用人单位的满意度等，以此促进民办本科高校的专业建设向应用型一流专业转变。

3. 建立专业负责人制度

民办本科高校要加强专业建设与管理，完善本科教学基层组织体系，建立责、权、利对等的专业负责人机制。充分给予专业负责人在专业建设、教师培养、课程建设、教材建设、实践教学建设以及教研教改活动等方面的话语权和实际管理权，在教师“项目申报、津贴发放、境内外培训、评优树模”等方面给予倾斜。每个学院根据专业建设需要组织专业及课程教学团队3～5个，切实起到引领应用型专业发展、拓展专业内涵、制定专业发展规划、树立应用型专业的品牌效应。进一步加强应用型专业内涵建设，努力打造专业有特色、师资有水平、实训有条件、科研有成果、就业有保障、学生有作为的一流应用型特色专业。

4. 适时开展双学位和专业硕士培养，积极推进高等继续教育

根据《国务院关于加快发展现代职业教育的决定》，民办本科高校应当根据国家发展职业教育的战略，打通中职、高职、应用型本科和专业硕士研究生教育通道，积极申报专业硕士研究生教育。我国当下的硕士研究生教育，分为学术型和专业硕士研究生教育，并且以专业硕士研究生教育为主，但专业硕士教育应用性不强，距离社会急需的高端研究型专门人才培养还有差距。因此应用型民办本科高校，应该利用自己灵活的办学机制，创新专业硕士人才培养模式，以职业需求为导向，以实践能力培养为重点，以产学结合为途径，积极探索与行业内领先企业建立联合培养团队，主要招收在科技应用和创新一线有实际工作经验的人员，培养高水平专业人才。应用型省级一流试点民办本科高校，申请硕士学位点已经完全达标的，应当争取在五年内获批专业硕士点。

民办本科高校要坚持职业教育与终身学习对接，创新高等继续教育新模式，积极拓展服务地方政府和行业企业的培训市场，充分发挥民办本科高校的学科专业

优势，与地方政府有关部门、行业、企业合作开展基层干部培训和技术人员培训，把民办本科高校建设成服务行业和地方主导产业的培训基地，面向行业企业的实际需求设计课程模块、学习方式、学分累积制度。强化继续教育服务社会的职能，重点培养新时代急需的托育、养老、社区服务、家政、安保等实用型人才，继续教育在学人数(折合数)占在学总人数的比例达到30%以上。

三、建设应用型人才培养的大平台

1. 建立健全“立德树人”育人平台

(1)深化思政课程改革。落实习近平新时代中国特色社会主义思想进教材、进课堂、进头脑。以“思政课教师大练兵”主题活动为抓手，推动思想政治理论课程创新，深化教学方法改革，每所民办本科高校五年内建设2～3门思政教育精品资源共享课程。加强形势与政策教育教学，培养学生的危机意识和责任意识。坚持理论联系实际，强化实践育人。把思想政治理论学习与社会调查和社会实践相结合，鼓励学生自主研究性学习。以红色纪念基地、重大庆祝活动、重要节假日为契机，把国情教育和理想信念教育融入其中，打牢师生思想根基，牢固“四个意识”，坚决做到“两个维护”，在本科生中全面落实素质拓展计划。

(2)强化课程思政和专业思政。民办本科高校要积极开展课程思政研讨、试点、推广工作。强化每一位教师立德树人的主体责任意识，在每一门课程中有机融入思想政治教育元素。各学院、各专业充分挖掘各门课程的思政教育资源，坚持思政教育元素进课程大纲、进课堂教学、进课程考核。每个专业打造一批课程思政示范课堂，选树一批课程思政优秀教师，凝练一批课程思政改革成果。民办本科高校教务处要通过人才培养方案修订，把思想政治教育融入专业课程体系，通过新生进校的专业教育，安排专业带头人或者课程带头人，把立德树人、专业思政、课程思政结合起来，介绍每个专业的人才培养目标、课程体系、每门课程在人才培养中的地位，培养学生正确的为人、为学、为事意识，帮助新生树立正确的价值观与人生奋斗目标。

(3)把思想政治工作贯穿教育教学全过程，实现“全员、全过程、全方位”育人。统筹推进课程、科研、实践、文化、网络、心理、管理、服务、资助和组织等“十大育人”体系建设，推动实现知识教育与价值塑造、能力培养有机结合，构建一体化育人体系。尊重学生成长成才规律，以学生社团为载体，开展丰富多彩的校园文化活动和第二课堂活动，课内课外育人功能有机融合，加强体育、美育和劳动教育，提升学生健康素质和审美能力，增强劳动意识，养成劳动习惯。设置学生课外实践活动奖励学分，激发学生学习兴趣和创新创业潜能，厚植学生爱国主义情怀，增强学生的社会责任感、创新精神、奋斗精神和实践能力。每所民办本科高校的宣传部、学工部、教务处、图书馆、团委、各院部等均应根据“新时代高教40条”和全国本科教育会议精神，打造培育项目，建设一批具有标志性的立德树人建设教学成果。

2. 完善教师队伍建设与课程建设平台

(1)加强一流应用型教师队伍建设。

①加强师德师风建设，这是民办本科高校赢得良好社会声誉的试金石。健全师德师风教育体系，将师德师风教育贯穿教师职业生涯发展全过程。完善师德师风问责机制、舆情快速反应和重大问题报告机制。落实高校教师“红十条”，将“四有”好老师标准、四个“引路人”、四个“相统一”和“四个服务”等要求细化落实到师德师风建设体系中。健全师德考核评价机制，坚持将师德师风作为评价教师素质的第一标准，在教师选聘、职称评审、考核评价、奖励表彰等方面实行师德“一票否决”制。加强师德师风先进和荣誉的评选表彰力度，大力宣传师德楷模先进事迹。引导广大教师教书育人和自我修养相结合，做到以德立身、以德立学、以德施教，更好地担当起学生健康成长指导者和引路人的责任。

②扎实推进“名师”工程，这是提高民办本科高校人才培养能力的“四梁八柱”。采取“引培用”相结合的办法，建设一支数量充足、结构优化、素质过硬、专兼结合的教师队伍。加强“首席教授”“领军人才”、教学团队及学术带头人、专业带头人的引进与培养，充分发挥骨干教师在教学中的作用。轮派青年教师到企业挂职锻炼，积极培育和申报国家级和地方“千人计划”“特支计划”“名师引领计划”和“学者创新团队”等项目，努力提高民办本科高校教师的整体实力。

③提升教师教育教学能力。多形式、多途径实施教师教学能力提升和职业规划训练。全面落实课程主讲教师责任制，全面落实教师的课程建设、课堂教学管理，提高课堂教学质量的主体责任；严把教师入口关，建立和完善新聘教师、教师转岗岗前培训、导师制、岗位教研活动等制度；实行新入职教师的教学准入制度，通过集中教学培训、拟授课程全程助课、完整学期授课能力考察等环节，提高教师教学能力；对纯理论课教师，必须取得教师资格证和教师教学发展中心颁发的培训结业证书，方可取得本科教学资格。对行业、企业的工程技术人员等“双师型”教师要加强教学过程质量监控；坚决贯彻中央关于教师教学工作评价考核“一票否决”制度，建立多维度教师评价体系，重点考评教师教学规范、课堂教学效果、作业设计与批阅、教学研究、教学成果、实习实训指导、学习和学科竞赛辅导、创新创业指导等教学实绩及其过程精力投入，实行教学工作量月、度抽查和年终考核相结合，将考核结果作为教师年度考核、职称评审、职务聘任和获得劳动报酬的主要依据，强化教师育人责任意识。

④完善激励机制，强化“双师型”教师培养和引进。教师队伍转型是民办本科

高校转型发展的根本，学校要坚持"培养、引进、借智、稳定"相结合的原则，加强"双师型""双专业""双语型""双师素质"等师资队伍建设。使"双师型"教师占专任教师的比例逐步达到50%。建立健全评价激励机制，出台政策引导鼓励教师取得相关行业的工程师、技师等职称证书或职(执)业资格证书。激发教师的内在动力，强化"双师型"教师培养，逐步使大多数教师既具有较高的理论水平又具有较强的实践能力。在绩效考核、职务(职称)评聘等方面向"双师型"教师倾斜。对于专职教师，取得相应中级以上专业技术职称者给予一定奖励，符合学校"双师型"教师认定条件者，除奖励之外，在工资待遇、津贴方面按照不同职称每月给予相应补助。通过落实待遇、政策激励、工作环境改善等政策为他们创造发展条件，提供发展平台，让他们尽心干工作、安心做事业。遵循"不为所有，但求所用"的思路，引进优秀企业技术人员和管理人员担任专兼职教师。争取每个转型试点专业都从行业企业聘请3～5名中高级专业技术人员。通过一个五年计划，建立一支师德优良、专业知识深厚、有一定行业背景、实践经验丰富、专业技术应用能力强的高素质"双师型"师资队伍。

⑤加快教师教学发展中心建设，开展多元化教师培训。完善教师发展服务机制，常态化、全覆盖开展教师教学能力提升培训。建立境内外结合、校内外结合、校内教师发展中心和岗位培训结合的民办本科高校教师发展"全方位"立体培训体系。民办本科高校要充分发挥灵活的办学机制，与国外大学建立对口培训基地，提高教师的国际化视野，学习国外先进的教学理念、教学方法和科学技术；民办本科高校要顺利实现转型发展，就要充分利用国内重点大学和校企合作教师发展培训资源，鼓励教师到教师定点培训中心参加专业理论培训，到校企合作企业挂职锻炼；校内要建立教师发展中心和各院部实验实训中心、工作坊、工程坊、院部、系、教研室等纵横交错的培训体系。健全老中青传、帮、带机制和助教制度，保障青年教师待遇和工作条件，调动青年教师的积极性，帮助其成长成才。充分利用节假日开展内容丰富、形式多样的教师培训活动，帮助教师转变观念，提升教学能力、学术能力、专业技能；提高教师现代信息技术与教育教学活动深度融合的能力，促使教师教学方式的转变，积极构建线上线下协同推进的教学模式，让教师的教学智慧惠及更多的学生。划拨经费，积极引导教师研究教材、研究教法、研究学生、研究学法，健全系、教研室、课程组等基层教学组织，常态化开展集体备课、教学咨询、教学研讨等教育教学研究活动。

(2)建设一流应用型课程与课堂。

①加强应用型课程大纲(标准)建设。结合应用型大学办学定位和应用型人才培养目标定位，按照人才培养方案科学制订每门课程教学大纲及大纲质量标准，包括理论教学课程、实验课程、实习实训课程和非单独开设的实验课程等。明确课程性质、课程目标、课程内容、教学方法和考核方式，为开展课程教学质量评估提供依

据。坚决反对“以教材为中心”,以照顾教师完成工作量或教师偏爱制订教学大纲,必须坚持以学生未来的就业岗位需求制订教学大纲,以此实现课程与岗位对接。

②优化应用型人才培养课程体系。逐步加大选修课比重,增加通识课程的开设门数和门次,加大线上选修课程的管理与考核,提高通识选修课的质量,不断提高学生艺术素养、人文素养、认知能力、实践能力、批判能力、创新思维能力和国际视野;落实国家、地方教育管理部门、高校关于“精品资源课程”“金课”“名课”建设计划,继续加大优质课程资源的建设力度,要求所有教师至少建设一门主讲“网络课程”,按照课程的“高阶性、创新性、挑战度”目标,实施“一人一优课”,逐步建立国家级—省级—校级“三层次”、线上—线下“两维度”的一流应用型精品课程体系,示范带动全校课程建设水平的整体提升。加大应用型校本教材建设力度,编写实践指导讲义,力争经过五年时间,建设成一批有影响的应用型一流教材。

③持续完善应用型人才培养的教学环节。坚持“课堂革命”,以打造“金课”为目标,加大教师上课和学生学习两个“投入”。按照提高课堂教学水平、作业设计水平、课后服务水平的要求,全面梳理各门课程的教学内容,做好核心课程建设,建好教学团队,选好参考教材,用好教学方法,搞好集体备课;鼓励和支持教师“因课制宜”,积极推广案例式、讨论式、研究式、现场体验式教学等,培养学生的创新意识和应用能力;积极探索智慧教室建设,采取自建与购置相结合的方式增加在线课程资源,构建线上线下、课内课外、理实一体化相结合的教学模式。注重作业的布置与批阅,注重课外阅读书目的布置与考察,注重课堂内外的技能训练,每个专业每年至少形成一项教学优秀案例;通过开展示范课比赛、中青年教师优质课比赛等活动,每个专业每年打造一门“金课”;积极进行大学英语课堂教学改革,将外语教学内容与晨读、竞赛、第二课堂等活动紧密联系起来,进一步打造全外语氛围。

④强化课堂管理。深入学习《中共教育部党组关于加强高校课堂教学建设提高教学质量的指导意见》(教党〔2017〕51号)文件精神,对标课程建设“双万计划”,推动“互联网+教育”和“智能+教育”新态势,合理增加课程难度,拓展课程深度。修订完善并全面落实《课堂教学建设和管理质量标准》,加强课堂教学检查力度,做到全校教师课堂教学检查全覆盖。开展课程满意度调查和课程质量评价,对课程质量低、评价反馈差、不受学生欢迎的课程限期整改,整改后仍无改善的教师予以淘汰。民办本科高校的教务处、学校教学督导团、发展规划处、学生处、各二级学院(部)积极配合,认真查找课堂建设和管理中存在的突出问题和薄弱环节,严管、严抓教学秩序,从严管理,针对突出问题制定整改措施,明确时间节点,落实责任到人,把课堂教学建设强起来,把课堂教学质量提起来。

3. 建设好创新创业平台

(1)坚持理念引领,科学规划。民办本科高校要始终站在经济社会发展的制高点上,把握高等教育改革的主动权,积极贯彻落实国务院、省级人民政府关于加强创新创业教育的文件精神,要坚持与国家创新创业教育同步规划、同步发展、同向同行,探索建立创新创业教育体系。即:以"立德树人"为宗旨;以"转型发展"和"双一流"建设为引领,以"导师"和"案例"建设为抓手;构建融"知识、能力、素质""专业、课程、实践""教、学、做"为一体的创新创业教学模式;打造普惠、提高、专业、孵化、推广应用为一体的多层次、多类型的创新创业教育路径;实施创新创业课堂教学、学校导师、专家指导、项目立项实践训练、学科竞赛、成果孵化相互促进的创新创业教育模式;全面营造"组织、制度、文化、环境、条件、人员"保障平台。形成创新创业教育和文化体验、创客空间、项目孵化三位一体的大学生创新创业生态空间。

(2)坚持"四个到位"协同推进制度保障。一是组织到位。民办本科高校应当成立以校长为组长、分管校领导为副组长的创新创业工作领导小组,定期研究部署创新创业教育工作。为创新创业工作开展提供政策支持与组织保障。二是人员到位。学校根据发展需求,结合实际,重点建设一支由创新创业指导服务导师和专业课程教师、辅导员组成的专职创新创业教育导师队伍;同时还要建设一支由企业工程师、创业校友为导师的兼职指导教师队伍。另外,学校通过组织教师开展国内访学、国外进修、企业挂职、校企合作、科技开发和实践能力培养等方式,不断提升教师开展创新创业教育的能力和水平。三是政策到位。民办本科高校在制订学校人才培养方案中,必须明确规定"坚持创新创业教育贯穿于人才培养全程"。搭建好创新创业理论教学、实验实训实践教学、创业孵化三个平台,处理好创新创业教育与专业教育,创新创业教育与创新创业实践,创新创业教育与就业指导三个关系,加强学生创新精神、创业意识和实践能力培养。出台创新创业相关文件,对在创新创业工作中的优秀指导教师和大学生给予奖励,保证教师和大学生参与创新创业活动的积极性和主动性,为创新创业教育的顺利开展提供制度保障。四是条件到位。学校应当将创新创业教育经费统一纳入年度预决算,设立创业基金,每年预算一定数量的专项资金用于创新创业工作平台建设,每位学生至少调剂 1 平方米创新创业场地,为学生提供一体化创新创业服务,保证学校创新创业工作顺利开展。

(3)深化改革,促进成长。坚持应用型人才培养目标,打造特色培养方案。一是坚持"通识+专业+技能(含创新创业技能)"的应用型人才培养模式,组织邀请社会、企业人员参与人才培养方案的制订、修订,根据转型发展"五个对接"的社会需求,健全创新型应用型课程教学体系和技术标准,通过通识教育培养学生的创新意识和创新思维,通过应用型专业课程教学深化学生的创新创业能力,通过技术技能课程培养学生的创新精神和创新创业技能，满足行业需求，形成特色鲜明的人才培养方案。二是坚持“合作招生、合作育人、合作就业、合作发展”的校企合作策略，开设创新创业实验班，试点“专业＋创新创业”方向，联合开办校企合作订单班，促进高质量就业，开办创新创业训练营，提高创新创业成功率。

(4)创新教学与管理方法，实施“两制三对接”。一是修订民办本科高校“学生学籍管理实施细则，实行弹性学制，允许学生保留学籍休学创业。二是修订学校“学分制管理办法”，推行创新创业学分转换制度。鼓励学生开展创新实验、发表论文、获得专利和自主创业，建立学生创新创业档案和成绩记载机制。获得省级以上创新创业项目，通过结题验收后可以替代毕业设计(或毕业论文)。三是开展启发式、讨论式、体验式为一体的创新创业课程“三式教学”。以“大学生创业基础”课为试点，开展小班化教学，实施教学过程与生产过程对接；变标准答案考试为编制创业计划书和项目路演，实施创新创业课程考核和岗位需求相对接；鼓励学生参加与专业相关的职业资格证书考试，实施毕业证与职业资格证对接。四是设立创新创业奖学金，表彰创新、创业个人及团队之星，并在评先评优等环节予以倾斜。

(5)实现“双创”课程全覆盖，加强自编教材及案例建设。一是规定毕业生必须取得“必修＋选修”双创课程 4 学分和素质拓展课程 8 学分。全校全员开设“大学生创业基础”“大学生职业生涯发展规划”“大学生就业指导”等必修课及开放 10 门以上创新创业选修课程。二是将创新创业课程慕课化，采用“线上＋线下”方式面向全校学生开放，凡完成教学要求的学生，可进行相关学分互换。三是依据区域经济社会发展需要和行业、产业需求，开展创新创业校本教材建设，促进创新创业教育与区域创新创业需求对接。四是积极建设优秀毕业生(校友)和创业导师案例库，为创新创业教育提供丰富鲜活的案例。

(6)拓展“实训＋实践＋孵化”平台，保障项目实施。一是民办本科高校应当积极建设含大学生学习创新中心、虚拟仿真实验中心、实践教学示范中心、创新创业训练营等实践平台在内的创新创业体验式教学中心。按照学科专业，搭建包含不同专业在内的创新创业综合实训平台，全部向学生免费开放。按照专业建设和应用型人才培养需求，应当积极建设与实际生产过程相对接的校内工程坊、工作坊、创意写作训练坊、电商创新产业园等创新创业虚拟仿真实践平台。二是强化“三个坚持”，丰富实践内容。民办本科高校必须坚持协同创新创业实践，加强校政、校地、校企合作，多渠道、多形式培养大学生创新精神、创业意识和创业能力，不断构建协同培养创新创业人才的新格局。三是民办本科高校应当坚持营造创新创业教育质量文化。引导学生社团转型发展，成立创业联合协会、创业俱乐部等学生组织，开展丰富多彩的创新创业沙龙、讲座、路演等活动，实现学生参与全覆盖，有效激发学生创新创业兴趣与热情。定期举办和组织学生参加创新创业竞赛，并将赛事制度化、常态化，定期参与全国“互联网＋”“挑战杯”“创青春”“双创杯”“发现杯”“三创赛”等大赛，培养学生的竞争优势和创业精神。

(7)不断优化创新创业指导服务，促进创新创业质量提升。民办本科高校始终如一坚持创新创业向前看，不断打造创新创业升级版。根据创新创业不断升级的新要求，积极建立创新创业新平台，包括集资源对接、氛围营造、服务咨询为一体的创新创业指导服务体系，实行持续帮扶、全程指导和一站式服务，积极探索专业建设与创新创业的深度融合。

创建升级版的创业孵化基地。进一步优化孵化基地办公、培训、孵化三个功能区，配备高档次创业培训专用教室、孵化室、路演室、会议室等；提供包括人才、法律、市场、融资、政策、技术、信息代理等创业辅导服务。进一步完善《大学生创业孵化基地管理办法(试行)》《大学生创业孵化基地准入(退出)办法》等管理制度，确保项目数量和质量。搭建创业服务平台，创建创新创业服务网站，建立创新创业QQ群、微信群等现代化信息平台，全天候为学生提供服务。

创新创业没有最好，只有更好。民办本科高校必须坚持提升创新创业质量和水平。通过各种竞赛，获取国家、省级及社会组织的创新创业项目、任务、奖励、荣誉等，包括“众创空间”“创新创业师资培训基地”“示范性高等学校毕业生就业创业指导服务机构”“高校实践育人创新创业基地”“创新创业教育改革试点学院”“众创空间孵化基地”等，全面推进创新创业上台阶、上水平，提高应用型人才培养质量和创新创业成功率。

4. 建设协同育人与实践育人平台

实践教学是应用型本科高校教学工作的重要组成部分，是实现应用型人才培养目标的必然要求，也是学生获取、掌握技能的重要途径，对培养应用型、创新型人才起着重要作用。构建科学合理、具有民办本科高校特色和专业特色的实践教学体系是提升应用型人才培养质量，有效支撑“双一流”建设的重要路径。要进一步加强民办本科高校实践育人工作，彰显学校和专业实践教学特色，不断增强学生的社会责任感、创新精神和解决问题的能力，助力应用型民办本科高校“双一流”建设，增强学生综合素质、专业实践能力和创新精神。民办本科高校必须深化产教融合、校企合作协同育人机制。建立校企深度合作教育教学平台是应用型民办本科高校转型发展的关键，也是实现转型发展的有效途径。民办本科高校要成立校企合作部，加强合作教育的管理和服务工作，完善“合作办学、合作育人、合作发展、合作就业”四合作教育运行机制，实现校企互动交流、互利共赢。强化实践教学能力内涵建设，按照“专业设置与产业需求对接、课程内容与职业标准对接、教学过程与生产过程对接”的要求，不断完善并丰富应用型民办高校实践育人体系，积极构建“一中心、两模式、三个环节、四合作、五路径、多元化”的实践教学体系。

(1)目标任务。紧紧抓住增强学生综合素质、专业实践能力、技术技能训练和创新精神这一主线,以知识、能力、素质培养为核心,坚持立德树人,不断深化“专业+方向+技能”和“专业+创新创业技能”的人才培养模式,着力打造“通识教育实践、专业教育实践、现代技能教育实践”三个实践育人环节,通过体验式通识教育实践、认知实践、专业实践、综合实践、创新创业实践等“五条路径”,构建多元化、层次分明、特色突出、覆盖全体学生和教育教学全过程的实践教学育人体制,完善学生校内实验实训、企业实习实训和假期实习制度。构建循序渐进、有机衔接、校内外一体化的实践教学体系。增加综合性、设计性、研究探索性实验项目,开设与生活、生产实际紧密相关的实验课程,融“教、学、做”为一体的实践教学模式。人才培养方案中实践教学的课时比例达到30%以上,学生参加实习实训社会实践的时间累计应达到一年。切实加强校内实践环节,发挥科研平台在培养学生创新思维和实践能力中的积极作用。

(2)“一中心”。以“立德树人”为中心。司马光《资治通鉴》中有关于德与才的论述:“夫聪察强毅之谓才,正直中和之谓德。才者,德之资也;德者,才之帅也。”他给圣人、君子、小人下的定义是:“是故才德全尽谓之圣人,才德兼亡谓之愚人,德胜才谓之君子,才胜德谓之小人。”他提出:“凡取人之术,苟不得圣人、君子而与之,与其得小人,不若得愚人。”提高大学生的实践能力,目的是以比较高的综合素质和技能促进就业与创业,而就业与创业最关键的是人品,所以大学生实践能力的提高必须以品德的提高为前提。学校在教学过程中,要善于培养学生良好的社会公德、职业道德、家庭婚姻道德,培养学生诚信、责任、敬业的品格,培养学生科学精神、探索精神和创新精神,提高学生分析问题、解决问题的能力。

(3)“两模式”。通过构建实践教学体系,进一步深化民办本科高校的人才培养模式改革。一是针对国际化、“一带一路”建设,设置“专业+外语+技能”的人才培养模式;二是针对民办本科高校学生的特点,设置“专业+创新创业技能”的人才培养模式。积极培养学生的基本技能和专业技能,努力创造条件使学生在毕业时能成为“懂外语、有技能”的高素质应用型人才。

(4)“三个环节”。根据应用型一流专业建设内容,将实践教学体系划分为“通识教育实践、专业教育实践、创新创业教育实践”三个实践育人环节。

应用型通识教育实践环节涵盖课堂、校园、社会和“互联网+”四个方面。通过培养学生人文素质、道德修养、沟通与写作能力、创新意识、责任意识和团队协作意识等,提升学生发现问题、分析问题、解决问题的创新能力,促进学生全面发展。通识教育实践重在参与社会实践、参与各种体验式教学和社会调查,促进创新思维的训练。

应用型专业教育实践环节包括:①认知实践。帮助学生形成对所学课程、专业内容的初步认识,加强学生对未来在生产、建设、管理、服务第一线工作的直观体验，帮助学生树立正确的职业观。具体应包括课内体验教学、校内外实习实训基地见习等。②应用型专业实践。这是以应用型核心课程中的核心能力为中心，将第一课堂和第二课堂进行有机结合，充分调动学生在实践育人活动中的主体作用。帮助学生掌握本专业未来岗位的常用技术，达到本专业的基本上岗要求，并能在实践环境中运用专业知识解决实际问题，养成严谨的工作作风，掌握科学的工作方法和探索新知识、新技术的方法。具体应包括课内应用型实验、课程实习(实训)、生产实习(实训)、学科竞赛等。③应用型综合实践。强调以学生的已有经验、专业知识、社会实际需要和问题为核心，采用多样化的实践方式，能够体现学生发现问题、解决问题的知识综合运用能力和创新创业能力，促进学生勤于思考、乐于创新。具体应包括毕业论文(设计)、综合性或设计性实验、毕业实习、创新创业孵化项目等。

本科毕业设计(论文)改革要以体现学生的创新精神、实践能力为核心，鼓励各教学单位结合专业特点，创新本科毕业论文(设计)的形式，可采取学术论文、案例分析、毕业设计、翻译作品、实践调查报告、艺术作品、创新创业项目等多种形式；突出毕业论文(设计)的应用性，50%学生的毕业论文(设计)应在生产实践、社会调查和实验实训中完成。加强毕业设计实践教学环节的质量监控和考核，实施毕业设计的"双导师"制，鼓励聘请校企合作单位技术人员合作指导毕业设计，参与评审、答辩等；鼓励学生到校企合作单位完成本科毕业论文(设计)。加强对本科毕业论文(设计)的选题、开题、中期检查、答辩和成绩评定等各环节管理。

(5)推进产教深度融合协同育人。

加快推进"合作教育"计划，与政府、行业、企业、研究机构全面开展校地合作、校政合作、校企合作，实现与业界相互支持、双向介入、优势互补、资源共享，形成资源共建、全程参与、互利共赢的产教深度融合的合作育人模式。校企签订实质性合作协议的专业(集群)覆盖率应该达到80%以上，一流应用型试点专业、专业(集群)校企签订实质性合作协议覆盖率应达到100%，校企深度合作，打造高水平实践教学中心。

根据真实生产、服务的技术和流程建构实验、实习、实训环境。加强与企事业单位合作，共建实验室、实习实训基地、实践教学平台。采取企业投资或捐赠、生产化实训、政府购买、学校自筹、融资租赁等多种方式，加快工程实践中心和实习实训基地建设。引进企业科研、生产基地，建立校企一体、产学研一体的大型实验实训中心。强化虚拟训练、真题真做，优化实践育人环境。打造一批综合实践教学中心和省级以上实验教学示范中心。建立实验室综合管理系统，实现实验课程的信息化管理以及实验仪器设备共享的网络化管理，推进实验室开放共享。

(6)应用型实践教学平台建设的具体内容。

①实验室建设。以实现应用型人才培养为目标，以专业和专业群建设为依托，坚持实验室"整体统筹规划、资源全校共享、学科专业交叉、实践项目全面、专业特

色突出”的建设原则，围绕各二级学院主体专业、特色专业和优势专业，统筹实验室建设规划与管理，坚决杜绝重复建设工作。

②优化实验教学资源配置。建设一批以培养学生实践能力、应用技术、创新意识为宗旨，以实验教学改革为核心，以资源开发共享为基础，以高素质实验教学队伍、创新的实验管理机制和完备的实验条件为保障的实验教学示范中心。加大对实验仪器设备的投入，保证实验开出率和设备台套数满足应用型实验教学的需要。主动适应实验室开放管理的需要，建立实验室信息网络平台，逐步实现实验教学与管理的信息化、网络化、智能化。

③加强实验室安全管理。加强制度建设，根据“谁主管、谁负责，谁使用、谁负责”的原则，层层落实，细化责任，制定细则，确保学生校内外实践教学的规范、安全。加强实验室的日常管理工作，确保用电安全及危险化学品的采购、运输、存储、使用和处置等各个环节的规范、安全，建立实验室安全准入制度。

④虚拟仿真实验教学建设。积极推进现代信息技术与实验教学项目深度融合，拓展实验教学内容广度和深度、延伸实验教学时间和空间、提升实验教学质量和水平；推动形成专业布局合理、教学效果优良、开放共享有效的高等教育信息化实验教学项目新体系，特别是工程类、医学基础类、教育学类、体育学类、经济管理类、艺术类、计算机类等重点专业领域，不宜建设实验室或实验教学中心的专业、课程，应积极建设虚拟仿真项目、虚拟仿真实验教学中心等，促进实现信息技术、课程实验、行业应用与技术创新的融合发展。

⑤实践教学基地建设。进一步明确实践教学基地建设思路，在充分发挥校内实践教学基地作用的基础上，稳定和拓展校外深度合作实践教学基地，实现校内与校外实践教学基地相互补充、有机结合。

⑥实践教学队伍建设。专业教师必须参加实验室和实习基地建设，承担实践教学任务。民办本科高校各院（部）应根据学科、专业需要确定本专业较稳定的实习实训基地。本着“互利共赢”原则，有计划地选派专业教师到企业一线挂职锻炼，了解生产前沿的科技动态和相关专业技术岗位群对高技能人才的基本要求，丰富专业教学的内容，采集实践教学、毕业设计等所需要的各种专业实践技术资料数据，同时为生产一线的技术开发、技术运用和技术攻关等做出贡献。依托学校教师赴企业挂职锻炼、“双师型”教师培养的相关政策和企业家进校园系列活动，将教师进企业进行专业实践锻炼列入整体实验师资培养计划，不断完善聘请政府、企业（行业）专家与技术人员担任兼职实验教师机制，建立结构合理、校内外结合的应用型实验教师队伍。完善实验技术人员考核办法，不断提高业务水平，保障实验室建设与管理持续发展。学校教务处和各教学单位要进一步明确实践教学人员岗位职责，完善实践教学人员工作量计算办法，调动实践教学人员工作积极性。

⑦实践教材建设。民办本科高校要结合实际，积极开展校本实践教学指导系列教材编写工作，紧紧围绕应用型人才培养，坚持理实一体化实践育人理念，注重情景教学、案例教学等教学方法的改革与运用，增强教材的针对性、实用性和可操作性，力争做到本科生实践教学内容体系化，高职学生实践教学“教、学、做”一体化。民办本科高校应当重点资助符合应用型人才培养模式和教学改革最新趋势的高水平实践类教材建设，全面提高应用型人才培养能力。

(7)建设多元化、多层次、多路径实践方法。

民办本科高校应当建立“一院(部)一精品”学科竞赛模式，积极开展学科竞赛活动。按照“以赛促教、以赛促学、以赛促改、赛教结合”的思路，探索学科竞赛与课程体系相对接，学科竞赛与企业需求相对接，学科竞赛与创新创业相对接的新模式；根据专业特点、专业特色和职业能力需求，落实和培育“一院(部)一精品”学科竞赛项目，将学科竞赛常态化；依托“名实践”建设工程，积极搭建校内外相互支持的学科竞赛平台；围绕学科竞赛开展系列教学改革和研究活动，不断推进应用型人才培养的创新意识和竞争意识。

积极开展第二课堂教学实践活动建设。根据应用型一流民办高校建设的要求，按照“知识、技能、素质”和“德、智、体、美、劳”全面发展的要求，在人才培养方案中，精心设计“素质拓展”学分并与学生毕业及学位挂钩，夯实“书院制”和“导师”工作职责，开展多层次的实践育人活动。第一，认真设计组织大学生寒暑假的“实践教学周”活动，要保证时间、经费、导师、地点、内容、形式、总结展示、评比“八到位”。不断丰富实践教学周活动的内容和形式，做好活动的组织、过程指导、实践报告撰写、优秀报告分享等相关环节。第二，依托专业的资源和优势，开发与专业相关的社会扶贫项目、专业志愿服务活动，提升学生认识专业、认识社会、认识自身、团队合作、服务社会的意识，增强学生的社会责任感。第三，积极组织各类学生社团，开展“红色筑梦之旅”和“读万卷书行万里路”活动，不断提高学生经典阅读、科技创新活动、文体活动的参与度，鼓励学生“多读书、读好书”，积极参与各类科技、文艺、体育竞赛，参与教师的课题研究或自主进行课外科技发明，撰写并在公开刊物上发表作品或论文，充分利用第二课堂，全面提高应用型人才的综合素质。

(8)建立健全实践教学平台运行保障机制。

①计划安排到位。民办本科高校各教学单位应加强实践育人教学计划管理，在每学期期末就应当做出下学期实践教学安排。做到实践教学活动“有计划、有安排”，明确实践教学活动的教学环节和内容、目的要求、时间安排、教学组织形式和手段、教学所需设施条件、考核方法等。有些实验室建设应当与新增专业申报同时部署、同时进行，保证实践教学的顺利开展。

②设备采购到位。学校在组织进行实践教学设备采购时，应注重使用部门意见和建议。在进行技术论证时，应由使用部门提出具体需求，其他相关部门参与论

证，确保实践教学设备采购到位，保质、保量，满足教学需要。

③资金投入到位。加强经费管理，确保实践经费投入。进一步做好实践教学经费预算管理，确保实践教学运行经费投入制度化。加大实验教学示范中心和深度校企合作实习基地建设、虚拟仿真实验教学、实验室开放、学科竞赛等专项经费投入力度。

④指导教师到位。做好实践教学师资队伍建设工作，打造一支“能完全承担各类实践教学任务，能很好地培养学生的实践能力，理论和实践应用能力兼备，年龄、职称、学历结构较为合理”的实践教学指导师资队伍，确保实践教学活动指导教师到位。

⑤过程指导与管理到位。民办本科高校各教学单位要采取有力措施，从规范实践教学计划入手，落实好教学任务、指导教师、经费、场所和考核等各实践环节，严格实施实验室开放制度，鼓励学生自主开展实验实训，强化过程管理，确保实践教学质量，定期组织开展实践教学效果评价。

⑥质量监控到位。民办本科高校教务处和各教学单位应进一步完善实验、实训、实习、毕业论文(设计)等实践教学环节的质量标准。出台实践教学活动过程考核指导意见，引导师生明确实践教学活动目的和要求，培养学生主动探索知识，提高实践操作能力，切实提升学生实践教学活动效果，做到考核效果到位。加强实践教学制度建设与过程管理。完善实验室与实习基地管理、实验人员管理与考核以及实践教学质量评价等实践教学管理制度，保证实践教学工作各环节均有章可循，形成有效的质量监控体系。

5. 建立学分银行、学分互认和“1＋X”证书考核平台

鼓励学生通过考级考证获得学分。按照国务院转型发展的“五个对接”精神，根据教育部、发改委、财政部、市场监管总局《关于在院校实施“学历证书＋若干职业证书”的通知》，对本、专科学生考级考证的相关专业与课程进行学分互认。全面贯彻落实《教育部关于加快建设高水平本科教育 全面提高人才培养能力的意见》，坚持以学生为中心，全面推进转型发展，积极实施“学历证书＋若干职业技能证书”制度，努力培养具有终身学习能力的复合型、应用型高级专门人才，依据民办本科高校实际，制订相关认证方案。

(1)确定认定标准。根据应用型本科高校学历证书与职业资格证书对接的要求，民办本科高校教务处应当指导各二级学院，按照不同学科专业的公共通识类课程、专业课程、第二课堂实践等三大类教育教学内容，聚焦人社部承认的技术技能等级证书，制定标准与学分认定细则，对接职业岗位需求，设计课程体系对应专业技能证书，鼓励学生积极参加考试，获得相关证书。

(2)分类设计，分层次培训，按照要求考取相关证书。应用型民办本科高校应当根据学科专业特色分类，按照本科、专科、专业硕士分层考证认证管理。本科认

定范围包括:通识教育基础课证书,如计算机等级证,外语四、六级成绩单,办公自动化证书,体育各类裁判证等;专业课能力证书,包括外国语言类专业等级证,教育类教师证、播音与主持及艺术表演证、信息技术与工程技术证书、医学类证书、艺术设计类证书、管理类证书和“1+X”规定证书等;第二课堂及社会考试类证书,包括汽车驾驶与维修、计算机组装与维修、导游、会计、康复治疗、美容美体等各类促进就业的实用技术等技能证书。

(3)认定办法。属于公共基础课能力证书,本、专科每个证书可认定为一门次考试合格,如英语四、六级成绩合格可以认证非外语专业英语一门次考试;与专业课对应的专业能力证书,本、专科每个证书认定为两门次考试合格,如英语专业四级、八级成绩合格可以认定为两门次课程考试;第二课堂及社会考试技能证书,本科可认证为素质拓展学分,专科可认证为2～3门课程合格。以上所有技术技能证考试可以与课程考试合二为一进行。

(4)坚持循序渐进。由于我国考级考证市场缺乏统一标准,行业不同、级别不同,含金量与社会认可度也不一样。民办本科高校要积极与政府部门及其管辖的行业、学会、协会建立合作基地,拓展培训考核渠道。学校教务处要认真研究人社部、教育部相关政策,密切关注国家相关技能证书考试的情况,增强证书的权威性和社会认可度,力争做到成熟一批,认证一批,稳妥推进。

6. 搭建民办本科高校现代信息技术平台

加快信息技术与教育教学深度融合,提升教、学、管水平是高等教育发展的必然趋势。智慧课堂、智慧教室、智慧校园建设等“互联网+教育”呼之欲出,民办本科高校尽管属于地方新建高校,但在智慧校园建设方面完全可以弯道超车产生后发优势。

人工智能的发展必然影响到教育,华东师范大学教授祝智庭认为,随着人工智能深度学习技术的发展,教育技术正在出现“第六种范式——机器自主学习”。计算机辅助教学、智能教学系统、计算机支持的协作学习和个性化适应性学习都将超越传统的教师教和学生学的模式,因此信息化平台建设成为当代高等教育最基本的办学条件。

(1)加快智慧教室、智慧校园建设步伐。民办本科高校要适应“互联网+教育”教学新常态,加快学校信息技术基础建设力度,推进现代信息技术与教育教学深度融合。逐步打造适应学生自主学习、自主管理、自主服务需求的智慧课堂、智慧实验室、虚拟仿真实验中心、课程中心,包括语言识别、面部识别等一卡通管理的智慧校园建设。大力推进互联网、物联网、大数据、人工智能、虚拟现实等现代技术在教学中的应用,逐步形成以网络化、数字化、智能化、个性化为特征的“互联网+教育”新形态。

(2)推进慕课、虚拟仿真实验项目和中心建设。民办本科高校要增加经费投入,建好用好课程中心平台,积极共享国内外优质在线开放课程资源,支持教师利用校外课程资源进行线上线下混合式教学试验,打造线上、线上线下、线下“金课”,支持学生通过线上学习获得学分。鼓励教师多模式应用、学生多形式学习,推动形成处处能学、时时可学、人人皆学的泛在化学习新环境,完善在线开放课程学分认定制度,推动学分互认,做好“线上+线下”的课程学习管理工作,推进优质资源共建共享。制定翻转课堂、微课、慕课等标准体系,做好在线开放课程和虚拟仿真实验教学项目的建设、应用及管理工作。根据民办本科高校专职教师普遍年轻、专业性强、信息技术基础知识扎实的良好条件,每人至少建成一门网络在线主讲课程。重点打造一批具有一定建设基础、适应向社会开放的在线开放课程,扎实做好课程建设工作,积极申报国家精品在线课程建设项目;构建国家级虚拟仿真实验中心,有序推进虚拟仿真实验项目的广泛应用,重点建设能够体现学校特色的虚拟仿真实验项目。

(3)建立“以学生为中心”的信息技术平台。建设一流应用技术型民办本科高校,在智慧校园建设上同样要坚持“以学生为本”的理念,以网络畅通和“集控中心”为基础的信息技术平台的建设,不仅仅是为了管理方便、教师备课讲课方便,最主要的是为了学生学习方便。民办本科高校的学生学习条件和环境不同,对信息技术的学习基础和适应能力也就不同,由此决定他们在信息技术方面仍然需要不断重新学习。因此民办本科高校信息化建设对应用型人才培养至关重要。

(4)提高管理信息化水平。充分运用互联网、大数据、人工智能、虚拟现实等现代技术,提高学校管理和服务的信息化水平,实施更加精准的教育教学与管理制度。首先,应当建立无纸化自动办公系统,降低人力投入,提高工作效率和准确度;其次,建立教学自动化管理系统,实施自动化选课、排课、课程自动录播、自动监控评价等;再次,定期收集和分析在校生学习行为数据、毕业生初期就业情况数据、毕业生中期职业发展数据等,将其结果充分运用于学生学习绩效评价、教学质量评估、教师教学能力提升、专业及专业方向调整、培养方案修订等各个方面,建立全国一流信息化建设标杆高校。

7. 建立一流应用型民办本科高校国际合作交流平台

(1)充分认识建设一流应用型民办本科高校参与国际合作的意义、内容和途径。建立一流应用型民办本科高校,同样需要国际合作,而且至关重要。林健先生认为:“构建国际合作教育平台既是‘坚持三个面向’建设原则的要求,也是一流本科人才培养的要求。总体而言,开展国际合作教育有六个方面的作用:学习先进教育理念;引进优质教学资源;构建国际化课程体系;更新传统教育教学方法;促进教师队伍建设;合作培养一流本科人才。”中国改革开放的实践证明,我们是全方位、全过程、多层次开放，民办本科高校虽然定位是“地方性、应用型”，但并不排除和国际接轨。地方性不是“当地性”，只有坚持国际化办学，才能提升质量、提升水平、提升声誉和就业率。

民办本科高校国际合作的平台怎么建立，合作的形式怎么进行，清华大学教育研究院教授林健先生做出了比较全面的概括：“国际合作教育可以有四种模式：互派学生模式，即有计划地派遣学生到对方学习多门课程，完成培养计划中某些教学环节，获得相互认可的学分；合办学院模式，即中外双方分别利用各自在人才培养上的优势和特长创建二级学院，开展合作办学；分段合作模式，即采取学生在不同学习阶段在不同国家学习的合作办学模式，往往是前一阶段在国内学习，达到赴国外学习的资格后，直接进入国外高校完成后一段的学习；境外实践模式，即选派学生到国际组织、机构和公司及其附属部门实习和实践。”林健先生认为构建国际合作平台会对学生产生“增值效应”，“包括学生国际知识的丰富，全球视野的开阔，国际规则的熟悉，国际事务的处理，多元文化环境下的交流、合作和竞争能力的提升等学生的国际竞争力，这都是一流本科人才应该具备的国际化素质”。

(2)抓住机遇、扩大对外交流与合作，拓展转型发展国际合作新路径，增强国际化办学能力，培养具有国际视野的应用技术人才。依托民办本科高校普遍存在的语言学科专业优势，扭住“一带一路”发展机遇，利用好“新丝绸之路高校联盟”平台，强化与“一带一路”沿线国家的教育交流合作，搭建与中东欧国家的教育合作平台，进一步建立新丝绸之路研究中心，大力开展国别和区域研究。增加外语语种特别是小语种专业建设，满足沿线国家对外语人才的需求。

积极拓宽国际交流与合作渠道。强化与俄罗斯、德国、英国、西班牙、匈牙利、捷克、泰国、马来西亚、日本、韩国、中国香港等国家和地区的高校的交流合作。广泛开展“3＋2”专升本、“3＋1”、“2.5＋1.5”本科双学位、“3＋1＋2”本硕连读、短期访学、免费交换生等多种国际教育合作项目，在师生互访、学分互认等方面进行深入探索。

充分利用国家公派留学项目，引进政府奖学金等项目，进行资源共享。积极鼓励教师出国进修、访问，大力引进高水平的专职外教，邀请国外专家来民办本科高校讲学。参与举办高水平的国际学术会议，鼓励教师参加国际学术活动，加强与国外大学的学术交流，营造对外合作的良好氛围。继续寻求开展境外“带薪”实习、就业、外派志愿者等活动，扩大跨国、跨境就业与创业。

8. 打造产业和行业研发中心，建设应用型科学研究平台

高度重视应用型科研工作，加强文化传承与创新，推动科研成果转化，发挥区域和行业技术中心作用。增强学校在政策咨询、文化发展等方面的服务功能，努力使民办本科高校成为区域特色产业和行业共性技术的研发中心和服务平台。

(1)努力打造产业和行业共性技术的研发中心和服务平台。积极融入以企业为主体的区域、行业技术创新体系,通过校企合作、协同创新加强产业技术积累,促进新技术转化应用,参与企业技术创新。探索先进技术辐射扩散和产业化的途径,与中高职院校联动,面向小微企业开展新技术推广应用服务,提升小微企业技术应用水平。

(2)加强应用型科学研究及成果转化。加强应用型研究,积极组织申报应用型科研项目,努力承担和参与相关行业发展的研究课题,集成校内外创新力量,为地方经济社会发展提供有力的技术服务。改革学校和教师的科研绩效评价和考核机制,建立以成果转化和技术成果突破性、带动性为导向的评价体系,健全由市场和用户广泛参与的开放评价机制。

(3)加强政策咨询和文化发展服务。主动参与地方及行业、企业发展战略规划研究和制定,聚焦经济社会发展重大问题及重要领域,发挥学校专家教授的智库作用,在民办本科高校有优势、有特色的领域内,开展专业化的政策研究,争取成为地方及行业、企业的重要咨询机构。积极参与地方文化产业发展规划建设,参与企业文化建设策划、研究、开发,开展企业文化进校园活动,建立企业文化融入校园文化的校企文化共建机制。

(4)搭建区域性民办本科高校联盟,构建科研与教学一体化研究机制。应用型高校是以应用型人才培养为目标的教学型高校,所以,教学改革研究与科学研究同等重要,教学改革研究成果反哺教学,提高应用型人才培养质量是重中之重。民办本科高校联盟要立足于研究科技、行业、产业、文化、国际合作等对人才培养的需求,研究技术推广应用的瓶颈,研究学生的特征、基础、发展方向,将研究成果全面贯穿于教育教学过程之中,实现招生、培养、就业的良性循环。

9. 建立一流民办本科高校招生、培养、就业与创新创业平台

民办本科高校和公办本科高校的最大区别就是:公办高校有学校就有学生,民办高校有学生才有学校。简言之,民办本科高校生源就是学校的生命,所以民办本科高校往往把招生当作主要任务来抓。民办本科高校不仅存在招生风险,也存在就业风险。根据麦克斯研究院发布的2019年《就业蓝皮书》报告:本科就业持续缓慢下降,高职高专就业率稳中有升;由于学生深造比例持续上升,毕业生待就业压力明显增加;2018届毕业生月收入4624元,应届毕业生薪资增长放缓;民企雇佣毕业生比例增长成为雇主的主力军,民营经济带动就业增长;“北、上、广、深”就业比例持续下降,“新一线”城市吸引力不断增强;民生行业成为就业增长点,传统制造业就业比例下降;应届毕业生离职率基本稳定;毕业生创业三年存活率下降;就业绿牌与黄牌专业联系较大。显然民办本科高校就业率下降,学生收入低,以民营企业和落后地区为主,《就业蓝皮书》所有的消极或者负

面信息大多与民办本科高校的学科专业、办学层次、办学水平、办学声誉有关。

要保证民办本科高校兴旺发达，就应当积极建立“以出口定入口”、招生—培养—就业创业一体化机制。招生旺、就业畅最关键的是坚持专业为王、特色为要、质量为先。许多国家和区域重点大学不存在严重的招生和就业问题，就是因为其学科专业贴近经济社会科技发展的主战场和前沿，特色鲜明，人才培养质量得到社会、行业企业、家长学生的认可。所以，民办本科高校必须始终加强学科专业建设，凝练专业特色和人才培养特色，把办学质量作为存在和发展的生命线，形成可持续发展的质量文化。

(1)建立招生就业研究预警机制。与麦克斯等研究机构合作，分析区域经济社会发展对人才需求的状况，制定专业预警机制、淘汰机制、准入机制，保证区域经济社会发展发展的用人需求。

(2)建立专业招生队伍，制定招生、培养、就业创业联动机制，积极开展校企合作、“订单班”培养、顶岗实习、实习就业一体化等新体制。针对应用型大学生源情况，即高中毕业生、中职毕业生、专科层次的高职毕业生和已经参加工作的一线技术人员，积极探索分类考试、综合评价、自主多元录取多元就业的招生就业制度改革。

①采取多元化录取方式。根据高等教育招生考试制度改革总体方案，制定民办本科高校招生制度改革实施意见，加快推进高等职业教育分类招考，建立符合技术技能人才成长规律的选拔机制。探索单独招生、自主招生和技能拔尖人才免试等考试招生办法，为学生接受不同层次高等职业教育提供多样化入学方式。

②积极争取自主招生改革试点。结合专业人才培养特点和行业人才需求，按相关选拔程序自主招收各类技术、技能大赛获奖的中、高职学生，来自中、高职优秀毕业生的招生比例逐步达到15%以上，从一线劳动者、农民工、复转军人等中选拔的比例逐步提高。

③开展国际化人才培养与就业。扩大国际生招生规模，安排一定比例招生计划作为“一带一路”沿线国家定向招生、定向培养、定向就业。招生计划、方案、过程、结果等要按有关规定向社会公开，严格招生程序，倡导诚信招生、诚信办学。

④培养创新创业意识，凝练创新精神，鼓励毕业生创业。创业者或者成功创业者，虽然只占毕业生少数，但对提高办学水平、锻炼人才、促进校内外大学生成长、推动经济社会发展，具有风向标和“领头羊”作用。民办本科高校应高度关注有创业意向的学生，提前指导其进行项目孵化，给予资金扶持，对创业成功者给予奖励，提高毕业生创业比例和创业能力。

四、把牢应用型一流民办本科高校人才培养“关”

质量立校是民办本科高发展的生命线，建成应用型一流民办本科高校，培养出一批批一流应用技术型人才，是民办本科高校的希望。《教育部关于狠抓新时代全国高等学校本科教育工作会议精神落实的通知》(以下简称《通知》)中第三部分指出“全面整顿教育教学秩序，严格本科教育教学过程管理”。在“新时代高教40条”第九条中强调“加强大学质量文化建设”。这些充分说明提高人才培养质量已经成为高等教育界和全社会的共识。《深化新时代教育评价改革总体方案》作为新的教育指挥棒，从教育的五个层次、五大主体和五个方面对学校教育的人才培养质量和办学条件提出了明确的评价标准。社会、家长、考生对民办本科高校选择的标准不是收费高低，而是管理是否严格、专业是否对口、人才培养质量是否被认可。因此，任何一所大学建立任何质量监控保障制度，如果不去落实，不去齐抓共管，也只能是一纸空文。同时任何质量监控体系都存在“滞后性”，缺少“即时性”，质量保证只有立行立改，才有效果。所以，民办本科高校要提高应用型人才培养质量，就必须严格把牢以下几个“关”，只有如此才能赢得社会、家长、学生、用人单位的认可。

1. 加强课堂教学管理

《通知》要求“各高校要按照《中共教育部党组关于加强高校课堂教学建设 提高教学质量的指导意见》，修订完善课堂教学建设管理的相关规定。要认真查找课堂建设和管理中存在的突出问题和薄弱环节，严管严抓教学秩序，制定整改措施，明确时间节点，责任落实到人，把从严管理的规矩立起来，把课堂教学建设强起来，把课堂教学质量提起来”。课堂教学的第一责任人当然是任课教师，在民办本科高校，有些老师往往把学生管理的责任推给辅导员，课堂管理“事不关己高高挂起”，既缺乏政治责任也缺乏职业责任。因此，民办本科高校教务处、督导团、二级学院要强化常规检查，严格执行“课堂教学事故责任追究”，严格课堂纪律，任课教师上课要做到思想引导、品德熏陶、纪律规范、知识渊博、方法新颖，坚决纠正课堂管理混乱、学生各行其是、毫无教学效果的现象。辅导员要和任课教师建立“热线联系”，主动配合任课教师管理学生，并通过“学籍预警”机制，参与质量控制。

2. 加强学习过程管理

《通知》要求“各高校要全面梳理各门课程的教学内容，淘汰‘水课’，打造‘金课’，合理提升学业挑战度、增加课程难度、切实提高课程教学质量。要结合办学实际修订本科人才培养方案，切实把本科教育工作会议精神、要求落实到学校人才培养的各项工作、各个环节，新方案要从2018级学生开始实施，持续抓四年，全程管到位，努力使每一级在校学生都受益。要切实加强学习过程考核，加大过程考核成绩在课程总成绩中的比重，严格考试纪律，严把毕业出口关，坚决取消'清考'制度”。

民办本科高校应当积极推进学习过程考试改革。打造“金课”，提高学业难度，这里最关键的是加大过程考试比例，严格考试纪律，严把出口关问题。考试与毕业是民办本科高校的软肋，一是方法单一，二是把关不严。因此，民办本科高校要建设应用型一流大学，必须首先坚决取消“清考”，严格执行“学籍预警”，坚持“以考风考纪促学风教风”，实施课程重修制度。其次，强化学生学习过程管理，修订考试各环节质量标准。认真制定“学校课程形成性评价考核办法”，同时也要坚决查处以过程考核为名、行考试“放水”之实的行为。加大学生学习过程考核的比重，注重知识应用能力、实践能力和解决问题能力的考核；推行多种形式（如笔试、口试、答辩、上机等，多个阶段平时测试、作业测评、社会实践、期末考试等）、多种类型（作品、课堂讨论、创作设计、实验报告、设计报告、调查报告、课程论文、竞赛等）的考核制度改革；规范学习过程考核成绩的评分标准，使日常评分有依有据，建立学习过程考核材料的收集与归档制度，使留存材料保留规范，考试给分有据可查；规范考题类型，加大综合性、开放性、应用性考试题目的比例，合理提高考试难度；加快试题库建设，逐步推行教考分离和流水阅卷试点，建立试卷检查与评价机制；修订学生考试违纪与作弊管理制度，加大惩处力度，倡导诚信考试。民办本科高校教务处要根据学校专业辅修、出国留学、线上线下学习、成人教育等学习形式的变化，修订学分互认制度，建立学分银行。建立课程结业考试与职业资格证考试对接规定。

3. 切实提高毕业论文质量

《通知》要求严把毕业论文（设计）质量关。切实落实《教育部办公厅关于严厉查处高等学校学位论文买卖、代写行为的通知》（教督厅函〔2018〕6号）要求，进一步修订完善本科毕业论文（设计）管理制度，强化指导教师责任，强化对毕业论文（设计）选题、开题、指导过程、评阅、答辩等环节以及档案资料的全程管理和检查，认真落实毕业论文（设计）在生产一线、实验室、实习基地、工程实践、专业工作坊、社会调查等实践中完成的比例应达50%以上的转型发展要求。继续严格实行论文查重和抽检全覆盖，尽快制订本科高校本科毕业论文（设计）改革与盲审制度，严肃处理抄袭、伪造、篡改、代写、买卖毕业论文等违纪问题，确保本科毕业生论文（设计）质量。坚持做好优秀毕业论文（设计）评选工作。

4. 强化教师教学主体责任

《通知》要求“要制定教授给本科生上课的专门管理规定，确保教授全员给本科生上课。要严格执行师德师风一票否决制，对于师德师风表现失范，要依法依规严肃处理。要进一步修订完善教师评价考核制度，把教学质量作为教师专业技术职务评审、绩效考核的主要依据，在教师专业技术职务晋升中施行本科教学工作考评一票否决制”。民办本科高校的教授基本来源于公办高校的退休人员，他们主要以上课为主。民办本科高校在落实教师主体责任方面，重点是师德师风建设。由于民办高校存在学校年轻、教师年轻的状况，教师队伍基本上是“80后”，基本上是副高以下，学历、职称、学识、师德、师范等都有待继续历练和提升，因此民办本科高校必须对教师严格要求、精心培养，同时给予人文关怀，坚持执行两个“一票否决”，使民办本科高校的师资队伍尽快强大起来。同时要善于给年轻教师压担子，全面实行本科生导师制。完善本科生导师制管理办法，设立专项工作经费，将本科生导师工作纳入学校教师考核和激励体系。着力指导学生创新精神和实践能力提升，全方位指导学生的思想、学习、生活，直至学生顺利完成学业，从而推动学生综合素质提升，实现专业培养目标。每个二级学院(部)每年应当树立2～3名指导学生学习、创新创业项目、毕业论文指导等优秀导师案例，参与学校工作交流，纳入年终优秀教师考核。

5. 大学质量文化的内涵建设

如前所述，质量监控与保证具有滞后性，而制度是贴在墙上的规范，没有人执行照样是一纸空文。但质量文化能深入人的心灵深处、浸透于人的血脉之中，它会使人自觉行动，并成为一种习惯。学校的一切规章制度、人才培养方案、教风学风等建设，最终都是为了形成大学的文化。因此，“新时代高教40条”强调，“加强大学质量文化建设”。清华大学教育研究院教授林健先生认为：“大学文化是在长期办学实践中逐渐形成的，被大学人(指广大师生员工)所认同的办学理念、思想意识、精神追求、价值观念和行为方式。大学文化根植于大学人心灵深处，是他们共同的文化自觉，潜移默化地影响每位大学人的个体行为。大学文化建设的核心目标是育人，其对人才培养的作用在于通过营造一种润物无声、无处不在的环境氛围，使置身于其中的大学人受到直接的熏陶和陶冶，学生时刻感受着对科学知识的强烈渴求和对未知世界不懈探究的强烈愿望，进而自觉、自律于修身向学。”民办本科高校作为地方新建高校，又面临向应用型转型，无论是精神文化、制度文化还是学术文化、行为文化等方面，都面临创新和构建，林健先生从一流本科教育保障角度提出以下几个方面的大学文化建设，非常值得新建民办本科高校借鉴。

(1)精神文化建设。构建应用型民办本科高校的精神文化，首先需要继续弘扬民办高校的创新创业精神。今天面对高等教育“双一流”建设，民办本科高校只有继续坚持创新创业，才能立于不败之地。其次需要凝练民办本科高校的办学理念、大学精神，通过改革人才培养模式，形成良好的、能够自觉执行的学风、教风、校风，逐步形成立德树人、追求卓越的理想价值文化。

(2)制度文化建设。新建民办本科高校办学历史相对较短,顶层设计、规范、规矩、人才培养方案、质量标准督导体系、学校法人治理、各种管理制度等尚在建设之中,因此,在这些制度的建设、执行和完善过程中,关键是要遵循规律性、科学性、人本性原则,让制度变成师生员工的精神力量和价值追求,把制度视为一种“当然”“应然”或者“必然”,而不是精神负担或者“枷锁”。

(3)学术文化建设。作为大学特别是本科高校,无论是应用型还是职业技术型都必然存在学科专业建设,必然开展教学学术研究,没有学术研究的大学不是一个合格的大学。所以,新建民办本科高校一定要有学术意识,侧重于应用型研究及其转化,侧重于应用型教学改革及方法的研究并反馈教学,把应用型研究浸透与教学、管理、改革、创新各个层面,构建宽松、自由、规范、诚信的学术氛围,形成应用型民办本科大学的学术文化,自觉推进一流应用型民办本科高校的建设和发展。

(4)行为文化建设。大学的主体是“大学人”,人是有主观能动性的最高存在。所有的精神文化、制度文化、学术文化都必然通过人的良好行为来体现并通过人的行为不断完善,最后形成一所大学的大学人的“行为文明”,这是大学文化建设的主体体现和最终目的。大学的管理应当犹如春风化雨,闪耀着人文化的文明气息;大学所有管理者应当能够尊重人、关心人、理解人并能够深得人心;大学老师应当能够“学高为师,身正为范”;大学生应当能够刻苦学习、尊重师长、行为得体。

6. 加强毕业生就业质量调查

大学的教育成果就是毕业生。专业认证和审核评估强调“成果导向”,就是指大学四年培养的学生是否符合毕业要求,是否符合就业岗位规格,是否符合未来发展需要。因此,大学人才培养质量仅仅依靠“专业认证”是不够的,需要把毕业生交给社会就业单位去检验,这样才能证明一所大学培养的学生是否优秀。民办本科高校的生命就在于毕业生的质量,表现为毕业生的就业数量、就业质量和就业适应性。因此民办本科高校要高度重视毕业生就业质量跟踪调查,建立高质量的招生就业队伍。首先,加大培训,提高招生就业队伍水平,做好一年一度的就业指导和推荐工作。其次,努力提高毕业生就业质量。根据学校的办学特色、专业特色和学生的综合素质,全面提高学生就业的专业对口率。最后,做好毕业生就业的长期调查研究,至少对毕业 3～5 年的学生的就业稳定性、技术技能水平、立德树人情况、适应环境能力、终身学习能力等进行调查。

通过对毕业生的跟踪调查,对学校、院系就业信息的不断反馈,充分发挥民办本科高校相对灵活的体制,以此推动学校办学定位、专业结构、人才培养体系、人才培养模式等改革,进一步促进民办本科高校的人才培养和社会就业需求的契合度,推进以提高质量为宗旨的学风、教风、校风建设,努力培养更多应用型一流人才,最终建成一流应用型民办本科高校。

后　记

百年大计，教育为本。我们非常挚爱民办高等教育事业，能够参与中国民办本科教育的研究与实践，这既是我们的荣幸，也是我们的使命。中国面临百年未有之大变局，国际霸权主义对我国围追堵截和毫无底线的遏制，环境压力、人口增长、老龄化加剧，特别是我国高等教育普及化与就业压力叠加，这些不仅是国家发展急需解决的难题，也是我国高等教育面临的课题。民办本科高校作为我国新时代高等教育的组成部分，与公办高校一样，必须在人才培养、科学研究、社会服务、文化传承与国际合作等方面有所作为。

我国高等教育在不断发生着变化，特别是对于民办本科教育：一是独立学院加快转设，陕西省独立学院在未来几年将转设完成，民办高等教育阵营会更加庞大；二是高等专科职业教育升格为职业大学，逐步建立打通普通高等教育和职业教育的“立交桥”，全面推动职业教育的发展；三是成立比较早的民办本科高校面临审核评估、专业认证，甚至有些民办高校考虑升格、申硕的任务，全面提高办学层次和人才培养质量；四是国家、省级教育行政部门加强对民办本科高校的领导与管理，从办学方向到思想政治教育，从教材建设到课程思政，从宣传工作到意识形态，从辅导员队伍建设到社团活动、学科竞赛，从学费收取到年度办学风险评估等，这些都充分说明民办本科教育还存在许多不尽如人意的地方，有些问题直接关系到家长的利益、受教育者的利益、教师的利益以及举办者的利益。

民办高校如何坚持党的领导，坚持党和国家的教育方针，坚持公益性办学和人民利益至上，涉及办学目标定位、学科专业定位、人才培养目标定位、教师主人翁地位和学生中心地位的确立，以及举办者的教育情怀，因此，参与和关心民办本科教育的所有人，只要我们能够同心同德、锐意创新，坚决贯彻习近平新时代中国特色社会主义思想，做到“四个服务”，坚决贯彻立德树人标准，开动脑筋凝练办学特色，坚持为地方培养高质量应用型人才，民办本科教育就会有一个广阔而大有作为的新天地。

本书为2021年陕西省本科和高等继续教育教学改革研究项目的重点攻关项目“新时代民办本科高校劳动教育实施路径探索与实践”(项目编号：21BG050)的基础性研究。在本书研究过程中，我们得到了西安翻译学院张恒、孟贤军、范伟、陈潇、张祥宇、李绍先、宋海燕、庞钊珺、赵东良、陈以鸿等老师的大力支持，他们的无私帮助是我们继续研究和实践的动力，在此一并深表感谢。